Frank Hills

Phantom Fremdenfeindlichkeit

Die Deutschen sitzen auf einem Pulverfaß

Band 1

Postfach 22; 87467 Durach
Credo: Pro Fide Catholica
Druck: Eigendruck
Printed in Germany 2010

ISBN 978-3-938235-51-5
A. Schmid, Oberstr. 57, 56341 Filsen. keine Korrespondenzadresse
Internet: verlag-anton-schmid.de
Tel/Fax: 0831/2 18 95

Frank Hills

Phantom Fremdenfeindlichkeit

Die Deutschen sitzen auf einem Pulverfaß

Band 1

Pro Fide Catholica

„Ethnische Reinheit ist im Grunde ein Nazi-Konzept. Das ist es, wogegen die Alliierten Mächte im Zweiten Weltkrieg gekämpft haben. Das ist es, zu dessen Bekämpfung über Jahrzehnte die Vereinten Nationen geschaffen worden sind. Das ist es, wogegen in der Tat die NATO im Kosovo gekämpft hat. Und das ist es, warum der Sicherheitsrat verlangt hat, eine so starke Präsenz im Kosovo aufzubauen, genau um ethnische Reinheit zu verhindern und zu bewirken, daß der Kosovo das bleibt, was er zu sein hat; weil alle Gemeinschaften ein historisches Interesse haben, in dieser Provinz zu bleiben."

Sérgio Vieira de Mello, UN-Sonderbotschafter im Kosovo; zit. nach Unabhängige Nachrichten, Januar 2008, S. 2

❋

„Multikulti ist eine Brutstätte der Kriminalität."

Erwin Huber, CSU-Chef auf dem Parteitag am 18.11.2007 in Würzburg; zit. nach Nation & Europa, Januar 2008, Titelseite

❋

„Die Öffentlichkeit ist sich nicht hinreichend im klaren, daß deutsche Gerichte in bestimmten Konstellationen auch islamisch geprägte Vorschriften anzuwenden haben. So sind die Gesetze."

Bundesverfassungsrichter Udo Di Fabio; zit. nach Nation & Europa, Mai 2007, Titelseite

❋

„Gehorchst du … nicht der Stimme des Herrn, deines Gottes, beobachtest nicht all seine Gebote und Satzungen, die ich dir heute anbefehle, so kommen über dich und erreichen dich all diese Flüche: … Der Fremdling in deinem Gebiet wird dir gegenüber allmählich hochkommen, du aber gehst immer mehr abwärts."

Deut 28, 15,43

Inhaltsverzeichnis

Band 1

Band 2

Eine notwendige Klarstellung gleich zu Beginn

Dies ist kein Buch gegen Ausländer. Es richtet sich also nicht gegen Menschen anderer Religionszugehörigkeit, Hautfarbe oder Kultur. Als Deutsch-Amerikaner, der in jungen Jahren selbst erleben mußte, was es heißt, (tatsächlichen) rassistischen Anfeindungen ausgesetzt zu sein – nicht selten mußte ich mir in der Schule Beschimpfungen wie „Ami go home", also „Amerikaner geh' heim", gefallenlassen, obwohl ich überhaupt nicht in den USA sondern in Deutschland geboren wurde, wo ich auch mein ganzes Leben verbracht habe! –, liegt mir nichts ferner, als einen Menschen aufgrund etwa seiner Abstammung Hautfarbe oder Herkunft diffamieren bzw. beleidigen zu wollen.

Ich kann sehr gut nachvollziehen, was es heißt, *pauschalen* Verurteilungen ausgesetzt zu sein. Schließlich habe ich dieses Verhalten oft genug persönlich erleben müssen, unter anderem als es am 14. April 1986 zum Angriff der US-Streitkräfte auf Libyen kam, in dessen Verlauf mehrere Unschuldige ihr Leben lassen mußten, darunter die junge Adoptivtochter Staatschef Gaddafis. Damals mußte ich mir Sätze wie: „Was habt *ihr* da getan", gefallenlassen, was so klang, als ob *ich selbst* eine Mitschuld an dem Morden gehabt hätte. Es wurde nicht gefragt, ob ich diesen Angriff überhaupt gebilligt oder nicht vielmehr verurteilt hatte. Mein Gegenüber interessierte nur, daß ich „einer von denen" sein sollte.

Durch diese Studie soll also *eben nicht* jener kleine Personenkreis gestärkt werden, der *einen wirklichen* Haß auf Personen aus anderen Ländern bzw. deren in der Bundesrepublik geborene Kinder hegt. Es gibt in der Tat einige wenige Verblendete, die unter anderem von der „Reinheit des Blutes" schwadronieren und auch sonst eine evolutionistische Sicht der Dinge an den Tag legen, ohne sich überhaupt dessen bewußt zu sein, daß der Darwinismus von der Naturwissenschaft längst widerlegt wurde. Ihre Anzahl ist in den letzten Jahrzehnten aber derart zusammengeschrumpft, daß man sie gar nicht mehr besonders erwähnen müßte.

Vielmehr sollen hier jene Rassisten und Menschenfeinde an den Pranger gestellt werden, deren erbarmungslose Politik sich letzten Endes gegen *alle* Völker richtet. Sie bekämpfen die von dem Gottessohn Jesus Christus gestiftete Katholische Kirche, die schließlich lehrt, daß Gott „aus einem einzigen das ganze Geschlecht der Menschen entstehen" (Apg 17, 26) ließ und wollen gleichzeitig die von unserem Schöpfer festgelegte Ordnung umstürzen: „Als der Allerhöchste die Völker belehnte, als er schied voneinander die Menschen, da setzte er fest die Grenzen der Stämme, entsprechend der Zahl der Gottessöhne" (Dt 32, 8). Ihr Ziel ist die Wiedererrichtung des Turmbaus zu Babel, eine Neue Welt(un)ordnung ohne Grenzen und demzufolge auch ohne souveräne, eigenständige Völker.

„Nutznießer des heutigen multinationalen Imperialismus sind in jedem Land die direkten Vertreter der Multis, der Insider, der Bankers, aber auch ihre Handlanger in Parteien, Gewerkschaften, Medien und im Kulturbetrieb. Die Betrogenen sind die breiten Schichten der Bürger, die mit Brot und Spielen betäubt, ihrer Identität beraubt und kulturell versklavt, ökonomisch ausgebeutet und politisch entmündigt werden"[1], erkannte der Publizist Ekkehard Franke-Gricksch in diesem Zusammenhang bereits vor rund 25 Jahren.

Möge dieses Buch also dabei helfen, andere Menschen vor diesem körperlichen und seelischen Schaden zu bewahren, das heißt die unmittelbar drohende Gefahr eines Bürgerkriegs auf deutschem Boden abzuwenden!

Deutschland als eine Heimstätte von „Fremdenfeinden“ und „Rechtsextremisten“?

Folgt man der Berichterstattung der Medien, so bekommt man seit Jahren den Eindruck vermittelt, in unserem Lande würde es von bösen Buben nur so wimmeln. Obwohl nämlich gerade „rechte“ Parteien sowohl bei Bundes- als auch Landtagswahlen in aller Regel weit unter der 5-Prozent-Hürde bleiben, will man uns seit Jahren weismachen, die Bundesrepublik Deutschland sei ein Ort des Fremdenhasses und des Neonazismus, so etwa auch mittels einer am 8. November 2006 veröffentlichten Studie: **„Rechtsextreme Einstellungen sind kein Randphänomen, sondern in der Mitte der Gesellschaft verwurzelt.** Dies ergab die bundesweite Studie im Auftrag der Friedrich-Ebert-Stiftung, die … in Berlin vorgestellt wurde.

Ausländerfeindlichkeit ist demnach die am weitesten verbreitete rechtsextreme Einstellung – 26,7 Prozent der Befragten aus allen Bevölkerungsschichten, Bundesländern und Wählergruppen stimmten entsprechenden Thesen zu. **Mehr als 19 Prozent zeigten sich zudem empfänglich für nationalen Chauvinismus** [Anm.: Merkwürdig nur, daß dieser hohe Anteil dann nicht bei Landes- bzw. Bundestagswahlen zu Buche schlägt!] Ein geschlossenes rechtsextremes Weltbild haben 8,6 Prozent der Deutschen, heißt es in der von Leipziger Wissenschaftlern konzipierten Studie.

Dabei begünstigt ein Gefühl politischer Einflußlosigkeit rechtsextreme Einstellungen stärker als das Gefühl wirtschaftlicher Benachteiligung, fanden die Autoren Elmar Brähler und Oliver Decker von der Universität Leipzig heraus. Auch zeigte sich, daß gerade ältere Menschen rechtsextrem eingestellt sind. ...

Für die Studie wurden im Frühjahr mehr als 5000 Deutsche befragt. Dabei gaben neun Prozent an, sie betrachteten die Diktatur als die unter Umständen bessere Staatsform. 15,2 Prozent sehnten sich nach einem ‘Führer’ mit starker Hand, 26 Prozent nach einer einzigen Partei, von der die ‘Volksgemeinschaft’ verkörpert werde.“[2]

„Rechtsextremismus ist längst keine Randerscheinung mehr“, behauptet auch eine einschlägige Internetseite, die es sich offiziell zur

Aufgabe gemacht hat, „kontinuierlich über Rechtsextremismus" aufzuklären. Weiter wird dort frech behauptet: „Von der Öffentlichkeit weitgehend unbeachtet sind Strukturen entstanden, die unsere freiheitlich-demokratische Grundordnung in Frage stellen. **Der Rechtsextremismus beginnt langsam, die Alltagskultur zu durchdringen.** Es ist eine strategische Graswurzelrevolution, die die Zivilgesellschaft bedroht."[3]

Immer wieder wird man in den Medien mit der Behauptung konfrontiert, Jugendliche unseres Landes seien ganz besonders „rechtsextremistisch" eingestellt, so etwa auch am 17. April 2008: **„Unter deutschen Jugendlichen sind ausländerkritische und fremdenfeindliche Vorurteile laut einer Studie weit verbreitet.**

Fast jeder dritte deutsche Schüler stimme der Aussage 'voll und ganz' zu, daß es in Deutschland zu viele Ausländer gebe [Anm.: Es genügt also schon die Meinung, es seien zu viele Zuwanderer in unserem Lande anzutreffen, um zu einem „Rechtsextremisten" gestempelt zu werden!]. Dies berichtet die 'Neue Osnabrücker Zeitung' unter Berufung auf eine Befragung des Bundesinnenministeriums für die Innenministerkonferenz.

Jeder 13. Jugendliche räumte ein, eine Straftat mit rechtem Hintergrund begangen zu haben."[4] Dabei soll es sich unter anderem um Hakenkreuz-Schmierereien handeln.

„Starke Zunahme rechter Gewalt" lautete eine reißerische Schlagzeile vom 10. Mai 2008. „Die Zahl rechtsextremer Straftaten ist im März auf den höchsten Wert seit sechs Jahren gestiegen. Die Polizei registrierte nach Regierungsangaben in dem Monat 1311 rechtsextreme und fremdenfeindliche Straftaten, 458 mehr als im Vorjahresmonat. Von Januar bis März stellte die Polizei 3364 rechtsextrem motivierte Straftaten fest. Auch das waren deutlich mehr als im Vorjahreszeitraum mit 2627."[5]

Keine acht Wochen später, am 8. Juli 2008, wurde die unverschämte Behauptung aufgestellt, daß es deutlich mehr rechte Gewalttaten in Deutschland gebe. Wie die Medien seinerzeit verlauten ließen, war **das Ausmaß rechtsextremer Gewalt „einem Zeitungsbericht zufolge im Monat Mai so hoch wie schon seit Jahren nicht**

mehr. Die Polizei registrierte bundesweit 98 rechtsextrem motivierte Gewalttaten, bei denen 103 Menschen verletzt wurden, wie der 'Tagesspiegel' berichtete. Das sei die höchste vorläufige Monatszahl, die das Innenministerium seit 2002 gemeldet habe.

Ein Teil des Anstiegs könne allerdings auf eine Reform [Anm.: eine unverblümte Manipulation!] der statistischen Erfassung zurückzuführen sein, hieß es."[6]

„Ausländerfeindliche Gesinnungen haben in Ostdeutschland zugenommen", behauptete die Presse am 28. November 2008, und weiter: „Laut Ergebnissen einer Langzeitstudie der Uni Leipzig zeigen 32,6 Prozent der Menschen in den neuen Bundesländern eine ausländerfeindliche Einstellung – beinahe doppelt so viel wie in Westdeutschland."[7] (Merkwürdig nur, daß sich diese Einstellung dann dort nicht in Landtagswahlen niederschlägt und „rechte" Parteien auf weit mehr als 20 Prozent der Stimmen kommen!)

„Die Anzahl rechtsextremistischer Angebote im Internet steigt stetig", warnten die Medien Mitte August 2009. „'Das Internet ist die Propagandaplattform Nummer eins für den Rechtsextremismus', sagte Stefan Glaser, Vize-Chef des Internetportals jugendschutz.net gestern in Berlin.

Er beobachtet im Auftrag der Bundesländer Rechtsextremismus im Internet und sucht unter anderem nach sogenannten Haß-Seiten. Mit aktuell etwa 1800 rechtsextremen Internetseiten seien das so viele wie nie zuvor, so Glaser."[8]

„Neonazi-Gefahr: Wird sie größer?" fragte der Videotext von SAT.1 am 28. August 2009 auf Seite 120 besorgt und berichtete, daß die Polizei (wieder einmal) vor Neonazis warnte: „Nach der Festnahme eines Bombenbauers hat die Gewerkschaft der Polizei (GdP) vor einer **Eskalation der Gewalt in der rechtsextremistischen Szene** gewarnt. Der GdP-Vorsitzende Freiberg erklärte, es dränge sich der Eindruck auf, daß rechtsextremistische Kräfte sich Anregungen aus dem Umfeld anderer hoch gewaltbereiter und terroristischer Gruppierungen holten."[9]

„2009 mehr rechtsextreme Taten?"[10], wollte „ProSieben" am 22. November 2009 wissen. „Die Zahl rechtsextremistischer Straftaten bleibt in diesem Jahr hoch. Nach den vorläufigen Zahlen des Bundesinnenministeriums wurden von Januar bis Ende September 2009 von den Landeskriminalämtern 11 025 rechtsextremistisch motivierte Delikte registriert – gegenüber 10 841 im Vorjahreszeitraum. Die Zahl der Gewalttaten lag bei 517; in den ersten neun Monaten des Jahres 2008 waren es 585."[11]

Am selben Tag brachte der Videotext von „SAT.1" gleich eine ganze Reihe von Propaganda-Schlagzeilen, die ebenfalls den Eindruck erwecken sollten, daß nicht wenige Ausländer in Deutschland am Leben bedroht werden: **„Gewalt durch Neonazis nimmt zu!"**[12], **„Neonazi-Gewalt steigt noch an"**[13] und **„Rechtsextreme Gewalt steigt an"**[14]!

„Erschreckender Trend – das Bundeskriminalamt hat im vergangenen Jahr deutschlandweit rund **20 000 Fälle von rechter Gewalt** registriert. Das sind **so viele Fälle noch nie** seit Beginn der Statistik 2001. BKA-Präsident Ziercke warnte die Politik davor, bei Maßnahmen gegen Rechtsextremismus zu sparen", hieß es in der Nachrichtensendung „RTL aktuell" (Herv. hinzugefügt) am 17. Dezember 2009 (18.45-19.05 Uhr).

„Jeden Tag werden in Deutschland laut BKA zwei bis drei rechtsextreme Gewalttaten verübt, jeden Monat etwa drei antisemitische Straftaten."[15] (Wie wir unten noch sehen werden, kommt es in Deutschland Tag für Tag insgesamt zu rund 200 [!] Fällen gefährlicher und schwerer Körperverletzungen im öffentlichen Raum.)

„Rechtsextremismus auf Vormarsch", posaunte der „ARD-Text" bereits am 15. Mai 2007 auf Seite 120 und ließ seine Leser wissen, daß die Zahl der politisch motivierten Straftaten laut neuem Verfassungsschutzbericht dramatisch gestiegen sei. „Im rechtsextremen Bereich registrierte demnach der Verfassungsschutz eine Zunahme von 14,6 %. Linksextremisten hätten 2,8 % mehr Straftaten verübt, sagte Bundesinnenminister Schäuble bei der Vorstellung des Berichts in Berlin [Anm.: ohne rot zu werden!].

Einen eindeutigen Unterschied gab es bei den Gewalttaten. Während im rechtsextremistischen Spektrum diese Zahl um 9,3 % stieg, sank sie im linksextremistischen Bereich um 3,8 %."[16]

„Glaube nur der Statistik, die du selbst gefälscht hast“, gab „Nation & Europa“[17] in diesem Zusammenhang seinerzeit zu bedenken. „An diese Binsenweisheit fühlt sich erinnert, wer das neuerliche Alarmgeschrei über den Anstieg ‘rechtsradikaler Gewalt’ reflektiert. 18 000 Straftaten rechter Täter habe es 2006 gegeben, darunter 1100 Gewaltdelikte: ein Anstieg um acht Prozent – so die Stichworte im bundesdeutschen Blätterwald für die zahllosen ‘mahnenden’ und ‘besorgten’ Stimmen der immergleichen Dauer-Betroffenen.

Wie aber dieser höchst erschreckende Anstieg zustande kam, erläuterte die ‘Süddeutsche Zeitung’ – aus Versehen? – in ihrer Ausgabe vom 28. März: ‘Die Zahl der registrierten Straftaten nimmt auch deswegen zu, weil in den vergangenen Jahren strenger gezählt wurde. Im Jahr 2001 haben Bund und Länder ihre Statistik umgestellt. Bis dahin wurden nur Straftaten als rechtsradikal motiviert eingestuft, die ganz offensichtlich von Rechtsradikalen verübt worden waren.’

Im Klartext: Nun werden auch Straftaten als ‘rechtsradikal’ gewertet, die nicht von Rechtsradikalen verübt wurden. Schmiert beispielsweise die Antifa viele Hakenkreuze, kann sie danach ihre eigene Notwendigkeit statistisch belegen. Jede falsche Spur, jede trügerische Äußerlichkeit wird von den Ermittlern als Beweis für ‘Rechtsradikalismus’ registriert. Hauptsache, die herrschende Politik kann unerwünschte Opposition verstärkt kriminalisieren.“

Da wir in einem Land leben, in dem nur noch Lug und Trug zu herrschen scheint, sollte es übrigens nicht verwundern, daß auch bei den offiziell bekanntgegebenen Arbeitslosenzahlen maßlos geschummelt wird. Seit Jahren wird diese auf vielfältige Weise nach unten verfälscht, wie eine repräsentative Meldung vom 26. November 2008 zeigt: „Die Bundesregierung will die Zahl der Arbeitslosen nach Informationen der ‘Financial Times Deutschland’ im Wahljahr 2009 per Gesetzesänderung herunterrechnen. Nach einem Gesetzentwurf zur Neuregelung von Arbeitsmarktinstrumenten sollten künftig alle Arbeitslosen, die durch private Träger betreut werden, nicht mehr eingerechnet werden, schreibt das Blatt. Insgesamt betreffe die Maßnahme in diesem Jahr rund 300 000 Erwerbslose. ‘Das ist grundsätzlich so geplant’, bestätigte eine Sprecherin des Arbeitsministeriums. Arbeitsmarktexperten kritisierten den Plan.“[18] Bereits die

1-Euro-Job-Regelung und die ABM-Maßnahmen dienten zur künstlichen Herunterrechnung der Arbeitslosenzahlen. (Mitunter fühlt man sich an die Worte des 2008 verstorbenen russischen Schriftstellers, Dramatikers und Trägers des Nobelpreises für Literatur Alexander Solschenizyn erinnert: „In unserem Land wurde die Lüge nicht nur zu einer moralischen Anschauungsform, sondern zu einer Stütze des Staates.")

Als der Passauer Polizeichef Alois Mannichl im Dezember 2008 mit einem Messer verletzt wurde, forderten führende Politiker sofort, „mehr Druck auf Rechtsradikale" auszuüben. Dabei ist bis zum heutigen Tage nicht einmal geklärt, wer ihn überhaupt verletzt hatte (einige mutmaßen, es sei im Hause Mannichl zu einem Ehestreit gekommen, in dessen Verlauf seine eigene Frau zum Messer griff, mit dem sie ihren Mann verletzte; schließlich gibt es keine zuverlässige Zeugenaussage zu einem vermeintlichen Täter!). Sehen wir nun, wie Politik und Medien im Anschluß an diese Tat in unverantwortlicher Weise gegen „rechts" hetzten: „Nach dem Mordanschlag [sic!] auf den Passauer Polizeichef Mannichl hat sich Vize-Kanzler Steinmeier dafür ausgesprochen, härter gegen Rechtsradikale vorzugehen.

Steinmeier forderte Polizei und Verfassungsschutz in der 'Bild am Sonntag' dazu auf, den Fahndungsdruck [zu] erhöhen. **Jede extremistische Äußerung und Handlung müsse verfolgt werden."**[19] Was eine „extremistische Äußerung und Handlung" darstellt, entscheiden natürlich einzig und allein die Wächter der öffentlichen Ordnung!

Nicht zuletzt angesichts der in der Bundesrepublik Deutschland deutlich auszumachenden Verlogenheit führender Kreise, verbunden mit der immer schlimmer werdenden Unterdrückung unliebsamer Äußerungen und Meinungen, muß die Frage gestellt werden:

In was für einem Land leben wir eigentlich?

Mit dieser Problemstellung wird sich jeder unweigerlich konfrontiert sehen, der sich mit der politischen Situation im Deutschland des Jahres 2009 näher auseinandergesetzt hat. Schließlich wird er früher oder später an den Punkt gelangen, an dem er schier verzweifeln muß. Er wird sich dann die gleiche Frage stellen, wie sie sich zahlreiche Deutsche ebenfalls seit langer Zeit stellen: Wie konnte alles nur so weit kommen?

Wie war es möglich, daß unsere Heimat kontinuierlich an den Rand des Ruins geführt wurde, ohne daß dies zu einem energischen Protest der Massen geführt hätte? Warum gingen die Leute nicht in Scharen auf die Straße, als etwa der Vertrag von Maastricht, die Einführung des Euro oder die Unterzeichnung der EU-Verfassung beschlossen wurde?

Es ist beileibe nicht so, als hätte es nicht genügend Mahner gegeben, die beizeiten vor dem völligen Niedergang Deutschlands warnten, unter ihnen angesehene Wirtschaftsexperten, Historiker oder Theologen. Auch ich habe in einer Reihe früherer Bücher (unter anderem „Deutschland im Würgegriff seiner Feinde“ [1999] und „Die Liquidierung Deutschlands“ [2005]) die diversen Verfallserscheinungen thematisiert und auf den Punkt gebracht, um auf diese Weise dem Interessierten wichtige Argumente an die Hand zu geben, die er zur Aufklärung seiner Mitmenschen einsetzen konnte und kann. Nichtsdestoweniger wurden bzw. werden die Zustände immer schlimmer!

Warum also ist das so? Warum trauen sich viele Leute nur noch hinter vorgehaltener Hand, über die wahren Ursachen der gravierenden Probleme unseres Landes zu sprechen? Nun, dazu muß man wissen, daß ein Phantom durch Deutschland geistert; eines, das den Menschen derart Angst einflößt, daß sie es nicht mehr wagen, offen zu sprechen. Bei der bloßen Erwähnung dieses Wortes schrecken sie instinktiv wie von der Tarantel gestochen zusammen. Es macht ihnen nichts aus, etwa als „Feigling“, „Versager“ oder „Dummkopf“ beschimpft zu werden, wenn sie nur nicht mit dieser Vokabel in irgendeine Verbindung gebracht werden.

Um was es sich hier handelt? Eben um das **Totschlagwort „Fremdenfeindlichkeit"**, das immer dann aus der Schublade gekramt wird, wenn Medienvertreter oder Politiker keine besseren Argumente haben oder von irgendwelchen Tatsachen ablenken wollen, die nicht so recht in ihr vorgefaßtes Weltbild passen, etwa daß die multiethnische Gesellschaft in der Praxis nicht funktioniert, aber mehr dazu später.

Dabei besteht kein Zweifel daran, daß unser Volk heute sowohl aus wirtschaftlicher als auch aus moralisch-kultureller Sicht vor einem riesigen Scherbenhaufen steht. Seit vielen Jahren ist es sogar eine traurige Erkenntnis, daß die Deutschen ein in ihrer Existenz elementar bedrohtes Volk sind, wie einige repräsentative Meldungen der letzten Jahre in erschreckender Weise unter Beweis stellen:

„Mehr als 350 Schulen werden nach 'Focus'-Informationen **im Schuljahr 2005/06 in Deutschland geschlossen.** Wie das Magazin mitteilte, sollen allein in Ostdeutschland [Anm.: Mitteldeutschland!] 272 Bildungseinrichtungen zugemacht werden.

Das Saarland, das die niedrigste Geburtenrate aller Länder verzeichnet, will den Angaben zufolge 80 der 267 Grundschulen schließen. Rheinland-Pfalz läßt 3 Schulen auslaufen, Hamburg 13. Bremen verschmilzt 2 Schulzentren miteinander", so der „ARD-Text" am 5. Juni 2005 (S. 164; Herv. hinzugefügt).

Die Ursache dafür ist in erster Linie der bereits vor Jahrzehnten legalisierte Massenmord am deutschen Volk: „Ende Juni 2005 wurde das 'Schwangeren- und Familienhilfeänderungsgesetz' des § 218 zehn Jahre alt.

Die Abtreibungszahlen sind im Jahr 2004 gegenüber 2003 wieder [!] um 1,3 % gestiegen. Dramatisch [!] haben die Abtreibungen unter Minderjährigen zugenommen – bei den unter 15jährigen von 1996 bis 2004 um mehr als das Doppelte, bei den 15- bis 17jährigen um 62 %.

Bei offiziell gemeldeten 129 600 vorgeburtlichen Kindstötungen 2004 sind das 4320 Schulklassen. Experten gehen von der doppelten Zahl aus."[20]

Man bedenke: „Seit 1975 sind in Deutschland mehr als 7 Millionen Kleinstkinder im Mutterleib umgebracht worden. Statistisch erfaßt sind 4,2 Millionen Einzelfälle.

Das 'Bundesinstitut für Bevölkerungsforschung' geht davon aus, daß nur etwa 60 % der Abtreibungen statistisch erfaßt sind."[21]

„Der Stumme Schrei" ist ein erschütternder Dokumentarfilm über die Brutalität einer jeden Abtreibung. Würde dieser Streifen im Fernsehen auf einem öffentlich-rechtlichen Sender zur besten Sendezeit gezeigt, würden sich viele abtreibungswillige Frauen zweimal überlegen, ob sie ihr eigen Fleisch und Blut umbringen und dadurch obendrein eine Todsünde begehen wollten, die sie dereinst mit der ewigen Höllenstrafe büßen würden! (Da die Medien aber gerade in den Händen derer sind, denen es nur recht sein könnte, wenn die Deutschen ausstürben – und zudem immer mehr Personen zur Hölle führen –, werden Reportagen wie diese eben nicht im TV gezeigt.)

„Wegen der rückläufigen Geburtenzahlen müssen Hessens Krankenhäuser Geburtsbetten abbauen.

2001 habe es landesweit noch rund 3500 Betten in Fachabteilungen gegeben, teilte die Landesregierung [am 6. August 2005] auf eine Anfrage der Landtags-Grünen mit. Bis Ende 2005 werde der Bedarf nur noch auf rund 2700 geschätzt. Das bedeute einen Kapazitätsüberhang, der gedeckt durch den hessischen Krankenhausrahmenplan abzubauen sei, so die Regierung."[22]

„Schülerzahl sinkt weiter", titelte der ARD-Text am 26. Februar 2007 (S. 158) und bestätigte die dramatische Entwicklung in Deutschland: „Der Geburtenrückgang schlägt sich auch bei den Schülerzahlen nieder: Im laufenden Schuljahr 2006/07 besuchen rund 9,4 Millionen Kinder und Jugendliche und Schüler allgemeinbildende Schulen in Deutschland, wie das Statistische Bundesamt mitteilte.

Damit ging die Schülerzahl gegenüber dem Vorjahr um 1,6 % oder knapp 150 000 auf den niedrigsten Stand seit 1992 zurück. Während die Zahl in den neuen Bundesländern erneut deutlich um 5,1 % zurückging, sank sie in der alten Bundesrepublik um 0,9 %."

„In Hessen werden künftig immer weniger Kinder und Jugendliche zur Schule gehen. Bis 2020 werde die Schülerzahl um 23 % auf weniger als 500 000 sinken, errechnete das Statistische Landesamt [in Wiesbaden] in einer am Dienstag [den 12. Mai 2009] veröffentlichten Prognose. Der Rückgang sei vor allem auf sinkende Geburtenzahlen zurückzuführen und werde alle Schulformen treffen.“[23]

Während einerseits der Anteil der deutschen Bevölkerung von Jahr zu Jahr abnimmt, sorgen unsere eigenen Politiker andererseits gezielt dafür, daß immer mehr Ausländer bzw. Migranten angelockt werden, um in Deutschland eine Heimstätte zu finden, was indes für die verbliebene angestammte Bevölkerung dramatische Folgen hat: „Letzte Woche ging's durch die Presse: **In Berlin gibt es die erste Schule in Deutschland mit 100 [!] Prozent Ausländeranteil“**, berichtete die „National-Zeitung“ diesbezüglich in ihrer Ausgabe vom 17. Juni 2005 (Herv. hinzugefügt). „Es handelt sich um die nach einem örtlichen Pädagogen benannte Eberhard-Klein-Oberschule in Kreuzberg. Kein Gymnasium, wie man vom Namen her vielleicht meinen könnte, sondern eine Hauptschule mit etwas Realschule dazu. Die letzten vier deutschen Kinder gingen mit Schluß des vorigen Schuljahres. **Der weit überwiegende Teil der 342 Schüler ist türkischer Herkunft, der Rest stammt von Zuwanderern aus Afrika, Ostasien und dem Balkan ab.**

Die nunmehr **deutschenfreie Lehranstalt**, eine Gründung aus kaiserlicher Zeit (1886), wurde Ende der 1980er-, Anfang der 1990er-Jahre mit großem Aufwand renoviert und erweitert. Damals lag der Ausländeranteil bei fast 50 Prozent. Man errichtete eine Mehrzweckdoppelhalle mit Dachgarten, gestaltete die Unterrichtsräume größer und lichter, modelte den Schulhof in ein Gartenparadies um, sattelte kräftig bei der Ausstattung mit Lehrmitteln auf, erhöhte die Quote von Lehrern je Klasse usw. Gesamtkosten: Über 30 Millionen Mark [Anm.: rund 15 Millionen Euro] aus der Steuerkasse.

Bernd Böttig, Rektor der Eberhard-Klein-Oberschule, sagt, Deutsche seien wegen des erdrückend hohen Ausländeranteils einfach nicht mehr zu bewegen gewesen, ihre Kinder an seinem Institut anzumelden.

Deutsche Kinder auf Schulen mit einem überdurchschnittlich hohen Ausländeranteil können von der „Bereicherung" der „multikulturellen Gesellschaft" ein Lied singen. So geriet etwa die Berliner Rütli-Schule im Frühjahr 2006 durch einen Brief von Lehrern an den Senat bundesweit in die Schlagzeilen. Darin verwiesen sie „auf den hohen Ausländeranteil von mehr als 80 Prozent an ihrer Schülerschaft. Ein ordentlicher Unterricht sei nicht mehr möglich. Es herrschten gegenüber den Pädagogen Respektlosigkeit, Aggressivität und Gewalt."* Dieses Photo von Ende März jenes Jahres zeigt Rütli-Schüler, die mit Steinen auf Reporter und Kamerateams werfen.

In Großstädten wie Hamburg – die S-Bahn-Station (Photo) ist zu einem regelrechten Jugendtreffpunkt geworden – verabreden sich rivalisierende, meist ausländische Jugendbanden per Internet zu Massenprügeleien.

(Quellenhinweise: **Oben:** Focus, 10.4.06, S.21; **Unten:** Der Spiegel, 17.7.06, S.38; *: Nation & Europa, Mai 2006, S.5)

Und sie täten es nicht mehr, 'selbst wenn ich die Schule vergolden lassen würde'. Der Schulleiter geht noch einen Schritt weiter: 'Wenn sich deutsche Eltern hierher verirren, fühle ich mich verpflichtet, ihnen zu raten, ihre Kinder an einer anderen Schule anzumelden.' Dies nicht zuletzt deshalb, weil eine geradezu babylonische Sprachverwirrung herrscht und **Deutsch, die offizielle Unterrichtssprache, an der Schule in Wahrheit nur noch Fremdsprache** ist.

Daß die besagte Schule nunmehr von keinem Deutschen mehr besucht wird und daß **an anderen Kreuzberger Lehranstalten der Ausländeranteil auch schon bei bis zu 80 und 90 Prozent** liegt, läßt sich nur zum Teil mit der Geburtenentwicklung erklären. Überwiegend rührt das Phänomen daher, daß Deutsche aus überfremdeten Stadtvierteln fortziehen oder ihre Kinder an Schulen in anderen Vierteln mit weniger Ausländern anmelden. Die Flucht vor Multikulti ist übrigens auch bei 'fortschrittlichen' Deutschen festzustellen. **Viele der eifrigsten Prediger der multikulturellen Gesellschaft sind nicht bereit, die 'Segnungen' selber auszukosten oder, wenn sie denn Kinder haben, diese der 'Hölle der Kulturüberschneidung'** (ein Wort von Hermann Hesse) **auszuliefern.“**

„Multikulturelle Sprachenvielfalt wird bald den Unterricht an Grund- und Sonderschulen in Nordrhein-Westfalen bereichern“, setzte der „Spiegel“ seine Leser bereits am 12. Januar 2004 (S. 17; Herv. hinzugefügt) in Kenntnis, und weiter: „Laut einem Erlaß des Düsseldorfer Schulministeriums sollen Lehrer die in praktisch jeder Klasse vorhandenen Ausländerkinder künftig in der 'Herkunftssprache' ansprechen und in allen Fächern 'kurze Unterrichtsphasen in einer fremden Sprache' abhalten. Grundschülern sowie sprach-, lern- oder geistig behinderten Kindern sollen die Pädagogen zudem Morgengebete, Lieder und Geschichten in 'Begegnungssprachen' vortragen. In einer Broschüre zu dem Sprach-Ukas bietet die Ministerialbürokratie Beispiele in Französisch, Italienisch, Niederländisch und Türkisch an. Doch **vielerorts sehen sich die Lehrer vor einer babylonischen Verwirrung**: Die Eltern der Zöglinge einer Sonderschule im Rheinischen stammen zum Beispiel aus **Aserbaidschan, Iran, Marokko, Polen, Portugal, Rußland, Tunesien, von der Elfenbeinküste und den Philippinen**; einige Deutsche sind auch dabei. Praxiserfahrene

Fachleute rätseln nun, wie die Lehrkörper in NRW den von Ort zu Ort unterschiedlichen Sprachmix kurzfristig bewältigen sollen. Denn gemäß Erlaß müssen die 'Lernfortschritte' der Schüler bei der 'Begegnung mit Sprachen' schon ab dem 16. Februar 'im Zeugnis individuell dokumentiert' – sprich benotet – werden."

„In Berlin gibt es mittlerweile diverse Schulen, an denen der Ausländeranteil bei weit über 90 Prozent liegt. So auch **die Herbert-Hoover-Schule (95,8 Prozent Ausländeranteil)**. Welche Probleme dort herrschen, läßt sich erahnen, sieht man sich den 'Verhaltenskodex' der Schule an. Dort heißt es beispielsweise: 'Wir bringen keine Waffen zur Schule mit. Alkohol und andere Drogen haben in der Schule nichts zu suchen; sie enthemmen und machen aggressiv. Wir dulden nicht, daß an unserer Schule jemand erpreßt wird.' Vom Lernen, von Deutsch oder Mathematik steht da nichts", kritisierte die „National-Zeitung" in ihrer Ausgabe vom 14. August 2009 (Herv. hinzugefügt).

Warum traut sich kaum jemand, die mittlerweile an vielen deutschen Schulen herrschenden chaotischen Zustände mit aller Entschiedenheit offen anzuprangern? Warum schweigen die allermeisten unserer Landsleute gegenüber der „neuen babylonischen Ordnung", die mit Steuergeld unterhaltene Politiker in unserem Lande zu errichten gedenken? In erster Linie wegen des „Phantoms Fremdenfeindlichkeit", mit dem in unverschämter Weise grundsätzlich all diejenigen in Verbindung gebracht werden, die überhaupt nichts gegen *Ausländer an sich* haben sondern bloß mit der unverantwortlichen Auflösung der Homogenität des deutschen Volkes hart ins Gericht gehen. Schließlich resultieren daraus eine ganze Reihe negativer Begleiterscheinungen, vor allem eine stetig steigende Kriminalität, wie wir sogleich sehen werden.

* Ausufernde multikriminelle „Bereicherung" allerorten

Nachdem viele Jahre lang nur die von unseren Oberen permanent als „rechtsextrem" diffamierten konservativen Kreise vor den Gefahren der „multikulturellen Gesellschaft" gewarnt haben, können selbst die offiziellen Propaganda-Medien entsprechende Auswüchse heute nicht mehr gänzlich verschweigen. So ließ etwa der Moderator des ZDF-Magazins FRONTAL21 Theo Koll am Dienstag, 21. März 2006 (21.00-21.45 Uhr; Herv. hinzugefügt) die Katze aus dem Sack: „Die Gewalt, der heute Jugendliche ausgesetzt sind, die Gewalttätigkeiten vor allem von Jugendlichen aus Migrantenfamilien sind fast allgegenwärtig. **In Berlin ist laut jüngster Kriminalübersicht jeder dritte [!] nicht-deutsche Jugendliche einer Straftat verdächtig.** Sie haben richtig gehört – jeder Dritte. Und es sind vor allem die brutalen Verbrechen, die besonders zunehmen."

„Laut internem Bericht des Berliner Landeskriminalamts sind **80 bis 85 Prozent der in Berlin wegen 'Jugendgewalt' aufgefallenen Jugendlichen 'nicht-deutscher Herkunft'.** Bei Fällen sogenannter 'Intensivtäter' liegt der Nicht-deutschen-Anteil sogar bei fast 100 Prozent. 500 solcher Intensivtäter seien derzeit allein in Berlin polizeilich erfaßt. Dem LKA-Bericht zufolge ist die Jugendgewalt in Berlin gegenüber dem Jahr 2005 nochmals um fünf Prozent gestiegen", berichtete die Publikation „Nation & Europa" im April 2007 auf Seite 40f (Herv. hinzugefügt).

„In Frankfurt (am Main) gab es 2005 rund 2000 Einbrüche. Fast jede dritte Tat geht auf das Konto der MEM-Kinder. Das Kürzel steht für 'Mobile ethnische Minderheit' – Amtsdeutsch für **Sinti & Roma"**, so ein Programmhinweis der TV-Zeitschrift „Gong" am 30. August 2006 auf eine ARD-Dokumentation unter dem Titel „Auf Einbruchstour", laut „Nation & Europa" vom Oktober 2006 (S. 46; Herv. hinzugefügt).

Dieselbe Publikation brachte drei Monate später auf Seite 44 (Herv. hinzugefügt) ein Zitat der Berliner Jugendrichterin Kirsten Heisig aus dem „Tagesspiegel" vom 23. November 2006: „Es sind vor allem die türkisch- und arabischstämmigen Jugendlichen, die vermehrt Gewaltdelikte begehen. Die jugendlichen Opfer, überwiegend Deutsche, haben inzwischen schon so eine Art Resignation entwickelt und sagen: 'Dagegen können wir nichts machen. Die Gewalt gehört zu unserem Alltag dazu.' Das ist eine Dimension, die wir bislang nicht hatten ... **Wir stellen bei den Gewalttätern seit einiger Zeit eine unverblümte Deutschenfeindlichkeit fest.** Da werden Mädchen beleidigt, angefaßt, getreten, und in den Akten liest man dann auch immer: **'Deutsche Schlampe!'"**

Bereits im Frühjahr 2005 erfuhr man, daß die Zahl der Gefangenen in Bayern auf dem höchsten Stand seit 1948 stand; „mehr als 13 000 Menschen drängeln sich auf etwa 11 700 Haftplätzen. Viele Insassen können kaum Deutsch, mittlerweile sind **knapp ein Drittel aller Gefangenen in Bayern Ausländer.**"[24]

„In der Polizeistatistik fallen sogenannte **ethnische Albaner überproportional häufig** durch **besonders hohe kriminelle Energie und Brutalität** auf. Für das Bundeskriminalamt handelt es sich 'um ein ständig [!] wachsendes Problem'", registrierte der „Spiegel"[25] vor mehr als zehn Jahren.

„Ausländische Tatverdächtige stellten 1997 bei Straßenraub in München fast zwei Drittel. Bei Vergewaltigungen waren im vergangenen Jahr von 17 jungen Tatverdächtigen in München nur zwei Deutsche, 15 aber Ausländer", so der Münchner Kreisverwaltungschef Hans-Peter Uhl in der „SZ"[26] Nr. 95/98.

„Bundesinnenminister [Manfred] Kanther legte den neuesten 'Bericht zur inneren Sicherheit' vor. Demnach sind abgelehnte Asylbewerber maßgeblich an der zunehmenden Ausländerkriminalität in Deutschland beteiligt. 'Sie tauchen unter', sagte Kanther, und stellten dann 'meist ein besonderes Risiko' für die innere Sicherheit dar.

1993 begingen Ausländer Kanther zufolge 23 Prozent aller Rauschgiftdelikte, beim illegalen Handel und Schmuggeln von Kokain lag der Ausländeranteil sogar über 50 Prozent", war in der „Welt"[27] am 10. April 1995 nachzulesen (Herv. hinzugefügt).

Seit mehr als 15 Jahren ist also einwandfrei erwiesen, daß nicht wenige Zuwanderer in Deutschland einer kriminellen Betätigung nachgehen, ja daß sie sogar gemäß ihrem Anteil an der Gesamtbevölkerung überproportional häufig an Straftaten beteiligt sind. Hat sich aber deshalb irgend etwas an der Integrationsbereitschaft der diversen Bundesregierungen geändert, das heißt, haben sie aufgrund dessen ihr irrsinniges Vorhaben, Deutschland in einen multikulturellen Schmelztiegel zu verwandeln, ad acta gelegt? Mitnichten! Sie besitzen sogar die Dreistigkeit, ständig das Phantom Fremdenfeindlichkeit an die Wand zu malen, sollte es jemand wagen, diese Politik allzu deutlich anzuprangern.

Dabei werden, wie ich bereits in früheren Büchern nachgewiesen habe, in Deutschland *tagtäglich* Einheimische (und sogar zahlreiche Ausländer selbst!) von zugewanderten Gewaltverbrechern ausgeraubt, zusammengeschlagen, vergewaltigt oder sogar umgebracht, ohne daß dies bei den verantwortlichen Politikern einen Aufschrei des Entsetzens hervorrufen würde. Sichten wir dazu eine Reihe repräsentativer Meldungen von Juli 2004 bis Juli 2009, also aus einem Zeitraum von mehr als fünf Jahren (Anm.: Diese Beispiele belegen in erschreckender Weise, daß sich mittlerweile Kriminelle aus aller Herren Länder in Deutschland tummeln; alle nachfolgenden Herv. hinzugefügt!):

„Im Perlacher Forst (München) ist **ein Ehepaar auf einer Radtour brutal von einer Horde Halbstarker überfallen** worden. Die **vier türkischen Jugendlichen prügelten grundlos auf die Passanten ein**, versetzten ihnen Fußtritte und Faustschläge in den Bauch. Als zwei weitere Radfahrer kamen, machten sich die Täter aus dem Staub. Die Opfer alarmierten die Polizei.

Wie sich wenig später herausstellte, attackierten die vier Türken nur wenige Minuten später einen Rentner in Taufkirchen. Die Schläger streckten den 77jährigen mit einem Fußtritt auf den Brustkorb nieder und flüchteten“, so die „National-Zeitung“ in ihrer Ausgabe vom 2. Juli 2004.

Wegen gefährlicher Körperverletzung hat das Landgericht Darmstadt am 18. Mai 2005 „einen 41 Jahre alten Mann zu drei Jahren und neun Monaten Haft verurteilt.

Der aus Kasachstan stammende Angeklagte war mit einem Samuraischwert auf einen 43jährigen aus Dieburg losgegangen, weil der sich weigerte, sein Gespräch in einer Telephonzelle zu beenden. Das Opfer erlitt schwere Verletzungen an beiden Händen.

Das Gericht billigte dem schwer drogenabhängigen Täter verminderte Schuldfähigkeit zu [Anm.: Wir werden noch sehen, wie bei einer ganzen Reihe von schweren Straftaten ausländische Kriminelle mit einem relativ milden Urteil davonkommen!] und ordnete die Unterbringung in einer Entziehungsanstalt an", wie der „hr-text" einen Tag später (S. 122) berichtete.

Die gleiche Quelle berichtete am 29. September 2005 (S. 128), daß das Landgericht Darmstadt einen Tag zuvor einen **Kosovo-Albaner** wegen **versuchten Totschlags und gefährlicher Körperverletzung** zu dreieinhalb Jahren Haft verurteilt hatte. „Der 26jährige hatte den Türsteher einer Disko in Rödermark mit einem Messer lebensgefährlich verletzt. Der Verurteilte hatte bereits zwei Monate vor dieser Tat eine Bewährungsstrafe [!] wegen Heroin-Handels erhalten."

In den frühen Morgenstunden des 28. Oktober 2005 wurden gleich **zwei Frauen** in der Bischofsstadt Fulda **überfallen und** dabei leicht **verletzt**. „Gegen 2 Uhr überfiel ein 1,70 Meter großer dunkelhäutiger Mann mit kurzen Haaren, **vermutlich Afrikaner**, im Alter von 20 bis 30 Jahren, eine 22jährige Fußgängerin ... Er umklammerte die Frau, zerrte sie in ein Gebüsch und begrapschte sie in eindeutig sexueller Absicht. Als es dem Opfer gelang, per Handy um Hilfe zu rufen, ließ der Täter von der Frau ab und flüchtete zu Fuß ...

Wenige Stunden später, gegen 5.15 Uhr, überfiel ebenfalls ein dunkelhäutiger Mann eine 39jährige Frau ... Dabei trat der Räuber von hinten an die Frau heran und versuchte, ihr die Handtasche zu entreißen. Bei der Gegenwehr erhielt das Opfer einen Schlag ins Gesicht und wurde zu Boden geworfen. Der Täter flüchtete ohne Beute ... "[28]

„Zu einer Schlägerei kam es in der Nacht zum Sonntag auf der Kirmes in Maberzell" (einem Ortsteil von Fulda) setzte die „Fuldaer Zeitung" in ihrer Ausgabe vom Dienstag, den 8. November 2005 ihre Leser in Kenntnis. „Wie die Polizei am gestrigen Montag mitteilte, hatten sich gegen drei Uhr zunächst etwa **20 überwiegend ausländische Personen** im Bühnenbereich **äußerst aggressiv gegenüber anderen Gästen verhalten.**

Kirmesburschen versuchten daraufhin, die Gruppe zu beruhigen. **Ohne Grund und Vorwarnung**, so die Polizei, seien dann **drei Personen auf die Kirmesburschen losgegangen und** hätten **wahllos zugeschlagen**. Im weiteren Verlauf beteiligten sich weitere Personen aus der Gruppe an der Schlägerei.

Dabei wurde ein 28jähriger Fuldaer auf den Boden geworfen und mehrfach mit Tritten traktiert. Ein 22jähriger aus Flieden schlug dem Fuldaer außerdem mit einem nicht bekannten Gegenstand auf den Hinterkopf."

„Brutaler Überfall auf Wachmann" lautete eine Schlagzeile des „hr-text" vom 15. Dezember 2005 (S. 127): „Wegen eines Überfalls auf einen Wachmann hat die Staatsanwaltschaft [in Frankfurt] Anklage gegen sechs Männer erhoben. Die **aus der Türkei, Marokko, Italien und Jugoslawien stammenden Beschuldigten** sollen in einem Lagerhaus Unterhaltungselektronik im Wert von 318 000 Euro erbeutet haben. Laut Anklage versuchten sie, den Wachmann mit Chloroform zu betäuben, fesselten ihn und bedrohten ihn mit Pistolen."

Anfang Januar 2006 kam es in Bremen zu einer blutigen Schießerei. „Auslöser war nach ersten Erkenntnissen der Ermittler eine Schlägerei vor einem Tanzlokal, bei der ein inzwischen festgenommener **albanischer Türsteher** zusammengeschlagen wurde. Er erschien zwei Stunden später **mit Landsleuten** vor der Diskothek. Offenkundig aus Rache für den vorangegangenen Angriff **schossen** sie **mehrfach in die Diskothek**. Das Feuer wurde mehrfach erwidert. Zwei Menschen wurden verletzt, darunter ein unbeteiligter Gast. Bei der folgenden Schießerei wurden vier weitere Personen getroffen. Der Schußwechsel verlagerte sich bald auf die Straße."[29]

„Ein Sattelzugfahrer ist gestern morgen auf der A 7 am Reckeröder Berg bei Bad Hersfeld von einem Kollegen niedergeschlagen und lebensgefährlich verletzt worden", so die „Fuldaer Zeitung" am 20. Februar 2006. Weiter konnte man dort lesen, daß es zu dem blutigen Streit laut Ermittlungen der Polizei nach einem Überholmanöver gekommen war. „Der Sattelzug des mutmaßlichen Täters war dabei ins Schleudern geraten und hatte sich auf der Autobahn Fulda-Kassel quer gestellt.

Als die beiden Fahrer daraufhin aus ihren Fahrzeugen stiegen, lief der etwa 40 Jahre alte Täter mit einem Baseballschläger auf sein 38 Jahre altes Opfer zu. Der 38jährige versuchte vergeblich zu flüchten: **Hiebe mit dem Baseballschläger zertrümmerten seine Schädeldecke.** Nach der Tat flüchtete der Schläger – die Fahndung blieb zunächst erfolglos. Autofahrer alarmierten die Polizei. Die Beamten fanden den 38jährigen, der aus dem rheinland-pfälzischen Frankenthal stammt, bewußtlos hinter seinem Fahrzeug. **Bei dem Täter handelt es sich laut Polizei um einen Weißrussen ...** "[30]

„Knapp ein Jahr nach einer **Amokfahrt** in Kassel ist der psychisch kranke Fahrer [am 1. März 2006] in die Psychiatrie eingewiesen worden. Nach dem Urteil des Kasseler Landgerichts ist der 36jährige **wegen seiner Erkrankung schuldunfähig.**

Der Spätaussiedler hatte im April 2005 **absichtlich eine Fußgängerin tot gefahren und zwei weitere Menschen angefahren.** Dabei stand er unter Drogen. Polizisten stoppten ihn nach einer wilden Verfolgungsfahrt, bei der dem Mann in den Kopf geschossen wurde."[31]

„Rumänische Täter gingen äußerst brutal zu Werke", titelte die „Fuldaer Zeitung" acht Tage später und schrieb, daß Ermittler des nordrhein-westfälischen Landeskriminalamts vier rumänische Banden zerschlagen hatten. „Sie hätten 33 Banküberfälle und 150 Einbrüche in Hessen, Nordrhein-Westfalen, Rheinland-Pfalz, und Baden-Württemberg begangen und dabei Millionen erbeutet.

Wie Polizei und Staatsanwaltschaft gestern in Düsseldorf berichteten, beginnt gegen fünf Männer bereits in der kommenden Woche der Prozeß in einem Hochsicherheitstrakt der Düsseldorfer Justiz. Ihnen drohen bis zu 15 Jahre Haft und anschließende Sicherungsverwahrung.

Mit Pistolen und schweren Vorschlaghämmern seien die Männer, die alle aus dem ostrumänischen Bacau stammen, jeweils in die Banken gestürmt. Sie hätten Kunden und Mitarbeiter häufig brutal mißhandelt."[32]

„Wegen **schwerer Mißhandlung eines Passanten** in der Frankfurter Fußgängerzone müssen sich [seit dem 22. März 2006 in der

Mainmetropole] zwei Männer vor dem Landgericht verantworten. Den **beiden Polen** wird vorgeworfen, ihr Opfer so massiv geschlagen und getreten zu haben, daß es schwere Hirnblutungen erlitt. **Der Mann liegt seit fast neun Monaten im Koma.** Die genauen Hintergründe und Motive der Tat sind noch unklar."[33] (Bei dem Opfer handelt es sich um einen Landsmann der Gewalttäter!)

Nach einer **Serie von Raubüberfällen** hat die Polizei in Frankfurt „einen 26 Jahre alten Mann in der Wohnung seiner Freundin festgenommen. Der **Marokkaner** soll seit Dezember [2005] vorwiegend ältere Frauen überfallen und ihnen Geld abgenommen haben, das diese kurz zuvor bei der Bank abgehoben hatten"[34], teilten die Ermittler am 10. April 2006 mit.

„Nach einer Serie von Raubüberfällen auf Wiesbadener Taxifahrer hat die Polizei zwei mutmaßliche Täter gefaßt", hieß es in den Medien am 19. April 2006. „Auf die Spur der **beiden Türken** seien die Ermittler nach einem Überfall auf eine 59jährige am Ostersonntag gekommen. In wechselnder Besetzung hätten die 20- und 19jährigen Männer zusammen mit zwei weiteren Verdächtigen aus Taunusstein **seit vergangenem Herbst zehn Taxifahrer ausgeraubt.**

Dabei seien sie äußerst brutal vorgegangen. Beide sitzen mittlerweile in Untersuchungshaft."[35] Nur einen Tag später wurde ein dritter Verdächtiger in Untersuchungshaft genommen, bei dem es sich um einen marokkanischstämmigen Deutschen handelt.

„Schläger stürmen Diskothek" lautete eine Schlagzeile des „hr-text" vom Montag, den 1. Mai 2006 auf Seite 121, wo man von einer Auseinandersetzung in einer Lauterbacher Diskothek erfuhr, bei der zwei Tage zuvor ein Sicherheitsmitarbeiter lebensbedrohlich verletzt worden war.

„Nach Polizeiangaben waren rund 20 mit Knüppeln bewaffnete Männer in das Lokal im Vogelsberg eingedrungen. Dabei kam es zu der Schlägerei, in deren Verlauf der 24jährige mehrere Messerstiche in die Brust bekam. Er wurde in ein Krankenhaus eingeliefert.

Vor dem Eintreffen der Polizei flüchteten die Täter, ein 23jähriger Verdächtiger konnte kurze Zeit später festgenommen werden."[36]

Um wen es sich bei den „20 mit Knüppeln bewaffneten Männern" gehandelt hatte, entnahm man nicht etwa dem Videotext des „hr-Fernsehen", sondern der „Fuldaer Zeitung" einen Tag später: „Mit mehreren Messerstichen niedergestreckt und lebensbedrohlich verletzt wurde ein 24jähriger Türsteher aus dem Raum Gießen am vergangenen Samstag gegen 22.40 Uhr bei einer Massenschlägerei in einer Diskothek ... in Lauterbach.

Nach Ermittlungen der Polizei hatten etwa **20 Rußlanddeutsche, mit Holz- und Gummiknüppeln bewaffnet**, die Tanzfläche der Diskothek gestürmt. Von dort wurden die Randalierer von den Securitykräften des Lokals zum Eingangsbereich zurückgedrängt, wo sich daraufhin eine größere Schlägerei entwickelte. Im Laufe dieser Auseinandersetzung wurde **ein 24jähriger Mitarbeiter** des Sicherheitsdienstes **mit mehreren Messerstichen in den Brustbereich schwer verletzt.**

Noch vor Eintreffen der Polizei flüchteten die rußlanddeutschen Schläger mit mehreren Fahrzeugen vom Parkplatz der Diskothek. Der Schwerverletzte wurde mit dem Rettungswagen ins Klinikum nach Fulda gebracht.

Im Zuge der Ermittlungen wurde laut Polizei ein 23jähriger Tatverdächtiger vorläufig festgenommen."

Am 3. Mai 2006 informierte der „hr-text" (S. 122) seine Leser, daß die Polizei drei Mitglieder einer **seit Jahren** im Rhein-Main-Gebiet und in benachbarten Bundesländern **aktiven Einbrecherbande** festgenommen hatte. Wie das Bundeskriminalamt mitteilte, „werden die Festgenommenen, **zwei Rumänen und ein Kosovo-Albaner**, verdächtigt, mehrere Hundert Straftaten begangen zu haben. Über die Schadenshöhe konnte das BKA noch nichts sagen.

Der Festnahme vorausgegangen war ein Einbruch in eine Baudekorationsfirma in Südhessen. Dort hatten die Männer einen 400 Kilo schweren Tresor gestohlen, den die Polizei im Tatfahrzeug fand."

Am Abend des 6. Mai 2006 hat in Hanau ein 22 Jahre alter **US-Amerikaner einen Taxifahrer überfallen und mit einem Messerstich in die Brust verletzt.** „Dem 53jährigen gelang die Flucht aus dem Wagen, danach fuhr der Räuber mit dem Taxi davon. Nachdem er einen Straßenpfeiler gerammt hatte, setzte der Täter seine Flucht zu Fuß fort, konnte aber wenig später festgenommen werden. Der Taxifahrer kam in ein Krankenhaus“, wie der „hr-text“ einen Tag später auf Seite 125 meldete.

„Nach einer Messerattacke aus Eifersucht ist **ein 35 Jahre alter eritreischer Arbeiter** zu viereinhalb Jahren Haft verurteilt worden. Das Landgericht Frankfurt ging im Urteil von gefährlicher Körperverletzung aus. Der Angeklagte hatte **seiner Lebensgefährtin** (21) im April vergangenen Jahres **zwei Mal mit einem Küchenmesser in den Hals gestochen und sie schwer verletzt.** Die Frau wollte sich von ihm trennen“, berichtete die „Fuldaer Zeitung“ in ihrer Ausgabe vom 10. Mai 2006.

„Brutaler Überfall in Hamburg: **Drei Ausländer, vermutlich Türken**, haben am hellichten Tag **eine 17jährige Deutsche überfallen. Sie traten ihr immer wieder in den Bauch, schlugen ihr mit Fäusten ins Gesicht** und beschimpften sie. Als sie das Mädchen krankenhausreif geprügelt hatten, flohen die Schläger. Ihre Beute: 50 Euro. Die Polizei sucht nun nach drei vermutlich türkischen Männern im Alter zwischen 17 und 20 Jahren. Irgendwelche Aufregung um diesen Fall gab es nicht. Keine Lichterkette. Keine titelseitigen Blabla-Empörungen. Nichts. Das Opfer ist schließlich nur Deutsche“, kritisierte die „National-Zeitung“ in ihrer Ausgabe vom 26. Mai 2006.

Nach Angaben der Polizei ist in Hessisch Lichtenau am frühen Morgen des 28. Mai 2006 **eine 14jährige** am Rande eines Parkplatzes **vergewaltigt** worden. „Bei den Tätern soll es sich um **drei Männer** im Alter zwischen 17 und 19 Jahren handeln, die der Anzeige zufolge **Russisch und Polnisch gesprochen** haben sollen“, so der „hr-text“ zwei Tage später (S. 129).

„In Backnang bei Stuttgart ist vergangene Woche **ein 23jähriger Deutscher von drei Ausländern brutal überfallen und schwer verletzt** worden“, setzte die „National-Zeitung“ ihre Leser am 2. Juni 2006 in Kenntnis. „Das Opfer wurde im Bereich einer Bushaltestelle von den Tätern **grundlos angegriffen**, in den Unterleib und ins Gesicht [!] getreten. Das Opfer erlitt einen Nasenbeinbruch und eine Oberkieferprellung. Die Polizei sucht nun drei dringend tatverdächtige türkische Jugendliche.“

„**Mehrere Türken haben** in München **einen 29jährigen Deutschen brutal verprügelt.** Als er am Boden lag, wurde noch mit Füßen auf ihn eingetreten. Mit **erheblichen Kopfverletzungen** und Prellungen am ganzen Körper wurde der Maurer ins Krankenhaus eingeliefert. Die Polizei ermittelt wegen versuchter Tötung. Die Türken gaben an, ihr Opfer hätte zuvor 'Heil Hitler' gerufen", berichtete das gleiche Blatt am 16. Juni 2006.

Wegen versuchten Mordes ist im baden-württembergischen Pforzheim am 27. Juli 2006 ein 23jähriger festgenommen worden. „Der **Rußlanddeutsche** soll an einer Tankstelle im nordhessischen Kirchheim **einer 39 Jahre alten Frau aufgelauert** haben und sie **mit einer abgebrochenen Bierflasche an Kopf und Hals schwer verletzt** haben."[37]

Wie wiederum aus der wöchentlich erscheinenden „National-Zeitung" am 6. Oktober 2006 zu erfahren war, hatte soeben das Landgericht Heilbronn „wegen eines Raubüberfalls auf einen Wachmann sechs junge Angeklagte zu mehrjährigen Haftstrafen verurteilt. Das international besetzte Sextett im Alter von 18 bis 20 Jahren hatte im September 2005 zwei PKW der Marke Audi im Wert von insgesamt 120 000 Euro gestohlen. Zuvor hatten **die Täter einen Wachmann brutal zusammengeschlagen, ihn gefesselt, geknebelt und mit dem Tode bedroht.** Der 51jährige Familienvater wurde erst am nächsten Morgen mit lebensgefährlichen Verletzungen aufgefunden. Ärzte konnten das stark unterkühlte Opfer nur dadurch retten, daß sie es in ein künstliches Koma versetzten.

Der Anführer der Bande, ein 20jähriger **Brasilianer**, erhielt sieben Jahre Haft. In dieser Strafe enthalten ist außerdem der Überfall auf eine Filiale der Volksbank im Oktober 2005. Zwei **philippinische Mittäter** (beide 20) müssen für fünfeinhalb und viereinhalb Jahre hinter Gitter. Die beiden Kriminellen waren ebenfalls an dem Banküberfall beteiligt gewesen. Mit von der Partie war auch ein 20jähriger **Russe**, der eine Freiheitsstrafe von viereinhalb Jahren erhielt.

Ein **Schwarzafrikaner** (18) wurde als Mittäter zu vier Jahren Haft verurteilt. Er hatte auf den Wachmann zwar nicht eingeschlagen, aber den Kontakt zu Hehlern im Raum Duisburg hergestellt. Ein

19jähriger **Jamaikaner** wurde ebenfalls als Mittäter verurteilt und muß nun für drei Jahre hinter Gitter."

„Wegen **sexueller Nötigung, Körperverletzung, Freiheitsberaubung und Diebstahl** müssen sich seit gestern **zwei 21jährige Männer** aus Fulda vor der Zweiten Strafkammer des Landgerichts verantworten", führte die „Fuldaer Zeitung" am 6. Oktober 2006 aus. „Die Angeklagten sind miteinander befreundet, unternahmen viel gemeinsam. **Der etwas Ältere kam 2000 aus Kasachstan nach Deutschland** ... Er braucht vor Gericht einen Dolmetscher. Der **Jüngere, seit 1998 in Deutschland** ... ist ... Unteroffizier bei der Bundeswehr und spricht flüssig Deutsch. **Beide weisen Vorstrafen wegen Unfallflucht und gefährlicher Körperverletzung auf, weil sie in oder vor Kneipen andere Gäste verprügelten.**

Angeklagt sind sie jetzt, weil sie im Januar in [eine] Wohnung eindrangen. Nach der Schilderung der Zeugen traten die Angeklagten die Tür ein und verprügelten gemeinsam einen Bewohner. Nur der Ältere der Angeklagten gestand die Tat, der Jüngere sagte, er habe nur einen Laptop aus der Wohnung gestohlen.

Am 1. Februar lief der Ältere betrunken auf die Petersberger Straße. Eine Zivilstreife konnte gerade noch bremsen. Nach der Zeugenaussage der Polizisten kam der Angeklagte an die Tür des Fahrers und schlug diesem ohne Vorwarnung mit der Faust ins Gesicht. **'Eine solche Brutalität habe ich in meiner 17jährigen Arbeit als Polizist selten gesehen'**, sagte der Beamte aus. Erst nach einem Faustkampf konnte der Angeklagte festgenommen werden. 'Ich habe gedacht, es seien Banditen', erklärte der Angeklagte seinen Gewaltausbruch.

Rundherum abgestritten wird vom älteren Angeklagten der Vorwurf der sexuellen Nötigung. 'Ich habe meine Bekannte nur geküßt', sagte er. Der Staatsanwalt wirft ihm hingegen vor, er habe die Frau in ihrer Wohnung in das Badezimmer gedrängt, ihr mehrfach die Jogginghose heruntergezogen und sie zum Geschlechtsverkehr gedrängt, was diese nur mit Mühe habe verhindern können.

In dem Verfahren, das fortgesetzt wird, sollen 20 Zeugen und ein psychiatrischer Sachverständiger gehört werden."[38] Gut möglich also, daß *auch diesen* Gewalttätern „verminderte Schuldfähigkeit" bescheinigt wird!

„Wegen **Vergewaltigung einer Behinderten** hat die Polizei im südhessischen Dieburg einen 24jährigen festgenommen. Nach Angaben [vom 2. November 2006] hatten sich Täter und Opfer in einem Internet-Chat kennengelernt.

[Einen Tag zuvor] habe der Mann die 20jährige an ihrem Arbeitsplatz in einer Behindertenwerkstatt besucht, dabei kam es zu dem Übergriff.

Die junge Frau vertraute sich ihrem Arbeitgeber an, der die Polizei alarmierte. Der **wohnsitzlose Täter, der bereits zur Abschiebung in die Türkei gesucht wurde**, sei aufgrund der guten Personenbeschreibung ermittelt worden, hieß es.“[39]

In der Nacht zum 3. November 2006 wurden in einem Wohnhaus in Bad Soden-Salmünster die blutüberströmten **Leichen eines älteren Ehepaares** gefunden. Bei den Toten „handelt es sich um einen **74jährigen Rentner und seine 72jährige Frau** ... Die Körper der Opfer wiesen laut erstem Obduktionsbericht **zahlreiche massive Verletzungen** auf, **die darauf hindeuten, daß die Täter mit Gegenständen auf den Mann und seine Frau eingeprügelt hatten.** Starke Schläge auf den Kopf waren vermutlich die Todesursache. Dabei nahmen die Männer nach ersten Erkenntnissen den Tod der beiden in Kauf...

Die ebenfalls in dem Mehrfamilienhaus wohnende Tochter des Paares hatte gegen 2.10 Uhr die Polizei alarmiert, nachdem aus der Wohnung im Parterre bedrohlich klingende Geräusche zu hören waren [Anm.: Wie es im „hr“-Fernsehen zu diesem brutalen Verbrechen noch hieß, hatte sich die Frau während der Tat aus Angst in ihrer Wohnung verbarrikadiert. Hätte sie indes eine Schußwaffe in ihrem Besitz gehabt, hätte sie ihren Eltern unverzüglich zu Hilfe eilen können, denn als die Polizei schließlich am Tatort eintraf, war es für ihre Mutter und ihren Vater bereits zu spät!]. Auch die Enkelin der Mordopfer wohnt im Haus. ... Die sofort eingeleitete Großfahndung brachte schon nach 45 Minuten den erhofften Erfolg: **Die der Tat dringend verdächtigen Männer** wurden in einer Gartenlaube in der Nähe des Bahnhofs in Salmünster aufgegriffen. Beide waren mit Blut beschmiert ...

Nach Polizeiangaben handelt es sich um **Spätaussiedler aus Kasachstan** mit deutscher Abstammung [Anm.: Das Argument „deutsche Abstammung" kommt meist dann zum Einsatz, wenn von *ausländischen* Tätern abgelenkt werden soll!], die in der Kurstadt leben. Als **Tatwaffe** kommt **eine Stange** in Betracht, die von den mutmaßlichen Tätern mitgebracht wurde. ...

In der Nachbarschaft sorgte die grausame Tat für großes Entsetzen. Ein Nachbar beschrieb das Ehepaar als sehr freundlich. Beide seien 'liebe und nette Leute' gewesen, die stets zur Stelle gewesen seien, um anderen zu helfen", berichtete die „Fuldaer Zeitung" in ihrer Ausgabe vom 4. November 2006.

Die Redakteurin Sabine Schuchardt schilderte im gleichen Blatt am 28. April 2007 den Verlauf des Prozesses gegen die beiden Gewalttäter: „'Es wurde ein Vielfaches mehr an Schlägen aufgewendet, als eigentlich nötig gewesen wäre, um das Ziel zu erreichen', betonte der 38jährige Rechtsmediziner gestern im Hanauer Landgericht. Dort wurde den Zuschauern auch am dritten Prozeßtag um den Mord an einem 74 und 72 Jahre alten Ehepaar aus Salmünster einiges zugemutet.

Der 38jährige ließ keinen Zweifel daran, daß **die Bluttat ... ungewöhnlich brutal abgelaufen** sein muß. **'So etwas habe ich noch nicht gesehen'**, sagte er. Die beiden Opfer hätten zweifelsfrei bereits am Boden gelegen, als die Schläge immer noch niedergegangen seien. Er sprach von 'massiver Gewalteinwirkung' mit einem stumpfen Gegenstand.

Am Tatort seien zahlreiche Knochensplitter im Kopfbereich der Frau gefunden worden. Das Blut an der Wand spreche eine eindeutige Sprache, bis auf eine Höhe von zwei Metern sei es gespritzt."

Die gleiche Tageszeitung schilderte am 21. Oktober 2006, wie zehn junge Männer durch den Schloßgarten schlenderten. „Auf einmal werden sie angesprochen, zunächst nach Zigaretten gefragt. Was dann geschieht, darüber gibt es unterschiedliche Berichte.

Ein Beobachter erzählt, einem der **zehn Jugendlichen**, die in alternativ-rockiger Kluft gekleidet waren, seien **von einer Türkengang 20 Euro gestohlen** worden. Außerdem habe einer der Südländer sie mit einem Schlagring bedroht. Als die zehn Männer weiterzogen, seien sie an der übernächsten Ecke **von 40 [!] Freunden der Diebe gestoppt worden, diese hätten drei von ihnen zusammengeschlagen.** Die 40 Türken in Hip-Hop-Outfit hätten sogar noch auf zwei am Boden liegende Metal-Fans eingetreten.

'Ein Passant habe dann die Polizei gerufen, aber die kam erst 15 Minuten später, obwohl die Wache nur 300 Meter entfernt liegt', beklagt ein Beteiligter, der sich außerdem ärgert: 'Wir gehen seit einem Jahr in den Schloßgarten, seit einem dreiviertel Jahr werden wir von den zahlenmäßig weit überlegenen Hip-Hoppern bedroht. Aber die Polizei sehe ich immer seltener im Park.' Weil sich die Beamten zudem durch das Martinshorn laut vernehmbar ankündigten, hätten die Täter genug Zeit zum Fliehen gehabt.

Seit dem Vorfall am vergangenen Sonntag meiden er und seine Kumpels ihren Lieblingsplatz am Pavillon im Park. Sie treffen sich inzwischen woanders, trauen sich nicht mehr in die grüne Oase der Stadt, die längst kein Platz der Erholung mehr für die jungen Männer ist. 'Diese Gang ist einfach auf Ärger aus. Zuletzt hatten wir zweimal in der Woche Probleme mit denen.'"

„Erhebliche Verletzungen erlitten zwei Jugendliche am Samstag, 4. November, gegen 18 Uhr in Gersfeld. Wie die Polizei gestern mitteilte, waren sie auf dem Bahnsteig mit zwei anderen in Streit geraten. Die beiden jungen Männer aus Gersfeld und Ebersburg wurden mit Schlägen traktiert. Die zwei 16 und 18 Jahre alten **Deutschrussen** aus Gersfeld **schlugen laut Polizei mit Fäusten derart hart zu, daß dem 16jährigen Gersfelder ein Backenzahn abbrach.** Außerdem wurde die Brille beschädigt", so die „Fuldaer Zeitung" drei Tage nach dieser Prügelei.

„Schläger gingen auf drei Jungs los", überschrieb das gleiche Blatt am 21. November 2006 einen Artikel über ein Verbrechen, das sich drei Tage zuvor in Fulda ereignete und bei dem die Polizei nun Zeugen suchte: „Eine Schlägerei lieferten sich mehrere Jugendliche ... in der ... Bahnhofstraße nahe des Universitätsplatzes. Drei 18 und 19 Jahre alte Männer aus Fulda und Künzell erlitten Prellungen an Gesicht und Körper.

Nach ihren Angaben und dem derzeitigen Ermittlungsstand der Polizei waren die drei jungen Männer zu Fuß in der Innenstadt unterwegs als sie ... auf **eine Gruppe von 10 bis 15 Jugendlichen** trafen – **alle männlich**, zwischen 16 und 18 Jahren alt **und von südländischem Äußeren**, wie die Polizei schreibt.

Offensichtlich habe ein Teil dieser Gruppe Streit gesucht: Einige Jungs seien grundlos auf die drei losgegangen, hätten sie zu Boden geprügelt und getreten. Sie seien geflüchtet, als die Polizei alarmiert wurde. Die Fahndung mehrerer Funkstreifen verlief jedoch ergebnislos."

In der Nacht zum 24. November 2006 traf die von zugewanderten Osteuropäern ausgehende Gewalt einen **52jährigen US-Amerikaner** in Fulda. Er wurde **„von zwei Unbekannten zu Boden geschlagen, getreten und ausgeraubt.** Die Täter sind zwischen 19 bis 20 Jahre alt, etwa 1,80 bis 1,85 Meter groß mit kurzen, schwarzen Haaren, vermutlich **Rußlanddeutsche**."[40]

„Schizophrener stach Fußballfan nieder", titelte der „hr-text" am Montag, den 15. Januar 2007 (S. 119) und meldete, daß ein 24jähriger am Abend zuvor nach einem Hallenfußballturnier in Wiesbaden schwer verletzt worden war. „Das Opfer sei von einem **22jährigen Marokkaner** von hinten angegriffen worden, berichtete die Polizei. Mit einem Messer habe der Täter **dem 24jährigen in Hals und Rücken gestochen.** Er wurde im Krankenhaus operiert. Lebensgefahr bestehe nicht mehr, hieß es am Montag.

Der Täter wurde später in seiner Wohnung festgenommen. Den Ermittlungen zufolge leidet er an Schizophrenie und hatte in den vergangenen Tagen wichtige Medikamente nicht mehr eingenommen." (Höchstwahrscheinlich wird beim Prozeß gegen den „Migranten" also „verminderte Schuldfähigkeit" geltend gemacht!)

Wegen **schwerer räuberischer Erpressung** hat das Landgericht Fulda einen Tag später „einen 22jährigen aus Offenbach zu sechs Jahren Haft verurteilt. Der **gebürtige Afghane** hatte im Juli 2006 in Flieden binnen weniger Minuten eine Tankstelle, einen Supermarkt und eine Fleischerei überfallen und dabei insgesamt 11 500 Euro erbeutet. Der Mann war zuvor bereits zu einer zweijährigen Bewährungsstrafe verurteilt worden."[41]

Am 18. Januar 2007 hat das Landgericht Darmstadt einen 30 Jahre alten **Polen wegen versuchten Totschlags** zu vier Jahren Haft **verurteilt**. „Sein Vater muß zweieinhalb Jahre hinter Gitter. Der Sohn hatte im Streit um Geld einem 41 Jahre alten Arbeitskollegen ein Messer in die Brust gestoßen. Sein Vater hatte dem Opfer zuvor eine Bierflasche auf den Kopf gehauen.“[42]

Ein repräsentativer Fall aus Österreich zeigt, daß sich die von Zuwanderern ausgehende Gewalt auch in unserem südlichen Nachbarland zunehmend ausbreitet: „Wegen einer äußerst **brutalen Vergewaltigung** verurteilte ein Bregenzer Gericht einen 20jährigen arbeitslosen **Türken** zu acht Jahren Gefängnis plus Widerruf einer viermonatigen Bewährungsstrafe“, berichtete die „National-Zeitung“ am 19. Januar 2007, und weiter: „Der kaum deutschsprechende Mann hatte im vergangenen Sommer eine 28jährige Frau in Feldkirch (Vorarlberg) auf dem Weg nach Hause überfallen und sie auf einer Treppe zum Analverkehr gezwungen. Dabei schlug der Täter den Kopf des Opfers mehrfach auf die Steinstufen und malträtierte sie am ganzen Körper. Der Türke konnte aufgrund seines markanten Aussehens schon am Tag darauf festgenommen werden. Aus Angst vor einer Abschiebung hatte der Ausländer erst ganz am Schluß der Verhandlung ein Geständnis abgelegt. Die Frau leidet heute noch an Panikattacken, Schlaflosigkeit und Depressionen. Richter Peter Mück, der der Frau 8000 Euro Schmerzensgeld zusprach, meinte: ‘Das Opfer hat seine Lebensfreude verloren.’“

„München: Brutale Taxiräuber gefaßt“, titelte die gleiche Zeitung eine Woche später und schilderte, daß die beiden Täter, die Anfang des Monats in München einen **Taxifahrer beraubt und mit mehr als 40 Messerstichen lebensgefährlich verletzt** hatten, gefaßt worden waren. „Laut Polizei handelt es sich um einen **16jährigen Türken** und seinen 17jährigen Freund, der in einem Wohnheim für Schwererziehbare lebt.

Nach Angaben der Staatsanwaltschaft haben die Täter den Tod ihres Opfers, das nur dank einer Notoperation überlebte, ‘ganz bewußt in Kauf genommen’. Die Beute in Höhe von 375 Euro teilten sich die Räuber nach ihrer Flucht. **Die Ermittler zeigten sich von der ‘enormen Brutalität’ und Skrupellosigkeit der jungen Täter geschockt.**

Die Jugendlichen hatten den Taxifahrer ganz bewußt in eine dunkle und einsame Straße dirigiert. Dann rammte der junge Türke dem Opfer ein Küchenmesser eiskalt von hinten in den Körper. Der Fahrer flüchtete aus seinem Wagen. Doch der 16jährige warf ihn zu Boden und stach mit den Worten 'Ich bring dich um' weiter auf ihn ein. Während das Opfer um sein Leben kämpfte, nahm der 17jährige Mittäter die im Wagen befindliche Geldbörse an sich.

Das Motiv der Bluttat: Die beiden Jugendlichen wollten sich Geld für den Kauf von Drogen beschaffen. Die Täter sind geständig und sitzen zurzeit wegen versuchten Mordes und gefährlicher Körperverletzung in Haft. Wegen des zur Anwendung kommenden Jugendstrafrechts droht ihnen eine Freiheitsstrafe von maximal zehn Jahren.

Das Groteske an dem Fall ist, daß die ausgelobte Belohnung von 7000 Euro nun offenbar ausgerechnet ein 17jähriger Straßenräuber bekommt, der zuvor in München eine 80jährige Rentnerin um ihre Handtasche erleichtert hatte. Der Grund: Er hatte den entscheidenden Hinweis gegeben, der zur Verhaftung der beiden Täter führte."

Am 1. Februar 2007 hat das Landgericht Frankfurt „einen 40 Jahre alten **Algerier** wegen einer **Serie von Diebstählen** zu einer zweijährigen Bewährungsstrafe [!] verurteilt. Die Vorinstanz hatte auf zwei Jahre und drei Monate Haft erkannt. ... Zu seinen Opfern zählte auch eine 70 Jahre alte Rollstuhlfahrerin."[43]

„Der **Leiter des Ausländeramts** der Stadt Wangen im Allgäu ist **von einem** 38jährigen **Iraker fast krankenhausreif geschlagen worden.** Der ehemalige Boxer betrat die Behörde und verlor die Kontrolle über sich, als der Amtsleiter ihn nach seinem Anliegen fragte. Der Iraker schlug mehrere Minuten mit Händen und Füßen auf den 54jährigen Beamten ein. Dann warf er einen Blumentopf auf den Amtsleiter. Der erlitt bei dem Überfall erhebliche Verletzungen; der Iraker konnte festgenommen werden", so die Publikation „Nation & Europa" in ihrer Ausgabe vom Februar 2007 auf Seite 37. (Anfang April 2009 kam es in Hessen zu einem ähnlichen Fall: „Ausgerechnet die **Chefin des Frankfurter Multikulti-Amtes**, Helga Nagel, wurde **von fünf jungen Ausländern überfallen** und beraubt. Dabei wurde **ihr das Jochbein gebrochen**. Einer ihrer Schwerpunkte ist das ‘Interkulturelle Zusammenleben’, das sie sich mit Sicherheit anders vorgestellt hat.“[44])

Nach einer **versuchten Vergewaltigung** am 5. des gleichen Monats ist in der Universität von Frankfurt ein 23jähriger festgenommen worden. „Der Mann hatte eine 22 Jahre alte Studentin beim Verlassen einer Toilette angegriffen. Kommilitoninnen kamen der Frau zu Hilfe und hielten den **aus Polen stammenden Täter** bis zum Eintreffen der Polizei fest.“[45]

Ebenfalls im Februar 2007 las man darüber, daß eine **türkische Jugendbande** in der baden-württembergischen Gemeinde Oberstenfeld im Kreis Ludwigsburg seit Wochen **die örtliche evangelische Kirchengemeinde tyrannisierte.** „‘Wenn das so weitergeht, können wir abends Gottesdienst nur noch unter Polizeischutz feiern’, sagte eine Kirchenmitarbeiterin. Die Jugendlichen treffen sich in einem Park in der Nähe der Kirche und stören mit lauter Musik und Geschrei die Andachten in dem Gotteshaus. Die Polizei mußte bereits mehrmals einschreiten, weil **die Kirche** außerdem **mit Feuerwerkskörpern beschossen** wurde.“[46]

„Knapp ein Jahr nach der **Ermordung des Berliner Polizisten Uwe Lieschied** ist [am 20. Februar 2007] der Todesschütze zu einer lebenslangen Haftstrafe verurteilt worden. Das Berliner Landgericht sah es in seinem Urteil als erwiesen an, daß **der 40jährige Kurde den Hauptkommissar erschossen** hatte, um einer Polizeikontrolle zu entgehen.

Der 42jährige Polizist wurde von einer Kugel in den Kopf getroffen. Er lag mehrere Tage im Koma bevor er starb. Das Gericht folgte mit dem Urteil dem Antrag der Staatsanwaltschaft.“[47]

„Kurz vor dem Abflug hat die Polizei zwei mutmaßliche **Serieneinbrecher** am Frankfurter Flughafen festgenommen“, las man im „hr-text“ am 6. März 2007 auf Seite 119, und weiter: „Die beiden 21 Jahre alten **Chilenen** hatten ... fünf mit Diebesgut gefüllte Reisetaschen bei sich. ... Die Chilenen gehören zu einer Bande, die für **mindestens 20 Einbrüche** im Rhein-Main-Gebiet mit einem Schaden von 175 000 Euro verantwortlich sein soll. Drei weitere Mitglieder wurden bereits in den vergangenen Wochen festgenommen.“

Wegen **dreifachen versuchten Totschlags** und gefährlicher Körperverletzung mußte sich seit dem 9. März 2007 ein 61jähriger Rentner vor dem Landgericht Frankfurt verantworten. „Der **aus Westafrika stammende Angeklagte** soll aus Ärger über eine laute Geburtstagsfeier in der Nachbarwohnung drei Gäste mit einem Küchenmesser verletzt haben.“[48] Drei Tage später wurde in diesem Fall das bezeichnende Urteil gesprochen: „Mit **Freispruch** endete ... der Prozeß um eine Messerattacke auf Gäste einer Geburtstagsfeier. Das Gericht billigte dem aus Westafrika stammenden Angeklagten Notwehr zu. Der 61jährige habe sich über Lärm beschwert und sei daraufhin möglicherweise [!] von den Gästen rassistisch beleidigt und eventuell [!] auch mißhandelt worden. Genau lasse sich das Geschehen nicht rekonstruieren, befand das Gericht.“[49] (Hätte ein Deutscher drei Afrikaner mit einem Messer verletzt, wäre es *mit Sicherheit nicht* zu einem Freispruch sondern aufgrund eines „Haßverbrechens“ zu einer langjährigen Haftstrafe gekommen!)

Daß diese Milde der Justiz übrigens Methode hat, zeigt ein anderer Fall von Ausländerkriminalität, bei dem es zu einer gefährlichen Kettensäge-Attacke kam und der fremdländische Täter bloß eine Bewährungsstrafe erhielt, wie Ende April 2008 der Presse zu entnehmen war: „Die zwangsweise Unterbringung in eine Bezirksklinik wurde gegen **Pizzabäcker Toni G.** [35, Name geändert] zur Bewährung ausgesetzt. Das entschied jetzt das Landgericht München I. Toni G., der wegen Körperverletzung vor Gericht stand, war am Abend des 10. September 2007 **mit einer laufenden Kettensäge auf seinen Nachbarn [35] losgegangen**, weil der an der Tür des Angeklagten geklopft und geschimpft hatte: ‘Mach die Tür auf, du schmutziger Italiener.’ Im Gerangel ging die Säge aus. Das Opfer konnte sie Toni G. entreißen, verletzte sich dabei an der Hand … Die Tat passierte, weil Toni G. **psychisch krank** ist. Als Auflage muß er eine Therapie machen und regelmäßig seine Medizin nehmen, damit so etwas nicht mehr passiert. Sonst wird er eingewiesen.“[50])

Ebenfalls am 12. März 2007 mußte sich ein 39jähriger wegen **Überfällen auf zwei Banken** in Reinheim und Rossdorf vor dem Landgericht Darmstadt verantworten. „Er hatte der Anklage zufolge den Angestellten jeweils mit Bombenattrappen gedroht und insgesamt 40 000 Euro erbeutet. Im Prozeß erklärte der **aus dem Kongo stammende** hoch verschuldete **Angeklagte**, ein 'Dämon' habe ihn zu den Überfällen getrieben."[51]

Einen Tag später hatte die Göttinger Polizei eine **Bande tschechischer Schutzgelderpresser** ausgehoben, die auch in Hessen aktiv war. „Vier Verdächtige seien festgenommen worden, teilten die Ermittler ... mit. Das Quartett habe sich vermutlich seit Sommer 2006 im Raum Göttingen und in Nordhessen Opfer unter Prostituierten und Drogenhändlern gesucht.

Die genaue Zahl der **Geschädigten**, die **brutal mißhandelt, eingeschüchtert und so zur Zahlung von Schutzgeld gezwungen** wurden, steht nicht fest. Die Kripo geht davon aus, daß viele aus Angst nicht zur Polizei gegangen sind."[52] Das wäre wohl nicht der Fall, hätten diese Leute noch Vertrauen in unseren vielgepriesenen „Rechtsstaat".

Am gleichen Tag wurden bei einer **Drogenrazzia** in Fulda 13 Verdächtige festgenommen. Wie die Ermittler mitteilten, „wurden vorige Woche mit Rauschgifthunden sieben Wohnungen durchsucht. Kleinere Mengen Haschisch, Marihuana, Amphetamin und Kokain wurden sichergestellt. **Ein 26 Jahre alter Türke und ein 22 Jahre alter aus Polen stammender Mann** sitzen in Untersuchungshaft."[53]

Am 14. März 2007 hat die Polizei in Offenbach zwei **Serieneinbrecher** festgenommen, „die **mehr als 140 Straftaten verübt** haben sollen. Die beiden 20jährigen **Litauer** sollen vor allem Autos aufgebrochen und dabei einen Schaden von mehreren Hunderttausend Euro verursacht haben".[54]

In Gustavburg (Groß-Gerau) ermittelt die Polizei gegen einen 35jährigen, „der **auf einer Schultoilette eine Achtjährige angesprochen** und zum Mitkommen aufgefordert hatte. Der Hausmeister der Schule konnte den **Türken** bis zum Eintreffen der Polizei festhalten", berichtete der „hr-text" einen Tag später (S. 128). Kein Einzelfall, wie eine Meldung des „ARD-Text" vom 3. Juli 2007 (S. 157) unter der Schlagzeile **„Kind auf Schultoilette mißbraucht"** über ein Verbrechen zeigt, das sich am 1. Juli 2007 ereignete: „In einer Schule im bayerischen Dillingen ist ein **zwölfjähriges Mädchen** von einem Unbekannten mißbraucht worden. ... Ein Mann habe das Kind nach Unterrichtsschluß im Schulgebäude angesprochen und es in eine Lehrertoilette gezogen. Dort habe er das Mädchen geküßt und unsittlich berührt. Nach einem erneuten Alarm in der Schule nahm die Polizei einen **Asylbewerber aus dem Irak** fest. Er gab zu, das Mädchen zu kennen, bestreitet aber, gegen dessen Willen gehandelt zu haben."

Seit Jahren kommt es immer wieder zu solchen schlimmen Straftaten, bei denen sich an Schulen Ausländer an deutschen Kindern vergehen: „Nach dem **sexuellen Mißbrauch einer 12jährigen in einer Bonner Schule** hat die Polizei einen 29jährigen festgenommen und das Verbrechen offensichtlich aufgeklärt.

Der Mann war erst vor zwei Wochen aus dem Gefängnis entlassen worden, wo er wegen eines ähnlichen Delikts eine Haftstrafe abgesessen hatte. Eine DNA-Analyse habe außerdem ergeben, daß er bereits vor zwei Jahren in derselben Schule ebenfalls eine 12jährige mißbraucht haben könnte. Das berichteten Polizei und Staatsanwaltschaft.

Der **gebürtige Syrer mit niederländischem Paß** schweigt zu den Vorwürfen", so der „ARD-Text" am 21. Juni 2002 auf Seite 130.

Ende März 2007 wurde das Urteil in einem Verkehrsdelikt gesprochen, bei dem **ein Mann mit Migrationshintergrund ein 9 Jahre altes deutsches Mädchen ums Leben gebracht** hatte: „Er raste mit Tempo 64 in einer 30er-Zone ein Kind tot. Und er wird es wieder tun können. Denn **eine Richterin ließ Todesfahrer Ali A. (22) einfach laufen.** Der unbelehrbare Verkehrsrowdy aus Garbsen (Niedersachsen) muß nicht ins Gefängnis!

Die Mutter der getöteten Jasmin (9) weint über das Urteil. Und viele Menschen sind empört. An einem Frühlingstag im letzten April wollte Jasmin nachmittags eine Freundin besuchen.

Als sie an einer Bushaltestelle eine Straße überquerte, erfaßte Mathe-Student Ali A. (22) sie mit dem schwarzen E-Klasse-Mercedes seines Vaters, schleuderte das Kind 30 Meter durch die Luft. Vier Tage später starb Jasmin.

Vor vier Monaten stand Ali A. wegen des schrecklichen Unfalls zum ersten Mal vor Gericht. Zwei Jahre Haft wegen fahrlässiger Tötung. Ohne Bewährung!

Der Richter: 'Die Tat grenzt schon fast an Totschlag!' Hinzu kam: Als Ali A. das Mädchen totfuhr, hatte er gar keinen Führerschein!

Er hatte ihn wegen zu schnellen Fahrens vier Wochen abgeben müssen. Ein Jahr zuvor war er zudem bei Rot über eine Kreuzung gefahren, hatte ein Auto gerammt. Ein Verletzter!

Trotzdem ging der Verurteilte in Berufung und das Landgericht Hannover entschied jetzt: Die Strafe wird zur Bewährung ausgesetzt!"[55]

„Liest man ein solches Urteil, stellt sich inzwischen unwillkürlich die Frage, wie es wohl bei Nichtvorliegen eines Migrationshintergrundes gelautet hätte. ... 'Sie sind ganz knapp davongekommen', sagte [Richterin] Jans-Müller in Richtung des Angeklagten. ... Erst zwei Tage nach dem Unfall wäre ein Fahrverbot von A. abgelaufen. Das hatte er kassiert, weil er einige Monate zuvor innerhalb der Stadt mit Tempo 80 unterwegs war. Zudem war er vorbestraft, weil er bei Rot über eine Ampel gefahren und einen Verkehrsteilnehmer verletzt hatte. Trotzdem entschied sich die Richterin für eine Bewährungsstrafe."[56]

„Oberstaatsanwalt Ulrich Iburg plädierte auf Haft ohne Bewährung. 'Sie sind zweimal zuvor einschlägig auffällig geworden', sagte Iburg, 'und wer so unbelehrbar ist, der gehört ins Gefängnis.' Zudem hätte der Täter im verkehrsberuhigten Wohngebiet mit spielenden Kindern rechnen müssen."[57]

„Eine 26 Jahre alte **Krankenschwester** aus Frankfurt ist in ihrer Wohnung **getötet** worden", stand in der „Fuldaer Zeitung" vom 2. April 2007 zu lesen, und weiter: „Ihr zehn Jahre älterer Lebensgefährte sei festgenommen worden und habe die Tat gestanden, teilte die Polizei mit. Er habe seine Freundin im Streit umgebracht. Der 36jährige, ein **gebürtiger Marokkaner** aus Offenbach, soll dem Haftrichter vorgeführt werden. Der genaue Grund des Streits war unklar. Die Polizei sprach von Beziehungsproblemen."

Handel mit Heroin im größeren Stil wirft die Staatsanwaltschaft in Offenbach **zwei Mazedoniern** vor. „Die beiden 33 und 23 Jahre alten Männer waren Polizeibeamten aufgefallen, als sie sich offensichtlich zu einem Drogendeal verabredeten, hieß es [am 13. April 2007]. Die beiden hatten 180 Gramm Heroin im Wert von rund 4000 Euro bei sich.“[58]

Ein 28jähriger hat im Frankfurter Stadtteil Höchst einen **Gastwirt mit einem Messer bedroht**. „Der Wirt setzte sich mit einem Barhocker zur Wehr. Bei der Auseinandersetzung ging eine Fensterscheibe zu Bruch, wie die Polizei [am 15. April 2007] berichtete. Als Tatmotiv wird ein gegen den **aus der Türkei stammenden 28jährigen** verhängtes Lokalverbot vermutet.“[59]

Am 19. April 2007 schilderte die „Fuldaer Zeitung“ den vierten Verhandlungstag eines Gerichtsverfahrens, in dem es um eine Vergewaltigung im Fuldaer Stadtteil Sickels im Jahr 2004 ging. „Der Verteidiger des angeklagten 31jährigen hatte vergangene Woche in Aussicht gestellt, daß sein Mandant sich unter Umständen doch an den Namen jenes Mannes erinnern könnte, der am 12. Dezember 2004 mit ihm und einem weiteren Bekannten in eine Disko in Haßfurt gefahren war. Dort hatten die **drei Deutschen kasachischer Herkunft** zwei Schwestern aus Schweinfurt kennengelernt und sie im Auto mit nach Fulda genommen.

Dort wurden **die Frauen nach eigener Aussage von zwei unterschiedlichen Männern vergewaltigt.** Die Ältere (27) beschuldigte den Angeklagten. Die Identität des anderen Mannes, der sich an ihrer 23jährigen Schwester vergangen haben soll, konnte die Polizei nicht ermitteln.“[60]

Am 25. April 2007 hat das Landgericht Fulda einen 40jährigen **Kosovo-Albaner** wegen der **Vergewaltigung und gefährlichen Körperverletzung** seiner zur Tatzeit 17jährigen Stieftochter – er hatte ihr mit einem Messer in den Hals gestochen – zu sechs Jahren Haft verurteilt.

„Die Erste Strafkammer zeigte sich ... davon überzeugt, daß der Angeklagte ... seine Stieftochter im Januar 2006 in seiner Wohnung in Bad Hersfeld zum Analverkehr gezwungen hat. ‘Die belastende

Aussage der Tochter vor Gericht war sehr glaubwürdig, begründete der Vorsitzende Richter Peter Krisch den Schuldspruch.

In der Gesamtstrafe von sechs Jahren sind die Verurteilungen wegen zweier Einbrüche, die der Angeklagte eingeräumt hatte, und wegen zweier gefährlicher Körperverletzungen einbezogen [Anm.: Für all die von ihm verübten Straftaten erhielt also auch dieser zugewanderte Schwerverbrecher eine relativ milde Strafe!]. Im Oktober 2006 hatte der 40jährige seine frühere Ehefrau mit ihren vier Kindern in ihrer Wohnung aufgesucht, um sich über die Strafanzeige wegen Vergewaltigung zu beschweren. Bei dem Gespräch kam es zum Gerangel, **die Ex-Frau und die Stieftochter wurden schwer verletzt** – die Frau am Arm, die Tochter direkt neben der Halsschlagader.

Staatsanwalt Stephan Müller-Odenwald zeigte sich am Ende der fünf Verhandlungstage überzeugt, daß der Angeklagte im vergangenen Oktober versucht habe, seine Stieftochter zu töten, um damit eine Verurteilung wegen der Vergewaltigung zu verhindern“, so die „Fuldaer Zeitung“ am 26. April 2007 zu diesem scheußlichen Verbrechen.

Nur vier Tage nach dem Gerichtsprozeß in Fulda kam es am 29. April zu einem aufsehenerregenden Mord in Schweinfurt, wo **ein Albaner seine** von ihm getrennt lebende **Frau** auf einer Einkaufsstraße **mit drei Kugeln niederstreckte**. Drei ihrer fünf Kinder mußten die Bluttat mit ansehen. Wie es auf der Internetseite der „Bild“[61] seinerzeit hieß, soll dabei der 14jährige Sohn des Opfers bei einem Nachbarn geklingelt und: „Jetzt haben die verdammten Polen Papa eine Waffe verkauft“, gestammelt haben.

„Auf dem Nachhauseweg von der Spring-Break-Party an der Hochschule Fulda ist **ein 24jähriger** am frühen Freitagmorgen, 27. April, **zusammengeschlagen** worden. Gegen 4.50 Uhr eskalierte der Streit, in den der Geschädigte nach seiner eigenen Aussage mit **sechs Männern türkischer Herkunft** geraten war. Der 24jährige zog sich bei der Schlägerei eine Platzwunde zu. Die Fahndung nach den mutmaßlichen Tätern verlief erfolglos.“[62]

Wegen versuchten Mordes mußten sich seit dem 4. Mai 2007 **drei türkische Männer** vor dem Landgericht Darmstadt verantworten.

„Sie sollen nach einem Einbruch in eine Gaststätte **drei Zeugen brutal zusammengeschlagen und zum Teil lebensgefährlich verletzt** haben. Am ersten Prozeßtag räumten sie die Taten weitgehend ein.“[63]

„Seit Anfang Dezember hatte die Münchner Polizei eine **Überfallserie** im Stadtteil Hasenbergl beschäftigt. Bei den insgesamt sieben Raubtaten waren **die Täter mit äußerster Brutalität** und stets dem selben Muster **vorgegangen**. Die Opfer (zwischen 20 und 50 Jahre alt) wurden zunächst von hinten zu Boden geworfen und anschließend massiv mit Fäusten und Füßen traktiert.

Zwölf Täter im Alter zwischen 14 und 19 Jahren waren im Januar nach umfangreichen Ermittlungen der Polizei festgenommen worden. Größtenteils handelt es sich dabei um **Personen mit arabischer Abstammung**. Jetzt wurden mehrere Täter verurteilt: Anas Z. (18), der einem Mann von hinten eine Metallstange an den Kopf geschlagen hatte, bekam zwei Jahre auf Bewährung. Oussama H. (19) wurde zu drei Wochen Jugendarrest verurteilt und Komplize Abed A. (16) erhielt 18 Monate auf Bewährung.

Die Staatsanwaltschaft hält das Urteil für viel zu mild und will Berufung einlegen“, schilderte die „National-Zeitung“ am 4. Mai 2007.

Bereits einen Tag nachdem ein Krimineller am 11. Mai 2007 **mit vorgehaltener Pistole** in einer Fuldaer Gaststätte **von dem Wirt Geld erpreßt** hatte, wurde der Täter gefaßt und sitzt in Untersuchungshaft. Er war einer Bedienung in einem Kiosk aufgefallen, weil er eine Pistole dabei hatte. „Sie verständigte die Polizei, die ihn festnahm. Er hatte eine schwarze Schreckschußwaffe, die von einer echten Pistole kaum zu unterscheiden war. Es handelt sich bei dem Mann um einen 30jährigen **Rumänen, der in Deutschland keinen festen Wohnsitz hat**. Nach seinen Angaben war er vor drei Tagen aus Rumänien eingereist und hatte den Wirt aufgrund von Geldschwierigkeiten beraubt.“[64]

Am 5. Juni 2007 entnahm man dem „hr-text“ (S. 127), daß die Polizei in Frankfurt einen **brutalen Überfall** auf zwei 13 und 14 Jahre alte Schüler im Stadtteil Nied aufgeklärt hatte. „Zwei 15 und 17 Jahre alte **Kolumbianer** und ein 15jähriger Deutscher [Anm.: der möglicherweise ebenfalls einen Migrationshintergrund hatte!] gestanden, die Jungen zusammengeschlagen und ihnen ein Handy und Kleingeld geraubt zu haben. Eines der Opfer wird noch im Krankenhaus behandelt.“

In der ARD-Boulevardsendung „Brisant“ erfuhr man am 12. Juni 2007 (17.15-17.45 Uhr), daß einer der gefährlichsten Einbrecher der letzten Jahre endlich identifiziert worden war: „Der sogenannte Fensterbohrer ist **ein 62jähriger Mann aus Uruguay**. Der mutmaßliche **Mörder und Serieneinbrecher** war vor knapp zwei Wochen in Wiesbaden festgenommen worden. Er steht in Verdacht seit 1996 [!] in Deutschland und Österreich mindestens 500 [!] Wohnungseinbrüche begangen und mehrfach auf die Inhaber geschossen zu haben. Dabei wurde ein Hamburger Immobilienmakler getötet.“ Bei dem Opfer handelt es sich um den 39jährigen Deutschen Frank P., der den „Fensterbohrer“ im Oktober 2004 auf frischer Tat ertappte und, nachdem er ihn kurz verfolgt hatte, von ihm eiskalt erschossen wurde.

Sieben Wochen nach dem spektakulären **Mord an einer 22jährigen Polizistin** in Heilbronn wurden laut dem „SWR Text“ vom 16. Juni 2007 (S. 116) „in Österreich **zwei Verdächtige festgenommen** … Bei den festgenommenen Männern handele es sich um **einen Polen und einen Serben**, so das LKA Oberösterreich.“

„Für den gewaltsamen Tod seiner Ehefrau muß ein 28jähriger Türke mit 14 Jahren Haft büßen. Das Landgericht Wiesbaden verurteilte ihn wegen Totschlags“, berichtete der „hr-text“ am 11. Juli 2007 (S. 124), und weiter: „Die Tat vor den Augen des gemeinsamen Kindes sei kein Mord gewesen, entschied das Gericht [einen Tag zuvor]. **Der Türke hatte im November vergangenen Jahres die 24jährige mit einem Ausbeinmesser angegriffen und 18mal [!] zugestochen.** Die Frau wollte sich von ihm trennen.

Als Motiv nannte der Täter Wut, Eifersucht, aber auch den Wunsch, sein Kind zu sehen.“ Wäre diesem Gewaltverbrecher *wirklich* am Wohle seines eigen Fleisch und Blutes gelegen gewesen, hätte er dessen Mutter nicht vor den Augen des Kindes bestialisch umgebracht!

„Zehn Monate nach dem **lebensgefährlichen Messerangriff auf einen katholischen Geistlichen** hat der mutmaßliche Täter die Tat vor Gericht bestritten.

Er habe den Pfarrer nicht attackiert und stehe unschuldig vor Gericht, sagte der **29jährige Türke** [am 23. Juli 2007] zum Prozeßauftakt vor dem Kasseler Landgericht. Der Mann wird von der Staatsanwaltschaft als verwirrt angesehen und gilt als schuldunfähig [!].

In dem Verfahren geht es um die Unterbringung des Mannes in der Psychiatrie. Der Pfarrer hatte nur durch eine Notoperation gerettet werden können“, so der „hr-text“ (S. 120) am Tag des Prozeßbeginns.

Der gleiche Videotext (S. 121) informierte seine Leser zwei Tage später darüber, daß das Landgericht Frankfurt einen 32jährigen wegen Totschlags zu (nur!) fünf Jahren Haft verurteilt hatte. **„Der Pakistaner hatte seine Ehefrau aus Eifersucht erdrosselt.** Die Verteidigung hatte auf sechs Jahre Gefängnis plädiert. Die Staatsanwältin forderte elf Jahre Haft wegen heimtückischen Mordes.

Der traditionell erzogene Angeklagte sei nach einem Seitensprung seiner westlich orientierten Frau in einer psychischen Ausnahmesituation gewesen, befand die Strafkammer. Auch sein Geständnis wurde strafmildernd gewertet.“

Noch am selben Tag schilderte die „Bild“-Zeitung ein Gerichtsverfahren gegen einen **21jährigen Afrikaner aus Burkina Faso**, der **seine 15jährige deutsche Freundin** ebenfalls **aus Eifersucht erwürgt** hatte. Die bildhübsche Gymnasiastin mit langen blonden Haaren „hatte sich in einen anderen Jungen verliebt. Offenbar mußte sie deshalb sterben.

Ihre Mutter Alina tritt im Prozeß als Nebenklägerin auf. Immer wieder rinnen Tränen über ihr Gesicht, als die Staatsanwaltschaft schildert, was am Nachmittag des 18. Januar in der Wohnung des Asylbewerbers geschah: ‘Nachdem sie ihm gesagt hatte, daß sie Schluß machen will, erwürgte er sie. Danach flößte er der Toten Batteriesäure ein, die er aus dem Keller holte. Es sollte wie Selbstmord aussehen.’

Als die Mutter die furchtbaren Details der Tat hört, kann sie ihren Schmerz nicht mehr stumm ertragen. ‘Sieh mich an!’ schreit sie dem Angeklagten zu, immer wieder ...

Der Angeklagte hatte am Tattag selbst von der Autobatteriesäure getrunken. Dann rief er den Notarzt und wurde in der Klinik gerettet. Die Staatsanwältin: ‘Er versuchte, den Eindruck zu erwecken, als hätte er sich mit seinem Opfer gemeinsam töten wollen.’“

Die „Abendzeitung“ (München) berichtete am 24. Juli 2007 über eine **Bande aus Argentinien eingereister Gewaltverbrecher**: „Sie kamen als Touristen nach Deutschland und verübten Raubüberfälle: 132 000 Euro Beute. Eines ihrer Opfer, ein 63jähriger Rentner, wurde bei einem Überfall so schwer verletzt, daß er heute ein Pflegefall ist.

Die berufslosen Pablo G. (28), und Mariano M. (29) fungierten abwechselnd als ‘Fluchthelfer’, weil sie am besten Motorrad fuhren. Der berufslose Jesus O. (28) und der Mechaniker Jorge D. (37) halfen, die Opfer niederzuschlagen und auszurauben.

Warum Deutschland als Tatort? Ein Angeklagter: ‘In Argentinien hätte man uns vom Motorrad geschossen.’“

Für den **Mord an einem Arbeitsvermittler** ist ein 33 Jahre alter Angeklagter am 31. Juli 2007 „vom Landgericht Darmstadt zu lebenslanger Haft verurteilt worden. Das Gericht sprach den seit Jahren **illegal in Deutschland lebenden Serben** wegen Mordes aus Heimtücke und niederen Beweggründen schuldig.

Er hatte den 56jährigen getötet, weil der ihm Lohn für Schwarzarbeit schuldete. Der geständige Angeklagte hatte am 17. August 2006 vor dem Justizzentrum in Offenbach dem 56 Jahre alten Deutschen aufgelauert. Als der Vermittler in sein Auto stieg, zog der 33jährige eine unter seiner Jacke verborgene Pistole und schoß vier Mal auf das wehrlose Opfer.“[65]

„In einer Gaststätte in Gernsheim (Groß-Gerau) hat **ein 26 Jahre alter Mann** in der Nacht zum Montag [den 13. August 2007] **seiner 28jährigen Ex-Freundin in den Kopf geschossen** und sie lebensgefährlich verletzt.

Wie die Polizei mitteilte, kam der Täter kurz vor Mitternacht in das Lokal, ging auf sein Opfer zu und schoß ihr mit einer Pistole vor den Augen von etwa 20 Gästen ins Gesicht. Er floh, wurde aber von zwei Zeugen überwältigt.

Der Zustand der **gebürtigen Polin** war am Montagmittag kritisch, aber stabil. Bei seiner Vernehmung war der **aus Afghanistan stammende Mann** geständig.“[66]

Wie die Medien am 13. September 2007 berichteten, hat die Polizei im Fall der **ermordeten Hannah** aus Königswinter den mutmaßlichen Mörder festgenommen. „Der 25jährige sei durch eine Speichelprobe überführt worden und habe ein ‘umfassendes Geständnis‘ [abgelegt], teilte die Polizei mit. Er habe sein Opfer vergewaltigt und anschließend durch Messerstiche getötet. Der **tschechische Staatsbürger** lebe seit rund fünf Jahren in Deutschland.

Die 14jährige Schülerin war vor knapp zwei Wochen tot in der Nähe einer Straßenbahnhaltestelle in ihrem Heimatort Oberdollendorf aufgefunden worden.“[67]

Unmittelbar nach Festnahme des Tschechen wurden Stimmen laut, man müsse den Mann unbedingt auf seine Schuldunfähigkeit untersuchen. Schließlich handele es sich bei ihm um einen Homosexuellen, der während seiner Vernehmung zu Protokoll gab, er habe plötzlich das Bedürfnis verspürt, auch einmal eine Frau zu haben, und da sei ihm Hannah über den Weg gelaufen. (Tage zuvor, bevor die Identität des mutmaßlichen Täters bekannt war, hatten sich Ermittler über den Zustand der Leiche, die unter anderem im Gesichtsbereich mit zahlreichen Stichwunden übersät war, schockiert gezeigt!)

Am 19. September 2007 hatte die Polizei von Bad Hersfeld „nach eigenen Angaben eine **Serie von 15 Einbrüchen** in Hessen, Rheinland-Pfalz und Nordrhein-Westfalen geklärt. Nach der Auswertung von DNA-Spuren sei **ein 25 Jahre alter Serbe**, der in Rheinland-Pfalz in U-Haft sitzt, **als dringend tatverdächtig ermittelt** worden, hieß es. Im Kreis Hersfeld-Rotenburg soll er im Februar zehn Einbrüche verübt haben.“[68]

Eine 37jährige Bad Hersfelderin ist am Nachmittag des 3. November 2007 „in den Fuldawiesen in Bad Hersfeld **Opfer einer Vergewaltigung geworden.** Wie die Polizei [zwei Tage später] mitteilte, lauerte der Täter der Spaziergängerin auf, schlug mit den Fäusten auf sie ein und schleppte sie unter eine Eisenbahnbrücke, wo er sich an der Frau verging. Nach der Mißhandlung flüchtete der Täter. **Der Vergewaltiger** war nach Angaben des Opfers, das in einer Klinik behandelt werden mußte, 20 bis 25 Jahre alt und **sprach Deutsch mit südeuropäischem Dialekt.**"[69]

„Ein 25 Jahre alter Pole hat nach Polizeiangaben gestanden, **am tödlichen Überfall auf eine Prostituierte** in Wiesbaden **beteiligt** gewesen zu sein.

Die 40 Jahre alte Polin war am vorigen Mittwoch **mit Schlägen und Tritten getötet worden.** Der 25jährige, der beim Verlassen seiner Frankfurter Wohnung festgenommen wurde, habe angegeben, sein 23 Jahre alter Komplize habe das Opfer ausgesucht, so die Polizei am Dienstag [den 20. November 2007].

Die 40jährige sollte gezwungen werden, Geld herauszugeben. Der flüchtige Komplize wird per Haftbefehl gesucht."[70]

Bei einem Streit in einem Imbiß in Frankfurt „ist **ein 42 Jahre alter Türke mit mehreren Messerstichen schwer verletzt** worden. Er sei am frühen Mittwochmorgen [den 21. November 2007] **mit einem 28jährigen Bulgaren aneinandergeraten**, teilte die Polizei mit. Der Bulgare wurde festgenommen. Er hatte nach Vermutungen der Polizei den Eindruck, der Türke habe während eines Telephonats schlecht über ihn gesprochen."[71]

„Nach **mehreren brutalen Raubüberfällen auf Taxifahrer im Hamburger Stadtgebiet** hat die Polizei fünf Täter im Alter zwischen 14 und 17 Jahren festgenommen", las man gut eine Woche später in der Presse. „Fast alle Beschuldigten weisen einen 'Migrationshintergrund' auf. Umfangreiche Ermittlungen der Staatsanwaltschaft und des Landeskriminalamtes ergaben, daß die multikulturelle Bande in wechselnder Tatbeteiligung in verschiedenen Stadtteilen agiert hatte. Die Jungkriminellen wandten körperlich Gewalt an und raubten überwiegend Bargeld und elektronische Geräte.

Nach einem Raubüberfall auf eine Taxifahrerin am 24. Oktober konnten Spuren gesichert werden, die zur Identifizierung des **15jährigen Türken Bengi G.** führten. Er wurde kurz darauf festgenommen und sitzt jetzt in Untersuchungshaft.

Im November überfielen drei junge Männer eine weitere Taxifahrerin in Hamburg-Wandsbek und erbeuteten 80 Euro Bargeld, eine Armbanduhr sowie einen Taschencomputer. Die Täter gingen dabei mit äußerster Brutalität vor. Einer der beiden Beschuldigten würgte die Frau von hinten und drückte ihr die Luft ab. Später traten die Täter der Fahrerin ins Gesicht und sprühten ihr Pfefferspray in Augen und Nase. Das Opfer leidet bis heute psychisch und körperlich an den Folgen der Tat. Die 42jährige wird unter anderem von Kopfschmerzen, Angstzuständen sowie Schlaf- und Appetitlosigkeit geplagt.

Im Zuge der Sofortfahndung konnten neben einem 14jährigen Deutschen der **15jährige Afghane Rahmin H.** festgenommen werden. Diese Festnahmen sowie umfangreiche Ermittlungen führten nun zur Festnahme zweier weiterer Tatverdächtiger. Dabei handelt es sich um den **16jährigen Afghanen Liwan N.** sowie einen **17jährigen Afghanen Ahmad S.,** der einen bundesdeutschen Paß besitzt. Gegen beide Beschuldigte wurde Haftbefehl erlassen.

Alle Verhafteten waren bereits zuvor wegen Raub, Körperverletzung und weiterer Gewaltdelikte polizeilich bekannt [Anm.: Wie schön!].

Insgesamt werden der multikriminellen Jugendbande acht Raubüberfälle auf Taxifahrer im Hamburger Stadtgebiet zur Last gelegt. Die Täter erbeuteten dabei insgesamt 1000 Euro, mehrere Mobiltelephone und technische Geräte.“[72]

Das Landgericht Frankfurt hat am 4. Dezember 2007 einen **Zuhälter** zu 13 Jahren und 10 Monaten Haft verurteilt. „Darüber hinaus wurde Sicherheitsverwahrung in einer psychiatrischen Anstalt angeordnet. Der Angeklagte hatte drei Prostituierte mißhandelt und vergewaltigt. **Der aus Bosnien stammende Mann habe eine Brutalität gezeigt, ‘die keine Grenzen kennt’, so das Gericht.“**[73] (Dank an unsere Oberen, daß sie nicht zuletzt durch ihre EU-Politik dafür gesorgt haben, daß immer mehr Kriminelle in unser Land strömen, deren Brutalität „keine Grenzen kennt“!)

In vielen deutschen Großstädten kontrollieren ausländische Jugendbanden ganze Stadtteile; hier eine Berliner Gang, der man nur ungern begegnen wollte.

Zur besseren „Integration“ dürfen sich Zuwanderer in „Muckibuden“ austoben, so unter anderem auch im Fitneßtreff im Fuldaer Stadtteil Aschenberg (wo viele Osteuropäer anzutreffen sind). In diesem Zusammenhang stellt sich die Frage, ob es denn wirklich nötig ist, daß sie einen Sport ausüben, bei dem sie ihre Muskeln stählen. Schließlich könnte das bei einer eventuellen kriminellen Karriere, etwa bei Schlägereien, äußerst vorteilhaft sein. Warum werden sie nicht dazu angehalten, etwa Volley- oder Federball zu spielen?!? (Liegt etwa aus sogenannter „psychologischer“ Sicht ein hohes Aggressionspotential vor, das sich am besten mit „kampf“sportlicher Betätigung „abbauen“ läßt?)

(Quellenhinweise: **Oben:** Der Spiegel, 7.5.07, S.44; **Unten:** Fuldaer Zeitung, 24.3.09)

In Frankfurt wurde Anfang Dezember 2007 **„eine Gruppe von 35 mutmaßlichen Dealern aus Mazedonien und Serbien gefaßt.** 31 Kilogramm hochreines Heroin konnten … sichergestellt werden. Die Bande soll die Drogen zu Dumpingpreisen im Rhein-Main-Gebiet verkauft haben und damit 'Marktführer' auf diesem Gebiet geworden sein.

Die Ermittler bezifferten den Monatsumsatz der Dealer auf eine Million Euro. Abhängige seien aus ganz Süddeutschland angereist, um sich zu versorgen."[74]

„Nach dem **brutalen Überfall auf einen Rentner** in einer Münchner U-Bahn-Station sind die beiden Tatverdächtigen [am 23. Dezember 2007] festgenommen worden. Die Polizei faßte einen **17 Jahre alten Griechen und** einen **20jährigen Türken.**

Die beiden arbeitslosen, polizeibekannten [!] Männer haben die Tat gestanden. Wegen der **beispiellosen Brutalität** – so fügte der 17jährige dem Opfer (76) durch heftige Tritte mehrere Schädelbrüche zu – droht ihnen … eine Anklage wegen versuchten Mordes."[75]

„Etwa eine Woche nach dem brutalen Überfall auf einen Rentner ist es in einer Münchner U-Bahn-Station erneut zu einem Angriff gekommen. Aus Gelsenkirchen wurde ein vergleichbarer Zwischenfall gemeldet.

Drei Jugendliche beleidigten in einer U-Bahn-Station in der Münchner Innenstadt zwei Erwachsene und verprügelten sie mit einer Bierflasche. Am Gelsenkirchener Hauptbahnhof wurde **ein Mann von Ausländern als 'Scheiß-Deutscher' bezeichnet, und mit einem Messer und Tritten verletzt."**[76] Selbstverständlich vernahm man *auch in diesem Fall* nichts darüber, daß der sogenannte Staatsschutz Ermittlungen aufgenommen hätte!

„Bei einer bewaffneten Auseinandersetzung zwischen fünf jungen Männern am Silvesterabend erlitt einer der Beteiligten einen Schädelbruch.

Wie die Polizei am Mittwoch [den 2. Januar 2008] mitteilte, waren **drei Türken im Alter von 19, 20 und 22 Jahren** gegen 19 Uhr … mit zwei 24 und 28 Jahre alten gebürtigen Fuldaern aus unbekannten Gründen aneinander geraten. Zunächst prügelten die Kontrahenten aufeinander ein, dann kamen auch ein Baseballschläger und ein spitzer, messerähnlicher Gegenstand zum Einsatz. Während der 24jährige angab, Messerstichen gegen den Oberkörper ausgewichen zu sein, erhielt sein 28 Jahre alter Bruder einen so schweren Schlag gegen den Kopf, daß er mit einer **Fraktur des Schädelknochens** ins Krankenhaus gebracht werden mußte."[77]

„Nach dem gewaltsamen Tod eines 41jährigen in Frankfurt-Sachsenhausen sind die zwei Tatverdächtigen in Untersuchungshaft genommen worden.

Der 55jährige Pole und die 47 Jahre alte Litauerin stehen unter Verdacht, den aus Polen stammenden Deutschen in der Silvesternacht erstochen zu haben. Das Amtsgericht Frankfurt erließ Haftbefehl wegen Totschlags"[78], wie die Medien am 3. Januar 2008 meldeten.

In der Nacht zum Samstag, den 5. Januar 2008 faßte die Münchner Polizei „drei junge Männer, die am vergangenen Sonntag **drei Erwachsene in einer Münchner U-Bahn angegriffen und verletzt** haben sollen. Die Fahrgäste hatten das Trio gebeten, ihre Musik leiser zu stellen. Ein Verdächtiger (17) wurde in der Wohnung seiner Eltern, ein 21jähriger in seiner eigenen Wohnung festgenommen. Ein Arbeitsloser (20) stellte sich der Polizei. Alle drei sind laut Polizei **türkische Staatsbürger**."[79]

Zwei Tage später hatte ein 29jähriger Mann „auf der Fahrt von Hamburg nach Hannover in einem ICE eine **Zugbegleiterin niedergestochen und lebensgefährlich verletzt**. Wie die Polizei mitteilte, stach der Bahnreisende der 46jährigen unvermittelt mit einem zwölf Zentimeter langen Messer in den Bauch, als die Zugbegleiterin seine Fahrkarte kontrollieren wollte.

Bei einem außerplanmäßigen Halt habe ein Notarzt die verletzte Zugbegleiterin versorgt. **Der 29jährige Pole wurde** auf dem Bahnhof Uelzen von der Bundespolizei **festgenommen."**[80] „Er sei bereits wegen Gewalttaten bekannt, sagte ein Polizeisprecher."[81]

„In der Münchner U-Bahn ist es erneut zu einem **gewalttätigen Überfall** gekommen. Drei Jugendliche hätten am Sonntagmorgen [den 6. Januar 2008] zwei 22jährige niedergeschlagen. Das teilte die Polizei in München mit. Bei den Tatverdächtigen handelt es sich demnach um **zwei 16jährige aus der Stadt Gaza** und einem **17 Jahre alten Iraker**. Alle drei haben in Deutschland Asyl beantragt.

In der Frankfurter U-Bahn attackierten in der Nacht zu Sonntag eine Gruppe [arabisch- und türkischstämmiger] Jugendlicher den Zugführer. Das Eintreffen mehrerer Streifenwagen verhinderte Schlimmeres, so die Polizei."[82]

Drei junge Männer haben in Heilbronn am 9. Januar 2008 „einen **Rentner niedergeschlagen und schwer verletzt**. Laut Polizei wollte der 73jährige die zwischen 16 und 22 Jahre alten Männer daran hindern, eine Gedenktafel für eine im April 2007 getötete Polizistin zu beschädigen. Einer der jungen Leute schlug ihm daraufhin so massiv auf den Kopf, daß der Rentner das Bewußtsein verlor. Die einschlägig bekannten Täter, ein **Bosnier**, ein **Türke** und ein Deutscher [Anm.: der möglicherweise ebenfalls ausländischer Abstammung ist!], konnten festgenommen werden. Sie hatten zuvor bereits mehrere andere Personen belästigt oder angegriffen."[83]

„Einen Tag nach dem Angriff auf einen Rentner in Heilbronn hat das Amtsgericht Haftbefehl gegen die drei mutmaßlichen Täter erlassen. Wie die Polizei mitteilte, legten die drei jungen Leute im Alter zwischen 16 und 22 Jahren Teilgeständnisse ab.

Das 73jährige Opfer ist laut Polizei weiter nicht ansprechbar. ... Alle [Täter] seien schon wegen Körperverletzungsdelikten bei der Polizei bekannt gewesen, sagte der Sprecher [Anm.: Wie schön!].

Den Ermittlungen zufolge hatten die alkoholisierten jungen Leute zuvor bereits in der Innenstadt von Heilbronn mehrere Personen belästigt oder angegriffen und einige verletzt. ... Unterdessen wurde in Hamburg ein ähnlicher Vorfall vom Neujahrstag bekannt. Dort **schlugen drei Jugendliche einen Rentner zusammen** und verletzten ihn erheblich. Die vermutlich **südländischen Täter** im Alter zwischen 12 und 15 Jahren seien auf der Flucht, hieß es."[84]

Am 22. Januar 2008 erfuhr man von einem weiteren Überfall auf einen Deutschen: „Ein Junge (17) ging abends singend durch Lüdenscheid (NRW). **Drei junge Südländer** fühlten sich von ihm gestört, stellten sich ihm in den Weg. 'Nur weil ich Türke bin!' sagte einer von ihnen – und schlug dem Jungen brutal ins Gesicht, trat auf ihn ein. Als Fußgänger vorbeikamen, flüchtete das Trio. Ihr bewußtloses Opfer kam in die Klinik. Die Polizei fahndet nach den Tätern (18 bis 20).“[85]

„Afghane unter Doppelmord-Verdacht“ lautete eine Schlagzeile des „hr-text“ vom Donnerstag, den 24. Januar 2008 (S. 123). Im anschließenden Bericht hieß es, ein Zusammenhang zwischen den **beiden Morden an zwei afghanischen Eheleuten** in Frankfurt und Offenbach werde immer wahrscheinlicher.

„Der 34 Jahre alte Afghane wird verdächtigt, am Montagmittag seinen 61 Jahre alten Landsmann und früheren Geschäftspartner in dessen Offenbacher Laden erschlagen zu haben. Am späten Nachmittag soll der Täter dann zum Frankfurter Haus der Familie gefahren sein.

Die 49 Jahre alte Ehefrau wurde rund fünf Stunden später erstickt im Keller des Reihenhauses gefunden, während die Tochter fliehen konnte.“[86]

„Erneut hat ein Schläger einen **Bahnmitarbeiter angegriffen und schwer verletzt**, nachdem dieser ihn zurechtgewiesen hatte“, war am Donnerstag, den 24. Januar 2008 aus den Medien zu erfahren, und weiter: „Nach dem Übergriff, der sich bereits am Samstag in einer Berliner S-Bahn ereignete, lag das Opfer drei Tage mit schweren Gesichtsverletzungen im Krankenhaus.

Der Schläger und ein Mittäter sollen zwischen 17 und 25 Jahren alt sein und **Deutsch mit russischem Akzent sprechen.** Der 48jährige hatte einen der jungen Männer aufgefordert, seine Zigarette auszumachen.“[87]

„Nach einer Rangelei in einer Straßenbahn wurde **eine 83jährige Frau** gestern Abend [am 24. Januar 2008] am Rüttenscheider Stern **von einem 35jährigen Italiener niedergestochen.** Das Opfer schwebte am Abend nach einer Notoperation noch in Lebensgefahr. Der Täter sitzt in Haft. Wie die Polizei berichtet, kam es zu der Bluttat, nachdem er beim Verlassen der Bahn den 80jährigen Ehemann des Opfers angerempelt hatte. Als der Rentner den 35jährigen ansprach, schlug ihm dieser ins Gesicht. Die 83jährige stellte den Mann zur Rede. Da zückte er ein Messer und stach es ihr in den Brustkorb. Passanten konnten den Flüchtenden festhalten. Wegen anderer Delikte wird er von bayerischen Behörden gesucht, so die Polizei. Die Staatsanwaltschaft ermittelt wegen versuchten Totschlags."[88]

„Mit schweren Kopfverletzungen befindet sich ein 18jähriger aus einem Kalbacher Ortsteil seit Samstagmorgen **im Fuldaer Klinikum.** Er war bei einem mysteriösen Überfall in der Frankfurter Straße **von drei Männern zusammengeschlagen** worden.

Wie die Polizei erst am Dienstag [den 29. Januar 2008] mitteilte, war der junge Mann nach einer Veranstaltung von seinen Eltern mit dem Auto abgeholt worden. Auf der Heimfahrt befand sich die Familie gegen 4.30 Uhr in der Frankfurter Straße, Höhe Mainstraße, als plötzlich ein etwa **20jähriger Mann, südländischen Typs**, mit nach hinten gegelten schwarzen Haaren die Fahrbahn betrat und die Fahrspur blockierte. Während der Vater des 18jährigen langsam an dem Mann vorbeifuhr, hörte man plötzlich einen lauten Schlag, so als habe jemand gegen die Karosserie des Autos getreten. Der Kalbacher hielt sofort an, und sein Sohn stieg auf der Beifahrerseite aus. Nach den Angaben der Familie begann der Mann auf der Straße sofort auf den 18jährigen einzuschlagen.

Unmittelbar danach kamen zwei weitere Schläger hinzu. Alle drei prügelten gemeinsam auf den jungen Mann ein. Als der Vater aus dem Auto ausstieg, rannte das Schläger-Trio davon.

Da der 18jährige schwere Verletzungen im Gesicht hatte, brachten ihn die Eltern sofort ins Krankhaus, wo er stationär aufgenommen wurde. Von den drei Schlägern fehlt bislang jede Spur."[89]

„Drogenhändler verletzte bei Festnahme Polizistin", titelte die „Fuldaer Zeitung" am Donnerstag, den 31. Januar 2008 und ließ ihre Leser wissen, daß der Polizei ein Schlag gegen den Drogenhandel in der Fuldaer Innenstadt gelungen war. „Wie die Polizei gestern mitteilte, konnten die Beamtinnen und Beamten einer operativen Fahndungsgruppe am Freitagabend ein **Dealer-Trio**, das **aus Tschechien** stammt, vorläufig festnehmen.

Nach Fahrzeug- und Hausdurchsuchungen stellten die Polizisten knapp 500 Gramm Haschisch, einige Gramm Amphetamine sowie 20000 Euro mutmaßliches Drogengeld sicher.

Bei der Festnahme leistete ein 31jähriger Tscheche aus der Nähe von Coburg Widerstand und verletzte dabei eine Polizistin. Nach dem Abschluß der polizeilichen Ermittlungen wurde das Trio wieder freigelassen.“[90]

Für rund **100 Einbrüche** soll eine Bande verantwortlich sein, der die Fuldaer Polizei ebenfalls Ende Januar 2008 das Handwerk legte. „Nach wochenlanger Observation seien **zwei Rumänen** festgenommen worden, teilten die Ermittler [am 1. Februar 2008] mit. Sie säßen in Untersuchungshaft, bestritten jedoch die Vorwürfe. Den Wert der Beute bezifferte die Polizei auf 100 000 Euro.“[91]

„Wird Ausländerkriminalität verharmlost?“ wollte die „National-Zeitung“ in ihrer Ausgabe vom 1. Februar 2008 wissen und berichtete über **Abdul H. aus Algerien**, der der Polizei in Köln nicht nur als **Mehrfach-Straftäter** bekannt ist. „Schon seit 1998 wurde gegen den 27jährigen unter anderem wegen Raubes, Drogenhandels, Einbruchs und räuberischer Erpressung ermittelt – über vier Dutzend Mal. 2003 wurde der Serientäter in seine Heimat abgeschoben. Doch vor zwei Jahren klagte er sich aus Algerien erfolgreich nach Deutschland zurück, weil seine deutsche Freundin von ihm schwanger war.

In der Domstadt lebt Abdul H. mit seiner Familie nunmehr von Hartz IV. Daß er sich unter diesen Voraussetzungen unter anderem einen Luxus-Mercedes 500 CL (306 PS, 20 000 Euro, gebraucht) leisten kann, löste jüngst bei Ermittlern Kopfschütteln aus, zumal es dieses Fahrzeug ist, mit dem der Algerier am 12. Dezember vergangenen Jahres **einen 74jährigen Rentner totgefahren** hat. Johann K., der von dem Raser an einer Hauswand zerquetscht wurde, verstarb kürzlich auf der Intensivstation einer Kölner Klinik.

Gegen Abdul H., der zudem noch Fahrerflucht begangen hatte, ermittelt jetzt die Staatsanwaltschaft wegen fahrlässiger Tötung. ‘Es ist bisher kein Haftgrund gesehen worden, weder Verdunkelungs- noch Fluchtgefahr’, rechtfertigt der zuständige Oberstaatsanwalt die Entscheidung, den Tot-Raser in Freiheit zu lassen. Die Witwe des Opfers kann es nicht fassen. Der Täter, der ihren blutüberströmten Mann einfach liegen ließ und keinerlei Reue bzw. Schuldgefühl zeigt, macht sich offenbar auch bezüglich einer möglichen Ausweisungsverfügung keine Gedanken. Der Presse gegenüber brüstet sich Abdul H. sogar noch mit den Worten: 'Mich kriegt ihr hier nie raus.'

Der Sohn des Rentners gibt vor allem den politisch Verantwortlichen die Schuld. Schwere Vorwürfe mache er den Politikern, die es dem ausländischen Kriminellen ermöglichten, wieder nach Deutschland einzureisen. 'Wenn das nicht passiert wäre, würde Vater noch leben.'"

Wie am 5. Februar 2008 aus dem Weltnetz zu erfahren war, hat ein Schläger das Leben von Hans-Joachim Abts (50), Inhaber eines Fitneß-Centers, brutal verändert. „Dem Mann, den alle als fröhlich, hilfsbereit und aufgeschlossen kennen, wurde Altweiber in Velbert das linke Auge mit einer Flasche zertrümmert. Abts bedrückt: 'Ich weiß nicht, wie mein Leben mit nur einem Auge weitergeht.'"[92]

„Rückblende: **Ein streitsüchtiges Trio hatte Abts** und seine zwei Freunde nach einer Altweiberfeier … **grundlos angegriffen.** Einer drohte mit einem Messer. Ein Zweiter zerschlug eine Flasche auf seinem Kopf. Dabei wurde **sein linkes Auge zerschnitten und das Jochbein gebrochen.**

Die alarmierte Polizei nahm **drei türkische Tatverdächtige (21, 24, 26)** fest, darunter auch den vermutlichen Haupttäter."[93] (Am 26. September 2008 wurden die drei Gewalttäter verurteilt. Einer der Schläger, Habes Y. [25], muß für zwei Jahre und neun Monate ins Gefängnis, seinen Komplizen Mesut P., „der Polizisten nach seiner Festnahme angegriffen hatte, traf es noch härter: drei Jahre und zwei Monate.

Dem Hauptangeklagten Y., der Abts grundlos angegriffen und ihm mit einer Flasche das linke Auge ausgeschlagen hatte, half sein Geständnis nicht viel. … Dem Mitangeklagten Mesut P. lastete der Richter an, daß er seine Beteiligung bis zuletzt verharmlost hatte, das Gericht 'hinters Licht' führen wollte und einen Polizisten mit einem Kopfstoß verletzte.

Der dritte Mitangeklagte Sezgün A., der sich an der Schlägerei beteiligt hatte, bekam eine Geldstrafe, weil seine Rolle nicht genau geklärt werden konnte. Eine Zurechtweisung erteilte der Richter den Tätern und dem Opfer: 'Was wir hier erlebt haben, waren Männer, die sich wichtig machten und mit Machogehabe ihre Position stärken wollten.' Den Zuschauern gefiel diese Bemerkung genauso wenig wie dem Opfer. Die Reaktion war laute Empörung.

Hans-Joachim Abts: 'Das hat mich geärgert, aber ich bin froh, daß alles vorbei ist. Das Schlimme: Strafen sind irgendwann erledigt. Ich aber werde ein Leben lang mit den Folgen leben müssen.'"[94])

Ebenfalls seit Dienstag, den 5. Februar 2008 mußte sich **ein 22 Jahre alter Algerier** wegen Mordes vor dem Landgericht Frankfurt verantworten. „Ihm wird vorgeworfen, im Dezember 2006 in Frankfurt **seine Freundin aus Eifersucht mit einem Messer verletzt und dann erwürgt** zu haben. Auf Anraten seines Verteidigers schwieg er zu den Vorwürfen."[95]

Zu zwölf Jahren und drei Monaten Haft hat dasselbe Landgericht drei Tage später einen 38 Jahre alten Barkeeper „wegen der **Organisation mehrerer Drogentransporte** verurteilt. Der **Mann aus der Dominikanischen Republik** soll mindestens zehn Kokain-Transporte nach Deutschland organisiert haben. Verschiedene Kuriere hatten dabei rund 8,5 Kilogramm Rauschgift im Körper transportiert."[96]

Wegen **zweier Mordversuche innerhalb einer Stunde** mußte sich von 13. Februar 2008 an ein 23jähriger vor dem Landgericht Frankfurt verantworten. „Der Anklage zufolge soll der drogenabhängige **Algerier** im August vorigen Jahres an zwei Straßenbahnhaltestellen Schlägereien angezettelt und mit dem Messer auf seine Opfer eingestochen haben."[97] Am 29. Februar 2008 wurde der Migrant zu fünf Jahren Haft verurteilt. „Der Mann hatte im August 2007 im Drogenrausch zwei junge Passanten in der Innenstadt lebensgefährlich verletzt. Einen Tötungsvorsatz sahen die Richter nicht."[98] Ob das auch der Fall gewesen wäre, hätte es sich um einen deutschen Täter gehandelt, der auf ausländische Mitbürger losgegangen wäre, sei einmal dahingestellt.

Wegen des **Verdachts brutaler Raubüberfälle** hatte die Polizei am 14. Februar 2008 in Darmstadt einen jugendlichen **Marokkaner** festgenommen. „Der 15jährige soll in mindestens sechs Fällen ältere Frauen von hinten umgestoßen und ihnen die Handtaschen geraubt haben. Der Ermittlungsrichter erließ Haftbefehl."[99]

„Die Polizei ist gegen eine **international agierende Bande** vorgegangen, die Kinder als Einbrecher mißbraucht hat“, hieß es am selben Tag in den Medien. „Bei Razzien in Ludwigshafen und in Wallerfangen/Saarland seien zwei Frauen festgenommen worden, wie die Polizei ... [berichtete]. Insgesamt werde gegen rund 20 Mitglieder ausländischer Großfamilien ermittelt.

Die Polizei macht die Bande für **rund 200 Einbrüche in Südwestdeutschland** verantwortlich. Der Schwerpunkt der Straftaten lag in Südhessen. Der Schaden soll in die Millionen gehen.“[100]

Ein 33jähriger aus Lüneburg wurde am 23. Februar 2008 gegen 20 Uhr im Fuldaer Schloßpark überfallen. „Das teilte die Polizei mit. Der Mann ging im Park spazieren, als er plötzlich einen Schlag auf den Hinterkopf bekam und zu Boden stürzte. Als er sich umdrehte, bemerkte er **zwei junge Männer** im Alter von etwa 17 bis 19 Jahren, vermutlich **südeuropäischer Herkunft**, die davonrannten.“[101]

„Nach dem **brutalen Angriff auf einen Fahrgast** einer Berliner U-Bahn ermittelt die Mordkommission wegen eines versuchten Tötungsdeliktes. Der Täter ist noch auf der Flucht. Das Opfer liegt im Krankenhaus. ...

Der 44jährige hatte versucht, mehrere Frauen vor verbalen Zudringlichkeiten zu schützen. Der Angreifer wurde von Zeugen als **etwa 20 Jahre alter Mann südländischen Typs** beschrieben. Das Opfer wurde nach Tritten gegen den Kopf [!] bewußtlos“, so der „RTLtext“ am 2. März 2008 (S. 128).

Eine Woche später kam es in Leipzig zur blutigen Eskalation eines Bandenkriegs: „Bei schweren Krawallen vor mehreren Diskos mit rund 150 Beteiligten ist in der Nacht zum Samstag **ein unbeteiligter 28jähriger Passant erschossen** worden. Ein 37jähriger erlitt Stichverletzungen und liegt im künstlichen Koma ... Hintergrund für die **Straßenschlacht mit bis zu 150 Beteiligten** ist nach Angaben der Polizei ein seit dem Herbst tobender Machtkampf zwischen Diskotheken-Türstehern und einer **Gruppe von Südosteuropäern.**

Auslöser für die Eskalation war laut Polizei eine Prügelei in der Disko ‘Schauhaus’, die sich auf die Straße verlagerte. Nachdem die Polizei die Situation zunächst beruhigt hatte, zog eine Gruppe von etwa 50 Randalierern durch das Leipziger Kneipenviertel. Rund 60 Polizeikräfte waren über Stunden nicht Herr der Lage. Scheiben von Bars und Diskotheken gingen zu Bruch. Vor einer Disko fielen drei Schüsse. Der 28jährige wurde zufällig Opfer eines tödlichen Schusses, als er aus der Disko kam, um eine Zigarette zu rauchen. An den Auseinandersetzungen war er nach den bisherigen Erkenntnissen nicht beteiligt. Er starb durch einen Kopfschuß und war sofort tot, sagte eine Polizeisprecherin. Es habe bisher keine Festnahmen gegeben, hieß es.

Im Leipziger Nachtleben schwele ein offener Kampf zweier Gruppen um Machtpositionen, sagte Leipzigs Polizeipräsident Rolf Müller [am 8. März 2008]. Dies sei der Polizei bekannt. Es habe aber keine Anzeichen für eine derartige Eskalation gegeben.“[102]

„**Mit tiefen Schnittwunden im Gesicht** wurde am Nachmittag [des 14. März 2008] **eine Frau ins Klinikum Fulda gebracht.** Der **aus Rußland stammende Ehemann** war seiner Partnerin mehrmals mit einem Messer durch das Gesicht gefahren und hatte ihr dabei tiefe Schnittverletzungen zugefügt. Die stark blutende 47jährige konnte noch aus der gemeinsamen Wohnung … flüchten und sich bei Bekannten im Nachbarhaus in Sicherheit bringen.

Einer zufällig vorbeikommenden Polizeistreife teilten die Bekannten den Sachverhalt mit. … Zivilkräfte des Polizeipräsidiums nahmen den 50 Jahre alten Ehemann nur wenige Minuten später in seiner Wohnung fest. Dabei setzten die Beamten Pfefferspray ein.“[103]

Mitte März 2008 fand in München der Prozeß gegen den **25jährigen Tunesier Aimen A.** statt, der am 26. Mai 2007 **seine 18jährige deutsche Frau Sandra N. mit einem Messer regelrecht abschlachtete**. Vor Gericht kam zur Sprache, daß die junge Frau eindringlich um ihr Leben flehte, während der Täter wie wild auf sein Opfer einstach: „‘Bitte, bitte Aimen, hör’ auf. Ich werde alles für Dich tun!’ – das waren die letzten Worte der Abiturientin“[104]. **„Mindestens acht Mal rammte der Angeklagte die 29 Zentimeter lange Messerklinge in den Oberkörper und in das Gesicht [!] der jungen Frau.**

Als Sandra N. sterbend im Eingang des Mädchenwohnheims im Lehel lag, legte er ihr das Messer auf die Brust und verschwand. Zwei Männer, die die Todesschreie gehört hatten, und sich ihm in den Weg stellen wollten, entgegnete der Angeklagte: 'Macht Euch keine Sorgen, ich gehe selbst zur Polizei.'"[105] Vor Gericht behauptete der Mörder, er habe sich von Sandra und deren Mutter (60) „ruiniert, erniedrigt und gedemütigt"[106] gefühlt.

Zur gleichen Zeit kam es zu einem grauenvollen **Doppelmord in Berlin**: „Der Frühstückstisch war liebevoll gedeckt, **Rentner Heribert R. † 64)** saß schon an seinem Platz. Seine **Frau Ursula († 74)** öffnete nur noch kurz die Balkontür, um zu lüften – da stieß ein Killer von außen die Balkontür auf, metzelte das Paar brutal nieder. Stunden später verhaftet die Polizei einen Verdächtigen – den Enkel des Rentnerpaares! Erste Ermittlungen der Polizei ergaben: Es war vermutlich ein Rache-Mord!

Eine Bekannte des Paares sagt: 'Die Tochter der beiden war mit einem Türken verheiratet, hatte sich aber von ihm getrennt.' Kurz nach der Tat wurde Erdal bei Verwandten festgenommen, als er gerade befleckte Kleidung waschen wollte – das Blut der Großeltern?"[107]

„Nach Tagesspiegel-Informationen soll der Ex-Mann von Ursula Sch.s Tochter hinter der Tat stecken. Sie hatte sich von dem **Türken** getrennt, weil sie einen anderen Mann kennenlernte. Der Ex-Mann soll aus Eifersucht Anfang des Jahres ihren neuen Freund im Streit niedergestochen haben.

Vor Zeugen soll der Ex-Mann zudem gerufen haben: 'Ich rotte die ganze Familie aus.' Da der Mann in Haft sitzt, sei nach Angaben der Ermittler nicht ausgeschlossen, daß er einen Komplizen beauftragt hat, seine ehemaligen Schwiegereltern Herbert R. und Ursula Sch. zu töten."[108]

Am 2. April 2008 begegnete einem im Internet die Frage „Hannover: Beging 21jährige am Schaukelgerüst Selbstmord?" „Fußgänger fanden **auf einem Spielplatz in Hannover die 21jährige Jana**, die sich vermutlich **an einem Schaukelgerüst erhängt** hatte. Die Polizei geht von Suizid aus, da ein Abschiedsbrief an ihre Eltern vorliegt.

Jana war vor zwei Wochen Quälereien und einer mehrfachen Vergewaltigung ausgesetzt.

Nach der Vergewaltigung erstattete die 21jährige Anzeige gegen Grigori S., der ihr vermutlich K.O.-Tropfen verabreicht und sein Opfer danach in seiner Wohnung mißhandelt hatte. Grigori S. wurde aufgrund der Anzeige in U-Haft genommen, nach dem Tod des Opfers aber sofort wieder freigelassen.

Im Bekanntenkreis von Jana glaubt man dagegen nicht an die Selbstmordtheorie. Angeblich sollen Bekannte von Grigori S. auf Jana eingewirkt haben, die Anzeige gegen ihn zurückzuziehen. Weitere Ermittlungen sollen nun Ergebnisse liefern, ob Bekannte von Grigori S. den Tod Janas eventuell verschuldet hatten.“[109]

Sichten wir zu diesem Fall eine weitere Meldung: „Es war ein schrecklicher Anblick, der sich einem Spaziergänger früh morgens auf einem Spielplatz mitten in Hannover bot: **Mit einem Strick um den Hals hängt Jana an einem Schaukelgerüst**, die junge Frau ist tot. Die Polizei glaubt an Selbstmord.

‘Entschuldigung, ich muß Euch so viel erzählen, aber ich kann nicht.’ Worte aus dem Abschiedsbrief, den die 21jährige an ihre Eltern geschrieben hat.

Zuvor war sie offenbar Opfer einer brutalen Vergewaltigung geworden, mit der sie nicht fertig wurde. **Vor zwei Wochen feiert Jana** wie so oft am Wochenende **in einer Diskothek, lernt dort [den Russen] Grigori S. kennen.** Angeblich schüttet der 23jährige K.O.-Tropfen in ihr Glas. **In seiner Wohnung soll er die junge Frau dann über Stunden vergewaltigt und auf sie eingeprügelt haben.** Jana erstattete Anzeige, ihr Peiniger wird festgenommen – bis zum mysteriösen Tod der 21jährigen schweigt er jedoch zu den Vorwürfen. Danach **wird er sofort aus der Untersuchungshaft entlassen** [Anm.: Ist es nicht toll, in was für einem „Rechtsstaat“ wir leben?!?].

Hat sie aus Angst, aus Scham, aus Ekel Selbstmord begangen? Eine Version, an der Janas Freunde allerdings Zweifel haben: ‘Sie war immer fröhlich, sie war immer gut drauf, hat immer gelächelt. Ich hab’ sie nie traurig gesehen. Und sie hat auch gerne gefeiert’, erzählt ein Bekannter von Jana.

Angeblich sollen **Bekannte von Janas mutmaßlichem Vergewaltiger die junge Frau unter Druck gesetzt** haben, die Anzeige zurückzuziehen. Ob sie auch etwas mit Janas Tod zu tun haben, sollen jetzt weitere Ermittlungen ergeben.“[110] Nun, da man aus den Medien nichts mehr über diesen Fall erfahren hat, ist daraus zu schließen, daß keiner der für den Tod der jungen Frau Verantwortlichen zur Rechenschaft gezogen wurde.

Übrigens kommen solche Ereignisse im modernen Deutschland häufiger vor, wie man etwa am 10. November 2009 erfahren mußte, als man in den Medien mit einem kaum zu fassenden Gerichtsurteil konfrontiert wurde. Diesmal ging es um die 22jährige Nadine M., die ein fast identisches Schicksal wie die 21jährige Jana erleiden mußte und dann ebenfalls nicht mehr leben wollte. „‘Ich liebe dich’, simste die Studentin ihrem Vater. Dann nahm sie eine Überdosis Schlaftabletten. Das war vor zwei Jahren. **Der Grund für ihren Selbstmord**, so sind die Eltern überzeugt, **war eine Vergewaltigung.** Angeklagt: Ex-Discjockey Collins Y. (25) und Hobby-Rapper Isaac B. (21). Gestern nun das Urteil am Lübecker Landgericht: Freispruch.

‘Nach dem Grundsatz «Im Zweifel für den Angeklagten» kann nicht sicher festgestellt werden, daß die beiden Männer die Tat wirklich begangen haben’, erklärte Richterin Brigitte Kreuder-Sonnen (56). Und ließ die Ereignisse noch einmal Revue passieren. Wie Nadine M. in der Nacht zum 1. Dezember 2007 in einer Lübecker Disko den **aus Ghana stammenden Collins Y.** kennenlernte. Wie er sie im Taxi mit in seine Wohnung nahm. ‘Collins Y. hatte zwei Gramm Kokain dabei’, so die Richterin. ‘Er gab Nadine M. davon ab.’ Es kam zum Geschlechtsverkehr, und irgendwann betrat auch Isaac B. (21), der bei Y. wohnte, das Zimmer. Auch er wollte Sex. ‘Ich sagte zu ihm: Du kannst mitmachen’, so Collins Y. während des Prozesses. Er selbst filmte mit dem Handy.

Nadine ließ alles geschehen. Sie sei willenlos gewesen, sagte sie später, wie gelähmt. Sie habe anfangs Sex gewollt, dann aber nicht mehr. Erst mittags verließ sie die Wohnung. ‘Die haben sie die ganze Nacht vergewaltigt’, glaubt Nadines Vater Volker M. (49). Ähnlich habe Nadine dies auch der Polizei geschildert. Doch die Vernehmungsprotokolle sind teilweise nicht verwertbar, weisen Widersprüche auf. Es gibt keine Zeugen. Für eine Verurteilung nicht ausreichend, befindet das Gericht. **Nur wegen Drogenbesitzes erhielt Collins Y. drei Monate auf Bewährung.** Obwohl er, wie die Richterin ausführte, nicht das erste Mal gegen das Gesetz verstoßen hat.

Isaac B. [Anm.: der ebenfalls einen Migrationshintergrund hat] allerdings wurde in einem zweiten, ähnlich gelagerten und deshalb parallel verhandelten Fall gestern doch verurteilt. Bei einer Party im März 2008 hatte er eine 17jährige vergewaltigt. 'Er hielt sie an den Armen fest. Sie weinte und sagte «Nein», schilderte Kreuder-Sonnen. Auch Isaacs Kumpel Luan D. (21) und David K. (17) waren dabei. Freundinnen hörten schließlich das Wimmern des Opfers und klopften gegen die verschlossene Tür. Vor Gericht brach die junge Frau zusammen – und konnte bis zum Schluß nicht mehr aussagen. Doch in diesem Fall gab es Zeugen.

Urteil: Ein Jahr und sechs Monate Jugendstrafe [!] für Isaac B. Er wurde nach dem Urteil trotzdem auf freien Fuß gesetzt, weil er bereits elf Monate in U-Haft abgesessen hat. Der Rest wurde ihm auf Bewährung erlassen. ... Collins Y., mit dicken Silberringen an den Fingern, Halskette und Hochsteckfrisur eine auffallende Erscheinung, verließ den Gerichtssaal erhobenen Hauptes."[111]

„Wieviel wert ist einem BRD-Gericht die Ehre und das Leben einer deutschen Frau? – Zwei unter anderem wegen Körperverletzung und Drogendelikten vorbestrafte Schwarzafrikaner vergewaltigen in Lübeck eine deutsche Frau und nehmen die Tat mit einer Handy-Kamera auf. Das Opfer, Nadine M., weist sich nach der Tat selbst in eine Psychiatrie ein und begeht nach ihrer Entlassung Selbstmord, weil sie das, was die zwei Schwarzafrikaner ihr angetan haben, nicht verarbeiten kann. Die zwei Täter werden aus der Untersuchungshaft entlassen, sie sitzen zusammen mit ihrer 'Gang' lachend und Kaugummi-kauend im Gerichtssaal und werden ... freigesprochen.

Das BRD-Gericht ist der Ansicht, auf dem Handy-Video sei nicht zweifelsfrei zu erkennen, daß Nadine M. vergewaltigt wurde und wegen ihres Selbstmordes kann sie schließlich nicht mehr selbst vor Gericht aussagen. ... Der 73jährige ... Horst Mahler wird wegen Meinungsaussagen zu 12 Jahren Haft verurteilt. Zwei Schwarzafrikaner, die eine junge … deutsche Frau vergewaltigten"[112], werden hingegen auf freien Fuß gesetzt. Und das war nicht das erste Mal, daß so etwas geschehen ist, wie wir im Zusammenhang mit dem Tod der 21jährigen Jana aus Hannover gesehen haben.

„Nadines beste Freundin Pia S. (25) konnte die Tränen nicht zurückhalten. 'Wie kann es sein, daß man von einem Vergewaltigungsopfer unmittelbar nach der Tat eine widerspruchsfreie Aussage verlangt?'"[113] In der antichristlichen Bundesrepublik Deutschland ist eben beinahe alles möglich, wie auch der nächste Fall aus unserer Zusammenstellung repräsentativer Meldungen von Ausländerkriminalität der Monate Juli 2004 bis Juli 2009 deutlich macht.

Am 22. April 2008 wurde in Dortmund das Urteil gegen den **Iraker Hassan B.**, der in Deutschland vergeblich Asyl beantragt hatte, gesprochen (in seiner Polizeiakte befindet sich der Vermerk „Er ist offensichtlich nicht gewillt, sich an deutsche Gesetze zu halten"!). „Einen Führerschein hat er nicht. **Was er hatte, war ein dicker 5er BMW, mit dem er Motorradfahrer Dominik N. († 25) totfuhr.** Und einen Richter, der ihn laufen ließ.

Die Verhandlung vor dem Amtsgericht Dortmund (NRW) wegen fahrlässiger Tötung förderte Bitteres zutage:

* Hassan B. flüchtete 2001 nach Deutschland. Asyl hat er bisher nicht bekommen, ist nur 'geduldet'. Gemeldet ist er in Leipzig. Er bekommt 60 Euro Sozialhilfe monatlich.

* Vor dem Prozeß wegen fahrlässiger Tötung wurde er bereits dreimal wegen Verkehrsdelikten von der Polizei erwischt. Nur einmal wurde er auch verurteilt – vom Amtsgericht Essen zu 300 Euro wegen Fahrens ohne Führerschein.

Bei seinem vierten Delikt mußte jemand sterben. Hassan fuhr im Oktober 2007 in seinem Luxusschlitten (zugelassen auf die Freundin), wollte links abbiegen. Er übersah den entgegenkommenden Dominik, rammt ihn. Der Lenker bohrte sich in dessen Leber. Wenig später starb Dominik. … Das Urteil: **9 Monate Haft auf Bewährung.** Außerdem darf Hassan B. zwei Jahre lang nicht den Führerschein machen. Als das Urteil verlesen wurde, verließ Dominiks Mutter Ute N. (50) unter Tränen den Saal."[114]

Am 8. Mai 2008 mußte sich ein Kosovare (so die vor rund 10 Jahren eingeführte Bezeichnung für Kosovo-Albaner) vor Gericht in Fulda wegen Vergewaltigung verantworten. Viel gab es am ersten Verhandlungstag nicht zu tun für den Albanisch-Dolmetscher im Landgericht Fulda. Zu Prozeßbeginn gegen den **27jährigen Kosovaren** „wurde ausschließlich die Anklage der Staatsanwaltschaft verlesen.

Dem verheirateten Mann wird vorgeworfen, am 3. November 2007 **einer 37jährigen Frau** in den Fuldawiesen in Bad Hersfeld aufgelauert zu haben. Er soll sie **fünf bis sechs Mal mit den Fäusten auf den Kopf geschlagen**, ihr eine Waffe in den Rücken gedrückt und Geld verlangt haben. Als klar wurde, daß sie kein Bargeld bei sich hatte, soll der Mann sie gegen einen Brückenpfeiler gestoßen **und vergewaltigt** haben.

Die Frau mußte nach der Mißhandlung ins Krankenhaus gebracht werden. Der polizeibekannte [!] Mann flüchtete, wurde jedoch mittels einer DNA-Spur überführt.“[115]

„Bei einer **Schießerei nach einem heftigen Ehestreit** sind [am 21. Mai 2008] in Hamburg ein Mann getötet und mehrere Menschen verletzt worden. **Unter den Verletzten sind auch zwei Polizisten**, wie Polizeisprecher Ralf Meyer sagte. Die Beamten waren am Morgen zu dem viergeschossigen Mehrfamilienhaus im Stadtteil Billstedt gerufen worden.

Als sie am Einsatzort eintrafen, flüchtete eine Frau aus dem Flur eines Mehrfamilienhauses. Ihr 24jähriger Mann verfolgte sie und gab mehrere Schüsse auf sie und die Streifenwagenbesatzung ab. Ein Beamter erwiderte das Feuer. Anschließend zogen die Polizisten sich zurück und brachten die verletzte Frau in Sicherheit, der **aus Afghanistan stammende Mann** blieb im Treppenhaus.

Kurze Zeit später seien noch zwei Schüsse im Haus zu hören gewesen, sagte Meyer. Der Angreifer wurde kurze Zeit später von Beamten des Mobilen Einsatzkommandos leblos im Treppenhaus entdeckt. Ein Notarzt konnte nur noch seinen Tod feststellen. ... Die ebenfalls aus Afghanistan stammende, 30 Jahre alte Frau wurde nach ersten Erkenntnissen der Polizei durch Schüsse in den Unterbauch und die Schulter verletzt. ... Das Ehepaar lebte getrennt. Der 24jährige hatte seine Frau bereits am 15. April verprügelt. Deswegen war ihm per Gerichtsbeschluß untersagt worden, sich in der Wohnung aufzuhalten oder sich der 30jährigen zu nähern. Die Tat ist offenbar als Rache für die Wegweisung aus der gemeinsamen Wohnung zu verstehen.“[116]

„Einen Tag nach einem tödlichen Messerstich im Frankfurter Nordend ist [am Donnerstag, den 22. Mai 2008] ein Tatverdächtiger festgenommen worden.

Der 21jährige Ghanaer sollte noch am Freitag dem Haftrichter vorgeführt werden. In einer ersten Vernehmung habe er die Aussage verweigert, so die Polizei.

Der Mann wird verdächtigt, **einen 25jährigen** am Mittwochabend **in einer Wohnung erstochen** zu haben. Das Opfer soll mit Bekannten ein Fußballspiel im Fernsehen gesehen haben. Dabei kam es zum Streit und in dessen Verlauf zu dem tödlichen Stich.“[117]

„‘Komaschläger’ kommt ohne Haft davon“ lautete eine bezeichnende Schlagzeile des „RTLtext“ vom 30. Mai 2008 (S. 131), wo man erfuhr, daß ein 18jähriger Türke, der Karneval 2007 **einen Familienvater mit einem Faustschlag schwer verletzt** hatte, in Köln schuldig gesprochen worden war. „Von der Verhängung einer Jugendstrafe gegen den als ‘Komaschläger’ in die Schlagzeilen geratenen jungen Mann sah der Richter aber ab.

Der Anwalt des Opfers, das **lebenslang arbeitsunfähig** bleiben wird, zeigte sich ‘entsetzt’ über den Richterspruch. Das schlimme Schicksal seines Mandanten sei zu wenig berücksichtigt worden.“[118]

Diesem unglaublichen Fall widmete sich „Nation & Europa“ im Oktober 2008 auf Seite 40: „Letztes Jahr zu Weiberfastnacht prügelte der **türkische Gewohnheitsverbrecher** ‘Erdinc S.’ einen Familienvater in Köln-Ostheim grundlos ins Koma – vor den Augen seiner vier kleinen Kinder. Den Gerichtssaal verließ der Schläger im Frühjahr als freier Mann, da Richter Hans-Werner Riehe ‘keine schädlichen Neigungen’ erkennen wollte. Der Angeklagte – Mitglied einer berüchtigten Jugendbande – habe schließlich eine Arbeit als Gerüstbauer, außerdem erwarte seine Freundin ein Kind. Da seien die vom Staatsanwalt geforderten dreieinhalb Jahre Haft doch wohl etwas viel, der Täter solle eine Chance auf Bewährung haben.

Lachend quittierte der Nachwuchskriminelle den Richterspruch – und fiel nach nur wenigen Wochen (23. Juni und am 10. August) durch zwei weitere brutale Übergriffe auf. Diesmal kam 'Richter Butterweich', wie Riehe von Kollegen genannt wird, nicht um einen Haftbefehl herum. Um so skandalöser der Quasi-Freispruch im ersten Fall, immerhin ist das Opfer infolge der Attacke zu 60 Prozent behindert, kann nicht mehr arbeiten und muß mit einem dauerhaft eingeschränkten Sprachvermögen leben. Ein Gerichtssprecher kommentierte zynisch: 'Man kann mit einer Prognose schon mal daneben liegen.' Wie tröstlich für die neuen Opfer des türkischen Jung-Brutalos. …

Christian Dieter Matuschek berichtete jüngst im Internet-Nachrichtenportal 'dcrs-online.com' über einen Brief eines ehemaligen hohen Justizmitarbeiters aus Nordrhein-Westfalen. Der Autor dieses Schreibens behauptet, **es gebe 'von höchster Stelle' eine Weisung an die Justiz, Täter 'mit Migrationshintergrund' besonders milde oder am besten gar nicht zu verurteilen.**

'Gerade im Hinblick auf die Eingliederung unserer muslimischen Mitbürger sollte dringendst darauf geachtet werden, deren Glauben und Kultur als wichtige Tathintergründe zu berücksichtigen und eine zukünftige Integration nicht durch Brachialurteile zu verhindern. … Man kann ja nicht erwarten, daß ein Mensch, der in einem völlig anderen Kulturkreis aufgewachsen ist als wir, dieselben Wertvorstellungen und somit auch dasselbe Rechts- oder Unrechtsbewußtsein wie wir hat', gibt der Brief Formulierungen aus der Weisung wieder.

Der Kolumnist von dcrs-online mochte sich zwar zur Authentizität der vorgebrachten Behauptungen nicht äußern, legte aber Wert darauf, daß es sich bei seiner Quelle tatsächlich um einen früheren Justiz-Mitarbeiter aus NRW handele. Dies habe er überprüft."

Bei einer Auseinandersetzung am Donnerstag, den 12. Juni 2008 in Gießen „hat **ein 37jähriger Rumäne einer 23 Jahre alten Frau einen Teil des Ohres abgebissen**. Zudem drückte er ihr mit Gewalt auf die Augen, berichtete die Polizei … Der Mann flüchtete zunächst, wurde aber später festgenommen. Die Hintergründe sind unklar."[119]

Weil er in eine Deutschlandfahne gehüllt war, ist ein junger Mann vier Tage später in Kassel **zusammengeschlagen worden.** „Nach Polizeiangaben vom Dienstag war der 21jährige unterwegs zu einem Public Viewing [sic!], als vier Jugendliche ihn aufforderten, die Flagge abzulegen. Als der Kasseler sich weigerte, **schlugen die Osteuropäer zu.**“[120]

Am Montag, den 16. Juni 2008 sorgte ein **Doppelmord an einer Mutter und deren Tochter** bundesweit für Entsetzen. Nach einem Streit hatte seinerzeit „ein 26 Jahre alter Schlachter in Vechta seine 17 Jahre alte Freundin und deren Mutter mit Messerstichen getötet. Der 51 Jahre alte Partner der Mutter sei bei der Attacke lebensgefährlich verletzt und in eine Spezialklinik nach Bremen geflogen worden, teilte die Polizei mit. Er sei inzwischen außer Lebensgefahr.

Die Mutter und ihr Lebensgefährte waren auf einen Streit der Tochter mit ihrem Freund aufmerksam geworden und wollten schlichten. Plötzlich stach der 26jährige zu.“[121]

Im Internet war näheres zu diesem grauenvollen Verbrechen zu erfahren: „Mit letzter Kraft hatten sich die zwei Frauen noch zu Nachbarn geschleppt. Dort brachen sie tot zusammen. Am Tag nach dem Beziehungsdrama war die Blutspur auf dem Gehweg in der kleinen, gutbürgerlichen Reihenhaussiedlung in Vechta unübersehbar. Der tatverdächtige 26jährige wurde noch in der Nacht zum Dienstag am Osnabrücker Hauptbahnhof festgenommen. **Es handelt sich um einen Rumänen, der in einem Schlachthof arbeitete.**

Das Motiv sei noch unklar, sagt der Sprecher der Staatsanwaltschaft. Der Festgenommene habe keine Angaben gemacht. Nach Medienberichten soll die Tochter erst am Mittag die Beziehung zu dem 26jährigen beendet haben. Gegen 21 Uhr kam es nach Polizeiangaben zwischen der Jugendlichen und dem Mann im Obergeschoß des Reihenendhauses zu einem lautstarken Streit. Als die Mutter und ihr Lebensgefährte schlichtend eingreifen wollten, soll der 26jährige auf alle drei eingestochen haben.

Das Messer wurde nach einem Hinweis des mutmaßlichen Täters in der Nähe des Reihenhauses sichergestellt. Möglicherweise habe der Mann die Tatwaffe aus dem Schlachthof mitgenommen, sagt der

Sprecher der Staatsanwaltschaft.“[122] (Nur „gut“, daß in Deutschland ein striktes Schußwaffenverbot für Privatleute herrscht!)

Am 3. Juli 2008 hat das Landgericht Fulda „einen **Chinesen vom Mordvorwurf an einem Landsmann** und Arbeitskollegen **freigesprochen**. Der 37jährige sei zum Tatzeitpunkt schuldunfähig gewesen, urteilten die Richter … Sie ordneten die Unterbringung in einer psychiatrischen Anstalt an. Der Chinese hatte seinen Kollegen im Dezember 2007 erstochen.“[123]

„Berlin: zwei Frauen stechen Mann vor Disko nieder“ lautete eine Schlagzeile vom Sonntag, den 31. August 2008. Am Morgen jenes Tages wurde vor einer Diskothek in Berlin Schöneberg ein 21 Jahre alter Mann niedergestochen. „Tatverdächtig sind **zwei Frauen**, die **den Mann mit mehreren Messerstichen lebensgefährlich verletzt** haben sollen.

Die beiden 24 und 31 Jahre alten Frauen wurden von Mitarbeitern eines Sicherheitsunternehmens festgehalten, bis die Polizei eintraf. Ihnen wird jetzt ein gemeinschaftlich begangenes versuchtes Tötungsdelikt vorgeworfen.

Wie die Polizei meldet, hatten die beiden Frauen vor der Tat in der Diskothek … mit diversen Gästen Streit gesucht. Sie wurden daher des Lokals verwiesen, in dem eine Feier zum Beginn des muslimischen Fastenmonats Ramadan stattfand. Vor der Tür trafen sie dann auf den 21jährigen. Als sich dieser entfernen wollte, griffen sie den jungen Mann mit Messern an. Er mußte notoperiert werden. **Tatverdächtige und Opfer stammen aus Einwandererfamilien.“**[124]

Am 2. September 2008 kam es in Frankfurt zur **Amokfahrt zweier Dänen**, bei der **eine Radfahrerin totgefahren** wurde. Ihr „Kastenwagen fuhr die 27jährige von hinten an. Die junge Frau schleuderte über die Motorhaube gegen die Wundschutzscheibe und landete schließlich auf der Fahrbahn. Sie kam sofort ins Krankenhaus und wurde dort operiert. Am späten Vormittag starb sie.

Direkt nach dem Unfall eilten mehrere Zeugen auf die Straße, kümmerten sich um die Verletzte und riefen per Handy die Polizei. Der Fahrer, der gemeinsam mit seinem Zwillingsbruder im Auto saß, gab hingegen Gas und flüchtete. ... **Der Fahrer war nackt, sein Bruder trug nur einen Lendenschurz.**“[125]

Mit zwei Fahrzeugen brachte die Polizei das Fluchtauto nach einer halsbrecherischen Verfolgungsjagd schließlich zum Stehen. „Die beiden Insassen schlossen sich zunächst in ihrem Wagen ein. Die Polizisten schlugen Fahrer- und Beifahrerfenster ein und zogen die 28jährigen aus dem Auto. Dabei hätten sich die beiden Männer gewehrt und drei Beamte leicht verletzt, berichtete die Polizei ... Ebenfalls leichte Verletzungen erlitt ein Mitarbeiter der Müllabfuhr, den die Dänen auf ihrer Flucht mit dem Außenspiegel touchiert hatten. Zudem beschädigten sie die beiden Polizeiwagen, die das Auto schließlich stoppten, und mehrere Privatwagen, die am Straßenrand geparkt waren. ... Die Höhe des Schadens dürfte bei mehreren Zehntausend Euro liegen.“[126]

„Eine Jugendbande hat am Mainufer in Offenbach **Jagd auf Radfahrer gemacht** und zwei Männer beraubt. Einem 56jährigen nahmen sie am Sonntagabend eine Umhängetasche ab, nachdem sie ihn geschlagen hatten. Ein 40jähriger wurde wenig später auf seinem Rad gestoppt und bedroht. Er mußte seine Geldbörse und sein Handy herausgeben. Nur ein 24jähriger Mann erkannte die Situation schnell genug und konnte flüchten. Laut Polizei sollen insgesamt **fünf bis zehn ausländische Jugendliche an den Überfällen beteiligt** gewesen sein“, so die „Fuldaer Zeitung“ am Dienstag, den 7. Oktober 2008.

Am selben Tag berichtete das Blatt noch über ein Verbrechen aus Kassel, bei dem ein Jugendlicher **eine Prostituierte brutal vergewaltigt und mit einem Messer verletzt** hatte. „Laut Mitteilung der Polizei ... überfiel er die Frau im Aufgang ihres Wohnhauses, bedrohte sie mit einem Messer und drängte sie in ihre Wohnung. Dort vergewaltigte und verletzte er sie und raubte ihr anschließend 300 Euro. **Der 15 bis 17 Jahre alte Jugendliche mit asiatischem Aussehen habe russisch** und deutsch **gesprochen.**“[127]

Der 17jährige deutsche Schüler Kirk M. wurde ebenfalls Opfer von Ausländerkriminalität, durch die er einen grausamen Tod starb. „Er wurde in einer Wohnung in Hamburg-Billstedt **mit einer Gemü-**

sezwiebel geknebelt, geschlagen, schließlich erdrosselt [Anm.: Insgesamt 20 bis 25 Minuten soll Kirks Todeskampf gedauert haben!]. **Später wurde seine Leiche auf einem Scheiterhaufen aus Tapetenresten verbrannt.**

Das war am 15. April. Seit Donnerstag [den 23. Oktober 2008] stehen die mutmaßlichen Täter vor dem Landgericht. Die **Anklage gegen Labinot B. (21), Gzim L. (22) und Yakup M. (20)** lautet auf Totschlag [Anm.: Bei diesen brutalen Mördern handelt es sich um **zwei Albaner und einen Türken**!].

Die Angeklagten geben sich cool, schweigen oder streiten alles ab – und die Mutter ihres Opfers sitzt dabei und muß es ertragen.

Laut Staatsanwältin hatten die jungen Männer sich an jenem Dienstag um 19 Uhr in einer Wohnung in Billstedt verabredet. Der 17jährige Kirk schuldete dem Trio Geld für Drogen. Als er nicht zahlen konnte, gab es Drohungen, dann handgreiflichen Streit.

Labinot B. zog eine Schnur um den Hals des Opfers. Gzim L. holte eine Zwiebel und steckte sie Kirk in den Rachen, damit er aufhört zu röcheln. Das Opfer erstickte qualvoll. Von einem sich ‘mehrere Minuten hinziehenden Tötungsvorgang’ ist in der Anklageschrift die Rede.

Später sollen alle drei gemeinsam die Leiche im Auto zum Dweerlandweg in Billwerder gebracht und dort auf einem Stapel aus Tapetenresten verbrannt haben.“[128]

Am Dienstag, den 28. Oktober 2008 wurde in Hamburg das Urteil in einer Beziehungstat gesprochen: „Er gab der Mutter seiner Ex-Lebensgefährtin die Schuld an der gescheiterten Beziehung. Sie habe das Paar auseinander gebracht und ständig Mißtrauen gestreut. Dafür ließ er die Mitarbeiterin eines Lebensmittelmarktes furchtbar büßen. Nachts um 3 Uhr stieg Andre O. (23) in die Wohnung von Gabriela P. im ersten Stock einer Reihenhaussiedlung in Wilhelmsburg ein und **schlug mit einem Schlagstock wahllos auf sein Opfer ein**. Er verwüstete die Wohnung und **übergoß die Frau mit Whisky und Bommerlunder. Sie hatte Angst, bei lebendigem Leibe verbrannt zu werden.**

Vor dem Amtsgericht fand am Dienstag die Gerichtsverhandlung gegen Andre O. statt. Die Staatsanwaltschaft wirft ihm gefährliche Körperverletzung und einen Verstoß gegen das Gewaltschutzgesetz vor. Bei der Brutalität des Vergehens wäre eine Verhandlung vor dem Landgericht durchaus denkbar gewesen, so der Staatsanwalt.

Fünf Tage vor der blutigen Gewalttat hatte **der leicht aufbrausende Deutsch-Portugiese** im Streit um das Besuchsrecht für den gemeinsamen Sohn Taylor seine Ex-Freundin mit einem Messer bedroht. Deswegen hatte ihm das Amtsgericht untersagt, sich näher als 50 Meter der Mutter seines Kindes zu nähern. Eigentlich wollte der Lagerarbeiter am Tag der Tat nur seine Ex-Freundin dazu bewegen, aus der Wohnung der Mutter auszuziehen. Sie sollte zu ihm zurückkehren.

Über ein Regenrohr hatte sich der abgelehnte Schwiegersohn auf den Balkon gehangelt. Als eine S-Bahn vorbeirauschte, schlug er die auf den Balkon führende Glastür ein. Warum er dann so ausrastete und die ihm entgegenkommende Mutter seiner Freundin so schwer verletzte, konnte Andre O. sich selbst nicht erklären. **Ein Polizist, der später die Wohnung inspizierte: 'Ich habe noch nie eine solche Verwüstung und so viel Blut gesehen.'**

Die Qualen der Frau dauerten etwa zehn Minuten. Dann erschien, durch die Schreie ihrer Mutter aufgeweckt, Alexandra P. mit ihrem zweijährigen Sohn auf dem Arm. Sie konnte auf den Flur entkommen und Nachbarn alarmieren.

Das relativ milde Urteil für den brutalen Schläger: Ein Jahr und zehn Monate Gefängnis, zur Bewährung ausgesetzt. Außerdem muß Andre O. an Gabriela P., die noch immer arbeitsunfähig ist, ein Schmerzensgeld zahlen. Dessen Höhe wird von einem Zivilgericht festgelegt.“[129] Also auch bei diesem Gewalttäter mit Migrationshintergrund zeigte sich die hiesige Justiz äußerst verständnisvoll!

„In der bayerischen Landeshauptstadt München ist es ein dreiviertel Jahr nach dem brutalen Überfall zweier Ausländer auf einen deutschen Rentner erneut zu einem **inländerfeindlichen Übergriff** gekommen. Der **'südländisch wirkende' Täter beschimpfte** zunächst in der U-Bahn **Fahrgäste als 'Scheiß-Weiße' und 'Scheiß-**

Deutsche' und schlug nach dem Verlassen der U-Bahn **auf einen 32jährigen und einen 56jährigen Passanten ein**, der den Streit schlichten wollte."[130]

Am 21. November 2008 wurde **ein Autofahrer** aus Hofbieber in Fulda **auf dem Parkplatz einer Videothek überfallen**. „Der 26jährige saß mit seinem 39jährigen Beifahrer im Auto, als plötzlich zwei junge Männer gegen das Fahrzeug schlugen. Einer der beiden zertrümmerte die Scheibe der Fahrertür und prügelte auf den 26jährigen ein. Dieser erlitt Verletzungen im Gesicht und am Ohr. Einer Funkstreife gelang es wenig später, zwei betrunkene Verdächtige, **gebürtige Kasachen**, festzunehmen."[131]

Ende November 2008 „endete eine Abiturfeier des Öhringer Agrar-Gymnasiums für einen **19jährigen Handballer** des TSV Pfedelbach mit einem **Schädelbruch** und einem mehrtägigen Aufenthalt im Krankenhaus. **Zwei weitere Vereinskameraden** wurden bei der Party am 30. November im Pfedelbacher Gentele **durch Schläge und Tritte verletzt. Die Täter: Drei Kosovo-Albaner und ein Türke.**

Die Polizei hat inzwischen rekonstruiert, was sich in der Samstagnacht im Gentele ereignet hat. Danach stießen die Pfedelbacher Handballer nach einer internen Feier zu der Abi-Party, wo es auf der Tanzfläche bald zu einer Auseinandersetzung kam. Ein stark alkoholisiertes Vereinsmitglied wurde von hinten attackiert, es ging zu Boden und steckte Prügel und Tritte ein. Zehn Minuten später uferte die Situation aus, als eine volle Bierflasche einen 19jährigen Handballer am Kopf traf. Mit einer Schädelfraktur mußte der junge Mann ins Krankenhaus, wo ihm in einer komplizierten Operation eine Plastikplatte in die Schädeldecke eingesetzt wurde. …

Zeugenaussagen und weitere Beweismittel belegen, daß die Bierflasche von dem 19jährigen Kosovo-Albaner aus Waldenburg geworfen wurde. Auch der 21jährige Türke aus Neuenstein soll Streit gesucht und brutal zugeschlagen haben. 'Das sind zwei hochgradige Schläger', sagt Polizeisprecher Jürgen Baierl, beide seien wegen Gewaltdelikten einschlägig bekannt. So wie andere Gäste wundert sich auch Baierl darüber, was die zwei auf einer Party von Gymnasiasten zu suchen hatten: 'Die haben nicht mal einen Schulabschluß.'"[132]

„Im rheinländischen Meckenheim terrorisieren ausländische Jugendbanden die verbliebene einheimische Restbevölkerung", wie im Januar 2009 zu erfahren war. **„Drohend ist an Hauswände geschmiert: 'Kein Durchgang für Deutsche!'** Dazu zerschlagene Fensterscheiben, brennende Mülltonnen, zerkratzte Autos. Busse werden mit kiloschweren Betonsteinen beworfen. Unlängst steckten 'Intensivtäter' die örtliche Schulsporthalle in Brand. 150 Feuerwehrleute verhinderten eine Katastrophe. Der Haftrichter setzt die beiden Tatverdächtigen sofort wieder auf freien Fuß. Begründung: keine Wiederholungsgefahr, da die Halle bereits in Schutt und Asche liegt. Im Internet heißt es über Meckenheim: 'mecktown is eine der härtesten städte mit frankfurt und berlin! Die ganzen kurden und türken hier sind kickboxer oder junkies mit richtigen waffen.' **In der Ortspresse beklagen sich Polizisten** (vorsichtshalber anonym), **daß Politik und Justiz vor den Migrationsproblemen kapituliert hätten."**[133]

Am Samstag, den 17. Januar 2009 kam es auf einer weiteren Abiturfeier zu Ausländerkriminalität, die diesmal sogar ein tödliches Ende nahm: „Bei einer Schülerparty in einem Sportheim in Walldorf ist … **ein 18jähriger Grieche erstochen** worden. **Die Darmstädter Polizei nahm einen ebenfalls 18jährigen Kosovo-Albaner aus Langen fest.** Er stehe unter dem dringenden Verdacht, mit einem Messer auf das Opfer eingestochen zu haben, teilten die Ermittler mit."[134] (Dieses Tötungsdelikt zeigt erneut, daß wenn Ausländer von anderen Migranten ermordet werden, sich die Empörung führender Politiker und Medienschaffender in Grenzen hält bzw. faktisch nicht vorhanden ist!)

Am 24. Februar 2009 „wurde **ein 80jähriger Mann** in Mönchengladbach gegen 18 Uhr von drei hinter Bäumen lauernden Männern aus dem ominösen 'Südland' **auf offener Straße überfallen und so lange geschlagen und getreten, bis er das Bewußtsein verlor.** Als er wieder zu sich kam, fehlte ihm seine Geldbörse. **Die Täter sind** nach Polizeiangaben um die 20 Jahre alt, ca. 1,80 groß und **'südländisch' aussehend."**[135]

Das ist die „Bereicherung“, die unsere freimaurerisch-sozialistischen Oberen dem deutschen Volk mit dem Multikulturalismus aufgezwungen haben, ob sie es wollten oder nicht. Kein Wunder, daß viele unserer Landsleute sich wie Fremde im eigenen Land fühlen.

Hier sehen wir ein Zeltlager der verbotenen „Heimattreuen Deutschen Jugend“. Bundesinnenminister Wolfgang Schäuble sagte seinerzeit: „Wir werden alles tun, um unsere Kinder und Jugendlichen vor diesen Rattenfängern zu schützen.“ Ginge es diesem Herrn *wirklich* um den „Schutz“ deutscher Kinder und Jugendlicher, hätte er in seiner Funktion als Bundesinnenminister alles dafür getan, um die fast schon explosionsartig um sich greifende Ausländerkriminalität wirksam zu bekämpfen und dabei etwa Wiederholungstäter rigoros des Landes verwiesen!

(Quellenhinweise: **Oben:** Der Spiegel, 7.1.08, S.33; **Unten:** Fuldaer Zeitung, 1.4.09)

Am 29. März 2009 kam es zu einer **unfaßbar feigen Fahrerflucht nach einem tragischen Unfall mit tödlichem Ausgang** bei Scharrel im niedersächsischen Landkreis Cloppenburg. Ein Autofahrer hatte eine Zeitungsausträgerin auf ihrem Fahrrad erfaßt und war anschließend mit seinem Passat in einen Graben gestürzt. „Trotz des schlimmen Unfalls kletterte der Unfallfahrer aus seinem Auto und entfernte sich von der Unfallstelle, ohne sich um die vom Auto erfaßte Frau zu kümmern. Sie konnte später von Feuerwehrkräften nur tot aus dem Wassergraben geborgen werden. Das Opfer hinterläßt drei kleine Kinder.

Gegen 5.00 Uhr hatte ein Anwohner den Wagen im Graben entdeckt und den Notruf abgesetzt. Als schließlich die Feuerwehr eintraf, gingen die Einsatzkräfte von einem gewöhnlichen Unfall aus. Das Auto lag schräg im Wassergraben, aber von einem Fahrer war keine Spur. Einsatzkräfte fanden dann direkt hinter dem Auto eine Person auf dem Bauch liegend im Wasser. … Ein Arzt konnte … nur noch den Tod feststellen.“[136]

„Nach ersten Erkenntnissen hatte der Fahrer des Passats mit polnischem Kennzeichen die Zeitungsausträgerin mit ihrem Fahrrad übersehen und sie frontal erfaßt. Die Frau war offenbar in die Frontscheibe katapultiert und zusammen mit dem Auto in den Graben geschleudert worden. Der Unfallfahrer kletterte offenbar durch die zerstörte Frontscheibe aus dem Wrack und flüchtete. Inwieweit die Frau durch den Unfall oder durch Ertrinken zu Tode kam, muß noch ermittelt werden.

Die eingesetzten Feuerwehrkräfte zeigten sich schockiert von dem Unfall. Viele kannten das Opfer. Die dreifache Mutter (Mitte 40) war bekannt und beliebt als Zeitungsausträgerin im Ort, womit sie sich und ihrer jungen Familie ein paar Euro dazu verdiente.“[137]

Am Vormittag „ermittelten die Beamten einen **31jährigen polnischen Erntehelfer als Fahrer** und nahmen ihn fest. Er **stand unter Alkoholeinfluß** … Zudem ermittelt die Polizei gegen einen 36jährigen polnischen Staatsangehörigen. Er soll nach dem Unfall versucht haben, zusammen mit dem Unfallverursacher, den verunglückten Passat an der Unfallstelle mit einem Radlader zu bergen und ihn wegzutransportieren. Dieses Vorhaben mißlang."[138]

In der Fuldaer Innenstadt haben sich am 27. März 2009 „gleich **zwei Raubüberfälle** ereignet: Gegen 22 Uhr gingen zwei Täter ... auf einen Petersberger zu. Sie traten ihn gegen den Kopf. **Auch als der Mann bereits wehrlos am Boden lag, schlugen und traten die Täter weiter auf ihn ein.** Sie zerrten das Opfer in eine Ecke und bedrohten es dort mit einem Messer. Bevor sie den Mann verletzt liegen ließen, stahlen sie sein Handy und seine Geldbörse. Die Verletzungen des Mannes wurden ambulant behandelt.

Gegen 23 Uhr ereignete sich ... ein zweiter Raubüberfall. Wieder waren es zwei Täter, die drei 16- und 17jährige Jugendliche aus Lauterbach mit einem Messer bedrohten. Sie forderten ihre Opfer auf, ihnen Bargeld und Handy herauszugeben und flüchteten mit der Beute.

Die Polizei vermutet, daß beide Überfälle von denselben Tätern begangen wurden, da alle Opfer die Täter ähnlich beschrieben. Sie gaben zu Protokoll, **die Täter** seien etwa 20 Jahre alt gewesen – vermutlich **südländischer Herkunft.**"[139]

Wie im April 2009 zu erfahren war, mußte einer der Münchner U-Bahn-Schläger, die in den letzten Monaten in der bayerischen Landeshauptstadt immer wieder mit brutalen Prügelattacken auf einheimische Fahrgäste für Schlagzeilen gesorgt hatten, für vier Jahre hinter Gitter. „Das Gericht akzeptierte keine mildernden Umstände für den **23jährigen Deutsch-Israeli Ophir W.**, der auf dem Heimweg von einem Oktoberfestbesuch in der U-Bahn geraucht hatte und daraufhin von Fahrgästen zur Rede gestellt worden war. An der Haltestelle 'Giselastraße' wurde W. dann handgreiflich und **attackierte einen der Fahrgäste lebensgefährlich**. Das Gericht sah es als erwiesen an, daß W. die Handgreiflichkeit selbst provoziert hatte. **Der Täter hat bereits acht Vorstrafen.**"[140]

„Auf dem Weg zum Osterfeuer wurden am Ostersamstag, den 11. April 2009 zwischen 21.30 und 22.00 Uhr, nach Angaben der Bremer Polizei **zwei 17 und 18 Jahre alte Bremer** auf dem Strandweg in Höhe des Weserstadions **überfallen, brutal zusammengeschlagen und erheblich verletzt.**

Die beiden jungen Deutschen fuhren auf ihren Fahrrädern aus Richtung Erdbeerbrücke kommend auf dem Strandweg entlang der Weser. In der Nähe des Weserstadions **trafen** sie **auf eine Gruppe von vier bis fünf 'Südländern'** – also Türken. Ohne erkennbaren Anlaß stoppte die Bande die beiden Radfahrer und schlug sofort auf sie ein.

Der 18jährige konnte flüchten, während sein Begleiter weiter von der Gruppe geschlagen und getreten wurde. Als das ältere Überfall-opfer kurze Zeit später an den Tatort zurückkehrte, waren sowohl sein Freund wie auch die brutale Türkenbande verschwunden. Rund eineinhalb Stunden später entdeckte der 18 Jahre alte Radfahrer seinen jüngeren Kumpel im Steintor.

Hier lief der 17jährige völlig orientierungslos durch die Straßen. Er hatte Gesichtsverletzungen und konnte sich nicht mehr richtig an den Überfall erinnern. Ihm wurden sein Handy … und das Fahrrad … geraubt. Der erheblich verletzte junge Deutsche mußte in einem Krankenhaus stationär behandelt werden."[141]

Nachdem ein Fahrgast in der Berliner U-Bahn eine Sachbeschädigung durch die beiden Türken Ugur T. (22) und Ferhat G. (17) verhindern wollte, „rasteten diese im Mai 2008 völlig aus und verletzten ihn.

Nach Schilderung des Opfers begann die Auseinandersetzung auf dem U-Bahnhof Alexanderplatz in der Nacht zum 25. Mai mit einer Bemerkung und einem Griff an die Schulter des älteren Angeklagten. Dieser habe mit einem Gegenstand an der gerade eingefahrenen Bahn gekratzt. 'Laß das', habe der 52jährige verlangt. 'Da sind beide sofort auf mich losgegangen.' Als er die Polizei rufen wollte, habe er sich eine Brille aufgesetzt. Dann sah er die Flasche. Sie zerstörte die Brille. **Bruchstücke des Glases drangen ihm ins Auge.**

Im Prozeß behaupteten die beiden türkischen Jungverbrecher, sie hätten in Notwehr gehandelt: 'Er [der 52jährige Berliner] kam auf mich zu und wollte mit mir kämpfen.' Angefangen habe alles mit einem Schlag. 'Seine Faust traf mich, als ich gerade in die U-Bahn steigen wollte', meinte der Ältere. 'Ich wollte ihm mit der Flasche nur Angst machen, beteuerte der Jüngere. Bei der Polizei soll er sich dagegen brutal und abfällig über das Opfer geäußert haben – mit Sätzen wie 'Was legt er sich mit uns an'.

Am 22. April 2009 wurde der türkische U-Bahn-Schläger Ugur T. nun zu einer geringen Haftstrafe verurteilt, wie der Berliner 'Tagesspiegel' am selben Tage meldete."[142] Der 23jährige wurde zu einem Jahr und zehn Monaten Haft verurteilt. „Ob die Jugendstrafe zur Bewährung ausgesetzt werden kann, will das Gericht in einem halben Jahr entscheiden. Nach acht Monaten Untersuchungshaft kam der vorbestrafte Ugur T. frei."[143]

„In den Mittagsstunden des 20. April 2009 kam es nach einer Meldung der Herner Polizei im Stadtteil Röhlinghausen zu einem **brutalen Raubüberfall auf eine 73jährige Frau**. Um 13.00 Uhr schellte ein noch unbekannter Mann an der Wohnungstür, der in der Görrestraße lebenden Seniorin und gab sich als Mitarbeiter des Finanzamtes aus, der ein Einschreiben aushändigen wollte. Kurz danach schlug diese Person der 73jährigen völlig unvermittelt mit der Faust ins Gesicht, wodurch die Hernerin zu Boden stürzte.

Danach drängte der Kriminelle die Rentnerin ins Schlafzimmer, trat ihr in den Rücken und warf ihr eine Tagesdecke über den Kopf. Anschließend drohte der Verbrecher in akzentfreiem Deutsch damit, die Frau umzubringen, wenn sie sich nicht ruhig verhalte ('Wenn du noch einen Mucks von dir gibst, schlag ich dich tot!'). Nach dieser Drohung durchsuchte der brutale Täter die Wohnung, entwendete Bargeld sowie Schmuck und flüchtete.

Der **Räuber**, der **vermutlich von arabischer Herkunft** ist, ist ca. 27 bis 30 Jahre alt, 170 cm groß, hat eine normale Figur und schwarze kurze Haare. Die Seniorin wurde mit Gesichtsverletzungen sowie Schmerzen im Hüftbereich zur ambulanten Behandlung in ein örtliches Krankenhaus gebracht."[144]

Am selben Tag berichtete der „Express", daß sich der „eiskalte Killer von Waldbröl", **Mouctar B. (24)**, der **seine 47jährige bundesdeutsche Frau mit 26 Messerstichen regelrecht abgeschlachtet** hatte, vor Gericht verantworten mußte.

„Es war der reinste Blutrausch. In der Küche stach Mouctar B. auf seine Frau Karin (Name geändert) ein. In Brust, Rücken, Arme.

'Notarzt', sagte das Opfer noch zum Nachbarn, der sie gefunden hatte. Doch die 47jährige verblutete wenig später. Der Täter setzte sich in den Zug, fuhr nach Köln. Am Hauptbahnhof wurde B. festgenommen – er hatte eine Fahrplanauskunft nach Brüssel im Gepäck. ... 'Es war **das blutige Ende einer deutsch-afrikanischen Ehe.** 1999 war Mouctar B. über Portugal aus Guinea nach Waldbröl gekommen. Seine Karin lernte er in einer Spielhalle kennen. Nach seiner Abschiebung – der Asylantrag wurde abgelehnt – folgte Karin ihm nach Guinea. Dort heiratete das Paar im Februar 2004. Da war die gemeinsame Tochter schon ein Jahr auf der Welt. 2006 folgte ein Sohn.' ... 'Der fast Dreijährige war am 7. November 2008 auch in der Wohnung, als der Afrikaner seine 23 Jahre ältere Frau umbrachte. Mouctar B. am Montag auf der Anklagebank: 'Wir sprachen über Abschiebung. Sie sagte, ich würde die Kinder nie wiedersehen.' Karin hatte ihren Mann wegen häuslicher Gewalt angezeigt und wollte sich scheiden lassen."[145]

„Bad Buchau: 15jähriger Kosovo-Albaner erschlug deutsche Nachbarin mit Brechstange" lautete eine erschreckende Schlagzeile ebenfalls vom 20. April 2009. „Der wegen Eigentumsdelikten einschlägig bei der Polizei bekannte 15jährige Kosovo-Albaner Florim S. hatte nach Medienberichten am 17. April 2009 die Balkontür zur Wohnung seiner deutschen Nachbarn aufgehebelt, um mit dem Diebesgut einen Motorroller und Ersatzteile zu bezahlen, wie der muselmanische Killer später gegenüber der Polizei aussagte.

Polizeisprecher Karl-Anton König gegenüber der 'Bild'-Zeitung: 'Der Junge hatte die Balkontür zur Wohnung aufgehebelt, wurde dabei von der Frau überrascht. Obwohl er sich mit einem ärmellosen T-Shirt, in das er Sehschlitze geschnitten hatte, maskierte, konnte ihn die junge Mutter erkennen.' ... 'Er schlug seinem Opfer mit einem massiven Gegenstand mehrmals auf den Kopf.' Dann fesselte er die Mutter einer kleinen Tochter (1), schleppte sie in den Keller. Gleich nach dem Überfall muß sie an ihren schweren Kopfverletzungen gestorben sein.' ... 'Anwohner sahen, wie Florim S. aus dem Haus flüchtete. Sie konnten Fahndern den entscheidenden Hinweis geben. 'In der Vernehmung hat der Schüler alles gestanden', berichtet Polizeisprecher König."[146]

Wie sich inzwischen herausstellte, „war die Ermordung von Daniela A. (26) wohl von Anfang an von dem albanischen Nachwuchsmörder geplant. Dieser hatte, wie der 'Express' am 18. April 2009 berichtete, bereits vor dem Einbruch bei seiner Nachbarin im Garten der Eltern eine etwa ein mal einen Meter große Grube ausgegraben, teilte die Ravensburger Staatsanwaltschaft mit. 'Diese hatte offensichtlich den Sinn, eine Leiche darin verschwinden zu lassen', sagte ein Behördensprecher. 'Die Grube spricht gegen die [vom Täter] geschilderte Kurzschlußreaktion', sagte der Sprecher.

Und was passiert nun? Zwar wurde Haftbefehl wegen Mordes erlassen, doch da unser albanisches Goldschätzchen erst 15 Jahre alt ist, drohen ihm maximal zehn Jahre Jugendstrafe für einen eiskalten Mord."[147] Darüber hinaus ist davon auszugehen, daß auch hier wieder der fremde Kulturkreis zur Geltung kommt. „Jede Wette, dieser Mörder wird keine zehn Jahre sitzen, und wenn er mit etwas über 20 Jahren wieder auf freiem Fuß ist, wird er da fortfahren, wo er vor der Haft aufhörte. Für solche vertierten Killer und Gewohnheitsverbrecher ist der Aufenthalt in einem bundesdeutschen Luxus-Jugendknast gleichbedeutend mit einem überlangen Urlaub und damit Ansporn, es wieder zu tun. Aber das muß die deutsche Bevölkerung aushalten, denn schließlich benötigt sie dringend Talente wie Florim S.!"[148]

Wenige Tage später wurde in der Stadt Attendorn **der 18jährige Schüler David Schramm „auf offener Straße brutal zusammengeschlagen** und erlitt zwei Kieferbrüche.

David hatte mit seiner Freundin und einem weiteren Mädchen zunächst das Groucho besucht. Gemeinsam wollten die jungen Leute noch einen Abstecher ins Gasthaus unternehmen. Weil dort aber nicht mehr viel los war, machten sie sich auf den Heimweg. Vor dem Grill in der Ennester Straße standen drei junge Männer, die die beiden Mädchen plötzlich grundlos und mit den übelsten Ausdrücken beleidigten. Als David hinzukam, wurde er ohne Vorwarnung niedergeschlagen. **Die Täter schlugen derart brutal und hemmungslos zu, daß sie ihm sowohl den Ober- als auch den Unterkiefer brachen.** Schwer verletzt rettete sich der Junge mit den Mädchen ins nahe Gasthaus. Von dort aus wurde der Schüler … ins Attendorner Krankenhaus gebracht. Als die Ärzte die Schwere der Verletzungen erkannten, ließen sie ihn ins Jung-Stilling-Krankenhaus nach Siegen transportieren, in dem es eine kieferchirurgische Abteilung gibt. … Den Unterkiefer haben die Ärzte mit einer Metallplatte stabilisiert, an den Oberkiefer trauen sie sich nicht heran: Zu groß scheint ihnen die Gefahr, einen Gesichtsnerv zu verletzen, was eine Gesichtslähmung zur Folge haben könnte. Ober- und Unterkiefer sind mit einem Draht verbunden, David kann die Zähne nicht auseinanderbringen und nicht sprechen. Zwei Wochen lang wird er nur flüssige Nahrung zu sich nehmen können.

Die Polizei hat mittlerweile zwei der Schläger ermittelt. Nach Auskunft von Polizeisprecher Giese handelt es sich um **einen 18jährigen Türken, der Haupttäter** soll **ein Albaner** sein. … Viele Attendorner sind erschüttert … Während einer Stufenversammlung unterrichtete Rivius-Schulleiter Klaus Böckeler Schüler und Eltern von dem Geschehen. Er warnte die Jugendlichen zudem: ‘Nehmt euch in Acht, wo ihr euch in Attendorn nachts bewegt. Meidet bestimmte Gegenden. Dazu gehört auch die Innenstadt.’“[149]

Selbstverständlich wird, wie bereits erwähnt, auch Österreich zunehmend von Ausländerkriminalität heimgesucht. „Wie der ORF am 30. April 2009 meldete, hat die Staatsanwaltschaft Salzburg **Anklage gegen einen türkischen Vergewaltiger** erlassen, der im Herbst 2008 in eine Salzburger Seniorenresidenz eingebrochen sein und **eine 84jährige mißbraucht** haben soll.

Der vierzehnfach [!] vorbestrafte eingebürgerte Türke sei zuerst in das Gebäude eingestiegen und habe nach Geld gesucht, sagen die Ermittler. Dann habe er an der Tür der 84jährigen geläutet. Diese öffnete im Glauben, es sei die Nachtschwester.

Mit beiden Händen stieß der Strolch die alte Frau auf ihr Bett, hielt ihr den Mund zu, riß das Telephonkabel heraus und verging sich an ihr. Danach holte er kaltes Wasser aus dem Bad und schüttete es auf die geschockte Pensionistin, um Spuren zu verwischen. Sie mußte ihm auch noch Geld geben – 20 Euro. Erst dann verließ er ihr Zimmer.

Das Opfer war so geschockt, daß es erst am nächsten Morgen Hilfe holte und von dem Martyrium erzählte. Die Polizei fand DNA-

Spuren des Türken auf dem Telephon der Pensionistin. Sie stimmten mit dem in der Datenbank gespeicherten Profil des Vorbestraften überein und führten zur Verhaftung.

Die Anklagebehörde stellte einen Antrag auf Einweisung des 31jährigen in eine Anstalt für geistig abnorme Rechtsbrecher. Ein Prozeßtermin steht noch nicht fest.

Wie viele «abnorme Rechtsbrecher» mit «Migrationshintergrund» mag es wohl geben, die in der BRD und Österreich frei herumlaufen und die Einheimischen tyrannisieren?“[150] Wohl noch viel zu wenige, geht es nach den Vorstellungen der Satanssynagoge und ihrer freimaurerischen Handlanger in Politik, Justiz und Medien!

„Wie die Polizei meldete, pöbelte am 9. Mai 2009 gegen 22.30 Uhr **eine Bande von ‘fünf südländisch aussehenden Personen’** (Türken oder Araber) in Gelsenkirchen-Buer einen 19jährigen und seinen Begleiter an.

Nach einem Faustschlag ins Gesicht gelang dem **Überfallopfer** zunächst die Flucht, wenig später traf er jedoch erneut auf dieselbe Bande. Diesmal wurde er bei einer erneuten Flucht jedoch **von einem 22jährigen türkischen Schläger eingeholt und mit einem Ledergürtel samt Metallschnalle ins Gesicht geschlagen.**

Aufgrund der erlittenen Verletzungen mußte der Geschädigte das Krankenhaus aufsuchen, wo er unter anderem wegen einer Gehirnerschütterung sowie Gesichtsprellungen stationär verblieb.“[151]

Einen Tag später wurde in Hagen-Eckesey **ein 18jähriger an seiner Wohnungstür zusammengeschlagen**. Laut Aussage der Polizei öffnete er gegen 20.55 Uhr nach dem Klingeln die Tür. „Vor der Tür standen **fünf unbekannte junge Männer, mutmaßlich Türken**. Ohne weitere Vorwarnung schlugen und traten zwei von ihnen auf den 18jährigen ein und drängten ihn in seine Wohnung.

Anschließend flüchteten sie wieder. Glücklicherweise trug der Einheimische keine schwerwiegenden Verletzungen davon und verzichtete auch zunächst auf ärztliche Behandlung. Einen Grund für den Überfall konnte er sich bei der Anzeigenaufnahme nicht erklären.“[152]

„Bundesintegrationsbeauftragte Maria Böhmer (CDU): ‘Die 2,7 [Anm.: In Wahrheit bereits mehr als sechs!] Millionen Menschen aus türkischen Familien, die in Deutschland leben, gehören zu uns, sie sind ein wichtiger Teil unserer Gesellschaft. **Diese Menschen mit ihrer** vielfältigen Kultur, ihrer **Herzlichkeit und ihrer Lebensfreude sind eine Bereicherung für uns alle.**“[153]

„Die Verwendung des Begriffs «multikulturelle Bereicherung» erweckt den Eindruck, daß immer die Ausländer, die Einwanderer (auch Illegale, unechte Asylanten, ausländische Banden, positiv diskriminierte ethnische Minderheiten) die einheimische Mehrheit bereichern oder zumindest eine gegenseitige Bereicherung stattfindet, niemals aber Einheimische, sprich ethnisch-kulturelle Mehrheiten, die eingewanderten Minderheiten bereichern, selbst dann nicht, wenn die Einheimischen wirtschaftlich, finanziell und kulturell überlegen sind und Asylanten Riesensummen verschlingen, Bandenkriminalität der Wirtschaft schadet und Arbeitslosigkeit besteht.“[154]

Aufschlußreich ist auch, daß Türken aus Deutschland, die ihren Urlaub in der Türkei verbringen, sich dort zunehmend unwohl fühlen. „Nach einem Bericht der Deutschen Presseagentur (dpa) haben sie das Gefühl, von der einheimischen Bevölkerung als ‘asozial’ und ‘in Deutschland nicht integriert’ behandelt zu werden. **Der Begriff ‘Türken aus Deutschland’ gilt in der Türkei als Synonym für ‘Menschen ohne ausreichende Bildung, die** weder Türkisch noch Deutsch können und **kein Benehmen haben’.**“[155]

„Bundeskanzlerin Angela Merkel (CDU): ‘Wir können auf kein Talent verzichten.’“[156]

Sichten wir zur „Herzlichkeit“ und „Lebensfreude“, die einige dieser Migranten in unserem Land an den Tag legen, drei weitere repräsentative Meldungen der Monate Mai/Juni 2008:

„Mitglieder einer türkischen Familie haben nach dem Tod einer Verwandten [am 19. Mai 2008] die Intensivstation einer Klinik in Iserlohn teilweise verwüstet und **Polizisten angegriffen.** Aus Trauer um den Tod der Angehörigen, die an Herzversagen gestorben war, zerstörten Mitglieder der Familie das Aufnahmezimmer, rissen Bilder von der Wand und warfen einen Behandlungstisch um.

Die herbeigerufenen Beamten wurden mit Fußtritten und Faustschlägen attackiert. Erst als weitere Polizeikräfte am Einsatzort erschienen, beruhigte sich die Lage."[157]

„Gewalt bei Türken-Fest" lautete eine Schlagzeile der „National-Zeitung" vom 6. Juni 2008: **„Ein türkisches Beschneidungsfest** in Hamburg ist vergangene Woche **zu einer Massenschlägerei ausgeartet. 70 Männer schlugen aufeinander ein.** Ein benachbartes Geschäft wurde mit Pflastersteinen und Eisenstangen regelrecht zerlegt. 50 Polizeibeamte hatten Mühe, die Lage zu beruhigen. Es gab mehrere Verletzte."

„Randale nach Türkei-Niederlage", titelte der „hr-text" am Montag, den 9. Juni 2008 auf Seite 120 und berichtete, daß die Polizei am Samstagabend in der Frankfurter Innenstadt mit Schlagstöcken und Pfefferspray gegen randalierende Fans der türkischen Fußball-Nationalmannschaft vorgegangen war.

„Etwa 200 enttäuschte Anhänger der türkischen Elf hatten nach dem 0:2 gegen Portugal **Polizisten mit Flaschen und Steinen beworfen**, so die Polizei am Sonntag. Eine Polizistin wurde leicht verletzt, von zwei Randalierern wurden die Personalien aufgenommen."[158]

Das alles sind nichts weiter als die Vorboten von dem, was in einigen Jahren auf die Deutschen zukommen wird, vor allem wenn auch noch die Türkei in die EU aufgenommen werden sollte!

Angesichts all dieser Meldungen ist es jedenfalls geradezu ungeheuerlich, lesen zu müssen, daß sich viele Türken in Deutschland benachteiligt sehen und sich deshalb offen beschweren. „Ein Drittel der Türken in Deutschland fühlen sich diskriminiert. Das geht aus einer Erhebung der Europäischen Grundrechteagentur hervor. Die türkische Minderheit in Deutschland fühlt sich demnach weitaus stärker benachteiligt als die in Österreich lebenden Türken."[159]

Es besteht kein Zweifel daran, daß die türkische Führung maßgeblichen Anteil am Chauvinismus vieler Türken hat. So hatte der türkische Regierungschef Erdogan die in Deutschland lebenden Türken Mitte Februar 2008 in einer Rede in der Kölnarena vor einer zu starken Anpassung gewarnt.

„'Assimilierung ist ein Verbrechen gegen die Menschlichkeit', sagte er vor etwa 16 000 überwiegend türkischen Zuhörern, die aus ganz Deutschland, aber auch aus Frankreich, Belgien und den Niederlanden angereist waren. 'Ich verstehe sehr gut, daß ihr gegen die Assimilierung seid. Man kann von euch nicht erwarten, euch zu assimilieren."[160]

Schlägt ein ausländischer Staatschef nationalistische Töne an, werden seitens bundesrepublikanischer Politiker auch mal beide Ohren zugemacht. Wehe aber, ein deutscher Vertreter aus patriotischen Kreisen wagt es, auch nur *ansatzweise* öffentlich für das eigene Volk Stellung zu beziehen und dessen Interessen einzufordern!

Zurück zu den repräsentativen Meldungen über die von Zuwanderern begangenen Straftaten, und zwar zu einer blutigen Familientragödie, die am Abend des 24. Mai 2009 in Langenfeld im Kreis Mettmann für Aufsehen sorgte: **„Ein 26jähriger marokkanischer Abstammung verletzte seine 23jährige Ex-Freundin und deren 53jährigen Vater mit Schüssen lebensgefährlich** und richtete sich dann selbst. „Der Mann hatte seine frühere Lebensgefährtin bei einem Besuch bei ihren Eltern abgepaßt, wie ein Polizeisprecher [einen Tag später] sagte. Vor dem Haus kam es zum Streit, in dessen Verlauf der Mann mit einem Revolver das Feuer eröffnete. Er war in der Vergangenheit schon mehrfach gewalttätig gegen die Frau geworden."[161]

Als **Angehörige des Täters** nach seiner Bluttat am Tatort erschienen, kam es zu Ausschreitungen und Handgreiflichkeiten mit der Polizei, denn sie **attackierten die Einsatzkräfte.** Die Polizei mußte mehrere aufgebrachte Personen mit Handschellen ruhigstellen. Einige Stunden später wurden sie jedoch (wie nicht anders zu erwarten) wieder freigelassen.

24 Stunden später **überfielen zwei Männer** in einer Parkanlage in Herten **einen 49jährigen Bochumer**. „Ein Täter, der eine 'Zorro-Maske' trug, schlug mit einem Knüppel auf den Geschädigten ein. Anschließend raubten sie ein Handy und flüchteten mit einem Pkw … Der 49jährige wurde bei dem Überfall so **schwer verletzt**, daß er mit einem Rettungswagen zur stationären Behandlung in ein Krankenhaus gebracht werden mußte.

Die Marodeure sollen ein **'südländisches Aussehen'** gehabt haben. Es dürfte sich bei den Straßenbanditen … um Türken oder Araber handeln."[162]

Wiederum einen Tag später mußten sich drei Männer im Alter von 23, 29 und 32 vor dem Landgericht Darmstadt verantworten. „Für Staatsanwalt Knut Happel sind die Angeklagten … die Hauptschuldigen einer **Schießerei zwischen zwei türkischen Clans** in einem Eiscafé in Rüsselsheim. **Dabei starben im August drei Menschen"**[163], darunter eine völlig unbeteiligte 55jährige Griechin, die in der Eisdiele neben ihrer Gastwirtschaft nur einen Cappuccino trinken wollte. „Sie war von einer verirrten Kugel getroffen worden. … Laut Happel haben die drei Angeklagten am 12. August in der Fußgängerzone um sich geschossen, um die 'Familienehre wieder herzustellen'. Sie sollen auch mit Schlagringen und Messern aufeinander losgegangen sein. Als Hintergrund wird ein Machtkampf unter Türstehern von Diskotheken im Rhein-Main-Gebiet vermutet. … Der jüngste Angeklagte soll mit einem Messer 14mal auf eines der Opfer eingestochen haben."[164]

Knapp zwei Wochen später wurde eine hochbetagte Deutsche in Hilden Opfer eines brutalen Raubüberfalls, der ihr Leben kostete. **„Die 97jährige Dame**, die zwei Weltkriege überstand, ist in der Endzeitgesellschaft des Jahres 2009 **von sogenannten Kulturbereicherern getötet worden, die ein leichtes Opfer suchten**, das sich nicht wehren konnte.

Wie die Polizei in Hilden meldete, war die Seniorin am 6. Juni 2009 vom Einkaufen nach Hause gekommen, als sie an der Tür einer Einrichtung für betreutes Wohnen von hinten attackiert wurde. Die flüchtige Täterin habe die Manteltasche der Frau aufgerissen, ihre Geldbörse herausgenommen und die 97jährige in den Hausflur geschubst, berichtete die Polizei. Dabei stürzte die Frau und verletzte sich so schwer, daß sie am Abend des darauffolgenden Tages trotz Notoperation und intensivmedizinischer Behandlung starb.

Über die Höhe der Beute ist zurzeit nichts Näheres bekannt. Vermutlich waren es wie so oft in solchen Fällen nur ein paar Euro, was die fremden Mörder und Totschläger jedoch nicht davon abhält, zu mißhandeln, zu quälen und zu töten.

Dieses Photo einer Überwachungskamera zeigt die Anfang Juni 2009 durch Ausländerkriminalität zu Tode gekommene 97jährige Deutsche beim Einkaufen. Hinter ihr die beiden mutmaßlichen Täter, die sie vom Laden bis zu ihrer Haustür verfolgten, wo die ältere Dame schließlich brutal überfallen wurde, wodurch sie sich tödliche Verletzungen zuzog.

Gestalten wie auf dem **linken Photo** lungern mittlerweile in zahlreichen deutschen Dörfern und Städten herum. Mit einer „Bereicherung“ hat ihre Anwesenheit nichts zu tun. **Rechts:** Ordnungshüter, wie der durch eine mysteriöse, weil angebliche Messerattacke auf ihn ins Zwielicht geratene Passauer Polizeichef Alois Mannichl (ein objektiv allein schon vom äußeren Eindruck sehr unsympathischer Zeitgenosse!) sorgen dafür, daß die pauschal als „Rechtsextremisten“ verunglimpften Patrioten in Deutschland sich ständigen Repressalien ausgesetzt sehen. Zur gleichen Zeit bahnt sich das multikriminelle Chaos ungehindert den Weg.

(Quellenhinweise: **Oben:** http://www.radio-freiheit.info/archives/3411; **Unten links:** National-Zeitung, 19.6.09; **Unten rechts:** Der Spiegel, 19.1.09, S.30)

Im April 2006 wurde in Potsdam ein Deutsch-Äthiopier niedergeschlagen, was die Medien zum Anlaß nahmen, schärfste Anklagen an die Adresse „Rechtsextremer" zu richten; sofort wurde von einem „Mordversuch" gesprochen, obwohl die Hintergründe der Tat völlig im Dunkeln lagen. An den „Ort des Mordversuchs" kamen immer Menschen und zündeten Kerzen an oder legten Blumen nieder (für deutsche Opfer, die Tag für Tag *nachweislich* von Ausländern zusammengeschlagen oder sogar ermordet werden, existiert keine solche Anteilnahme, woran man sehen kann, mit welch gehirngewaschenem Volk man es hierzulande zu tun hat!). Später stellte sich heraus, daß dieses Verbrechen überhaupt keinen „rechtsextremistischen" Hintergrund gehabt hatte.

Wie ein Terrorverdächtiger wurde der zu Unrecht beschuldigte mutmaßliche Schläger aus Potsdam nach seiner Vernehmung in Karlsruhe am 21. April 2006 von vermummten Polizisten abgeführt. Es handelt sich um Folter, einem Menschen die Sinnesorgane (Hören und Sehen) zu rauben. Dieses Photo diente denn auch zur Einschüchterung aller selbständig denkenden Deutschen und sollte ihnen aufzeigen, was mit all jenen geschehen könnte, die es wagen, einen Ausländer zu schlagen, selbst im Verteidigungsfall.

(Quellenhinweise: **Oben:** Fuldaer Zeitung, 21.4.06; **Unten:** Der Spiegel, 15.5.06, S.60)

Im Zuge der Ermittlungen verdichteten sich laut Polizei die Hinweise darauf, daß das Opfer schon Minuten vor der Tat von der Räuberin und einem ebenfalls noch unbekannten männlichen Mittäter bei Einkäufen in einem benachbarten Lebensmittelmarkt ... in Hilden beobachtet und von dort bis zum nahen Tatort verfolgt wurde. Dabei wurden die beiden Tatverdächtigen von einer Überwachungskamera gefilmt. **Die Polizei schreibt den beiden Tatverdächtigen eine 'süd- oder osteuropäische Herkunft' zu.**"[165]

Wenn man die Täter fassen sollte, „wird man sie mit aller Milde behandeln und ihnen vor Gericht den Ausländerbonus gewähren, denn das Opfer war ja 'nur' eine 97jährige Deutsche. Für sie wird es keine Lichterketten geben, denn ihr Tod infolge multikultureller Bereicherung ist 'normal' und deshalb nicht der Rede wert."[166]

„Vor dem Amtsgericht Duisburg Stadtmitte wurde am 9. Juni 2009 der **63jährige Türke Orkan Y. wegen versuchter Vergewaltigung zu einer Freiheitsstrafe** von einem Jahr und sechs Monaten – natürlich – **auf Bewährung verurteilt.**

Die Tat, bei der es letztlich nicht zum Vollzug des Geschlechtsverkehrs kam, spielte sich laut 'Der Westen' vom 10. Juni 2009 in einem Park in Beeck ab. **Bei dem 27jährigen Opfer handelte es sich um eine geistig und körperlich behinderte Duisburgerin.** Der Türke hatte das Opfer schon vor dem Tattag am 2. Dezember 2007 mehrfach angesprochen, so daß Täter und Opfer sich bereits flüchtig kannten.

Am Tatabend gegen 21.20 Uhr sprach der Türke sein Opfer erneut an und drängte es in eine Nische eines anliegenden Gebäudes. Er entkleidete die wehrlose junge Frau, legte ihr eine Jacke über den Kopf, hielt ihre Hände fest und versuchte den Beischlaf zu vollziehen, was ihm jedoch nicht gelang.

Der Angeklagte, dessen 'geistiges Vermögen arg limitiert ist', erklärte über seinen Verteidiger, daß er 'den Unwillen als Spiel' empfunden habe. 'Zudem war er so erregt, daß er darauf keine Rücksicht genommen hat', erklärte der Verteidiger des Angeklagten."[167]

„Nach dem **Tod eines Polen** in Frankfurt-Bonames fahndet die Polizei nach dem **mutmaßlichen Täter**, der eindeutig identifiziert worden sei.

Es handelt sich nach einer Mitteilung [vom 11. Juni 2009] um den 37 Jahre alten **Sergiusz Finalczuk alias Sergiy Vynarchuk**, der bei seinen Zechkumpanen als 'Marek' bekannt war. Der Mann sei von zwei anderen Beteiligten als Haupttäter beschuldigt worden.

Das 54 Jahre alte Opfer war am 1. Juni nach einem Zechgelage erschlagen worden. Spaziergänger hatten die Leiche in einer Gardine eingewickelt entdeckt."[168]

Wie die Polizei mitteilte, wurde in Heidelberg am 14. Juni 2009 **eine 20jährige Deutsche Opfer einer Vergewaltigung.** „Die junge Frau war zu Besuch bei ihrer Schwester und beschloß gegen 4 Uhr, nach Hause zu gehen. An der Haltestelle Otto-Hahn-Platz hielt zunächst ein dunkler Volvo an, der mit zwei Männern besetzt war. Der Beifahrer fragte die 20jährige, ob man sie nach Hause fahren solle. Sie lehnte jedoch ab. Daraufhin ging die junge Frau ... in einen Feldweg.

Nur wenige Meter nach Beginn des Feldweges fiel ein unbekannter Mann über die junge Frau her, drückte sie zu Boden und vergewaltigte sie. Währenddessen stand eine weitere männliche Person daneben. Möglicherweise handelte es sich bei dem Täter um denjenigen, der ihr als Beifahrer in dem Volvo ... schon einmal begegnet war. Kurze Zeit später wurden die Täter offenbar von einem vorbeifahrenden Auto gestört. Sie ließen von ihrem Opfer ab und flüchteten ... **Bei den Tätern soll es sich nach Angaben der Polizei um 'Südländer (Türken oder Albaner)' handeln.**"[169]

„Aus abgrundtiefem Haß auf seine eigene Mutter hat ein Arbeiter **eine 87 Jahre alte Greisin vergewaltigt und getötet**. Das Landgericht Göttingen verurteilte den 28jährigen [am 17. Juni 2009] zu zehn Jahren und sechs Monaten Freiheitsstrafe wegen Vergewaltigung mit Todesfolge. Die Richter ordneten zudem die Unterbringung des seelisch schwerkranken Mannes in der Psychiatrie an. Der **aus Kasachstan stammende Arbeiter** hatte im Prozeß gestanden, in einem Altenstift in Adelebsen bei Göttingen die frühere Leiterin der Einrichtung mitten in der Nacht überfallen, mehrfach vergewaltigt und dabei getötet zu haben. Verstehen könne man das Verbrechen nur vor dem Hintergrund der 'abnormen Bindung' des Angeklagten an seine Mutter, sagte der Vorsitzende Richter. Die Frau habe den 28jährigen behandelt 'wie ein kleines Kind', ihn rund um die Uhr angerufen und ständig kontrolliert."[170] Und das soll dieses barbarische Verhalten rechtfertigen?!? Nicht selten versucht die bundesdeutsche Justiz die Taten ausländischer Krimineller mittels solcher fadenscheiniger Behauptungen zu entschuldigen, wobei sie gegenüber „Rechtsextremisten", das heißt Deutschen, die schärfsten Anklagen konstruiert.

Am 20. Juni 2009 wurde **eine 50jährige Deutsche**, während sie im Stadtwald von Hilden joggte, von einem zugewanderten Gewaltverbrecher **überfallen** und „bereichert": „Was nicht heutzutage alles mit **'dunkler Teint, südeuropäisch'** umschrieben wird, nur um nicht sagen zu müssen, daß es sich bei einem **brutalen Vergewaltiger** um einen Orientalen handelt … Der Täter zog sie ca. 50 Meter in den Wald hinein, bis auf eine Lichtung, wo er sein Opfer vergewaltigte. Später flüchtete die Geschädigte zurück auf den Weg …"[171] Tags darauf hatte sich nach Angaben der Polizei **ein 30jähriger Deutscher** „abends zunächst mit seinen Freunden im Parkgelände an der Hermann-Kleinewächter-Straße in Bielefeld aufgehalten. Dort habe man seinen Angaben zufolge alkoholische Getränke zu sich genommen und sich unterhalten.

Auf dem Parkplatz der Hermann-Kleinewächter-Straße / Höhe Theaterlabor spielten zu diesem Zeitpunkt ca. **zehn türkische oder kurdische Jugendliche** Fußball. Als der 30jährige dann alleine zum Parkplatz zurückkehrte, fühlten sich die Bereicherer in ihrem Spiel gestört und griffen ihn rücksichtslos an.

Zwei der Orientalen **schlugen und traten auf ihn ein, bis er zu Boden fiel.** Auch als er am Boden lag, traten die Gewaltfetischisten … weiter auf ihn ein. Erst als Zeugen dem Opfer zu Hilfe eilten, ließen sie von ihm ab und flüchteten. Der 30jährige Einheimische wurde mit einem Rettungswagen in das Städtische Krankenhaus Mitte gebracht, in dem er stationär verblieb."[172]

Am selben Tag gegen 7.30 Uhr eskalierte in der Disko „City Department" am Hirschbuckel in Stuttgart die sogenannte „Afterhour". **„Nach einer Rempelei zückte ein etwa 20 bis 25 Jahre alter Türke oder Araber ein Klappmesser und stach vier Gäste nieder.** Alle Opfer waren … Deutsche. … Nach Zeugenaussagen soll es sich bei dem Möchtegern-Totschläger um einen 20 bis 25 Jahre alten, etwa 1,70 Meter großen 'Südländer' handeln."[173]

„Ein 24jähriger ist am Sonntagabend [den 21. Juni 2009] im Industriegebiet von Löhnberg **erstochen worden.** Während der Fahndung nach dem Täter ... sei nach Mitternacht ein 29jähriger in der Nähe des Tatortes festgenommen worden, teilte die Polizei in Limburg am Montag mit. Die Polizei geht davon aus, daß es einen zweiten Beteiligten gegeben hat. Nach dem Mann, einem **31 Jahre alten gebürtigen Georgier aus Löhnberg**, wurde eine öffentliche Fahndung eingeleitet. ... **Der Tote stammt aus Usbekistan und wohnte in Weilburg. Der Festgenommene ist ein aus der ehemaligen Sowjetunion stammender Deutscher** [Anm.: Mit anderen Worten: ein eingebürgerter Russe!]."[174] Einen Tag später konnte auch der zweite Tatverdächtige festgenommen werden.

Ende Juni 2009 war der österreichischen Polizei eine moldawische Einbrecherbande ins Netz gegangen. Insgesamt **elf Moldawier im Alter von 16 bis 29 Jahren** konnten nach langen Ermittlungen ausgeforscht werden. „Sie sollen **im Zeitraum von Herbst 2008 bis April 2009 mindestens 62 Einbruchsdiebstähle** in Schulen, öffentlichen Gebäuden, Wohnhäusern, Wohnungen und Autos in Wien, Niederösterreich und Kärnten begangen haben. Der Gesamtschaden beträgt mehr als 200 000 Euro."[175]

Am Mittwoch, den 1. Juli 2009 sorgte ein entsetzliches Gewaltverbrechen bundesweit für Schlagzeilen, das sich ausgerechnet am Dresdner Landgericht ereignete, wo ein aus „Rußland stammender Deutscher" während der Verhandlung ohne Vorwarnung ein Messer zückte, um damit auf eine schwangere Zeugin und deren Ehemann einzustechen. „Der 28jährige Täter, der nach einer Verurteilung wegen Beleidigung Berufung eingelegt hatte, wurde sofort überwältigt. ... **Gegen den Mann, der in Perm nahe dem Ural in Rußland geboren** ist, werde nun **wegen Totschlags ermittelt**. ... 'Es ist ganz fürchterlich, daß eine solche Alltagssituation in eine Katastrophe mündete. Alle Beteiligten stehen unter Schock', sagte Staatsanwalt Avenarius. Die Frau sei im Gerichtssaal tödlich verletzt zusammengebrochen, auch die Notärzte hätten ihr nicht mehr helfen können. **Das Opfer soll aus Ägypten stammen** und Mutter eines Kindes sein."[176]

Laut der Gerichtssprecherin Bettina Garmann hatte „der Angeklagte im August 2008 auf einem Spielplatz in Dresden die Frau beschimpft. Er soll sie unter anderem als 'Terroristin' beleidigt haben. Er war damals mit einem Kind seiner Schwester auf dem Spielplatz, die Frau war mit einem eigenen Kind dort. Sie hatte ihn nach Feststellungen des Amtsgerichts gebeten, eine Schaukel, auf der er saß, für ihr Kind freizugeben. Anschließend kam es zu der Beleidigung, über die nun in dem Berufungsverfahren erneut verhandelt werden sollte.

Der damals arbeitslose Lagerfacharbeiter war dafür Ende 2008 vom Amtsgericht Dresden zu einer Geldstrafe verurteilt worden. Darüber sollte am Mittwoch erneut entschieden werden. … Der sächsische Justizminister Geert Mackenroth (CDU) traf am Mittag im Gericht ein, um sich ein Bild zu verschaffen. Er sagte anschließend: 'Ich bin völlig schockiert.'"[177] Wie „schockiert" werden solche heuchlerischen Politiker erst sein, wenn es in Deutschland aufgrund der zunehmenden Wirtschaftskrise mit einhergehender Massenarbeitslosigkeit zu einem *flächendeckenden* Gewaltausbruch seitens der zugewanderten Schwerstkriminellen kommt! Schließlich haben diese „Volksvertreter" alles dafür getan, daß in unserem Lande die multikulturelle Gesellschaft fest etabliert wurde, obwohl sie ganz genau wissen müssen, daß viele Migranten den weiten Weg aus ihren Heimatländern nicht auf sich genommen haben, weil sie mit ihrer Anwesenheit die angestammte Bevölkerung etwa bereichern wollten, sondern in erster Linie, um sich ein Stück von deren noch verbliebenem Wohlstandskuchen abzuschneiden.

Nur einen Tag später hatte **eine ausländische Schülergruppe auf Klassenfahrt** in München auf der Suche nach einem „Kick" **einen 46jährigen Mann beinahe zu Tode geprügelt.** „Die Jugendlichen schlugen den unbeteiligten Passanten in der Nacht zum Mittwoch unvermittelt nieder und traten auf den am Boden liegenden Mann ein, wie die Münchner Polizei mitteilte. Das Opfer erlitt **zahlreiche Brüche am Kopf und im Gesicht.** Die Schüler gingen laut Staatsanwaltschaft mit großer Brutalität vor. Teilweise haben sie die Vorwürfe gestanden.

Gegen drei 16jährige wollte der Staatsanwalt Haftbefehl wegen versuchten Mordes beantragen. Zwei weitere Schüler im Alter von 15 und 17 Jahren wurden festgenommen. Auch gegen sie wird ermittelt.

Laut Staatsanwalt Laurent Lafleur überraschten die Schüler den Mann mit ihrem Angriff. Es habe davor keinerlei Streit oder Gespräche gegeben, betonte er. Das Motiv sei offensichtlich 'Spaß' gewesen. 'Einer der Jugendlichen hat ausgesagt, daß sie einen «Kick» gesucht haben', so Lafleur. Die Jugendlichen sollen zuvor Alkohol getrunken und teilweise Marihuana geraucht haben [Anm.: Was sich mit ziemlicher Sicherheit als strafmildernd auswirken dürfte!].

Der 46jährige mußte mit mehreren Brüchen im Gesicht und einem Schleudertrauma in eine Klinik eingeliefert werden, berichtete die Münchner 'Abendzeitung'. ... Die Gruppe bestand laut Polizei aus sechs bis sieben Schülern, die auf der Abschlußfahrt der zehnten Klasse einer Zürcher Schule waren. **Die Jugendlichen sollen außerdem** unmittelbar vor beziehungsweise **nach der Haupttat drei ältere Männer und einen Studenten verprügelt haben.** 'Man kann sich das als eine Art Amoklauf vorstellen, zum Glück nicht mit Waffen', sagte Lafleur. Einer der Schüler habe ausgesagt, die Gruppe habe vorgehabt, 'Leute wegzuklatschen'.

Bei den **Hauptverdächtigen** handelt es sich um **zwei Schweizer Staatsbürger und einen Slowenen**. Außerdem nahm die Polizei **einen Portugiesen und einen Schweizer mit Migrationshintergrund** fest. Sie alle gingen in Zürich zur Schule."[178] (Wie es am 11. Juli 2009 in den Medien hieß, waren die Täter bei ihrem Gewaltexzeß in München noch brutaler vorgegangen als bisher bekannt. „Der Behinderte, den die Jugendlichen vergangene Woche auf der Suche nach Spaß niederschlugen, überlebte den Angriff nur knapp, wie das Magazin 'Focus' meldet.

Einer der Angreifer **schlug den halbseitig gelähmten Mazedonier** demnach **bewußtlos und trat dann mit Anlauf und voller Wucht gegen seinen Kopf**, der schlaff über die Lehne einer Parkbank hing."[179])

Auch bei diesem abscheulichen Verbrechen kam es weder zu Lichterketten der Bevölkerung noch zu irgendwelchen Beileidsbekundungen bzw. öffentlichen Empörungen seitens führender Politiker. Hier haben wir ein weiteres Indiz dafür, daß es sie nur am Rande interessiert (oder zu interessieren hat), wenn Deutsche und Zuwanderer in unserem Lande von anderen Ausländern auf brutalste Weise zusammengeschlagen oder sogar getötet werden. Das wiederum legt den Verdacht nahe, daß sie die Aufgabe haben, nur dann mit scharfen Anklagen in Erscheinung zu treten, wenn „Rechtsextremisten“ Straftaten begehen. Schließlich können sie in solch einem Fall erneut das Phantom Fremdenfeindlichkeit an die Wand malen und den Ausbau ihres repressiven Überwachungsstaats rechtfertigen. Zugleich werden im Dienste der „öffentlichen Sicherheit“ elementare Grundrechte, wie etwa das Recht auf Versammlungsfreiheit, ausgehöhlt. Schließlich muß gegen die „braune Pest“ doch etwas unternommen werden!

Wie dem auch sei, in der Nacht zum 2. Juli 2009 kam es nach einer Meldung der Polizei gegen 3.30 Uhr in Düren „zu einem körperlichen **Angriff aus einer etwa zwölf Personen zählenden Gruppe jugendlicher ‘Südländer’, also Türken oder Araber, auf einen 23 Jahre alten Mann** aus Niederzier.

Als ihm seine Begleiter helfen wollten, wurden auch sie von den orientalischen Verbrechern attackiert. Die Vier Niederzierer im Alter von 17, 18, 19 und 23 Jahren befanden sich zur Tatzeit in Höhe der Ausfahrt des Dürener Badesees am dortigen Kreisverkehr. Dort folgte ihnen die Türkenbande, aus der heraus der 23jährige angesprochen wurde. Als er sich daraufhin umdrehte, erhielt zu zunächst einen Schlag mit einer Bierflasche gegen seinen Kopf, bevor anschließend die gesamte nachfolgende Gruppe auf ihn mit Fäusten einschlug.“[180] Anschließend flüchteten die Angreifer.

Am selben Tag hatte das Bückeburger Landgericht einen eiskalten Messerstecher wegen gefährlicher Körperverletzung in Tateinheit mit Beteiligung an einer Schlägerei zu drei Jahren Haft verurteilt. „Für die Hinterbliebenen des getöteten Libanesen (27) sind es ‘nur’ drei Jahre.

‘Ich kann mir vorstellen, daß dieses Urteil für Sie kaum akzeptabel ist’, wandte sich die Vorsitzende Richterin Birgit Brüninghaus direkt an die Familie des Todesopfers. ‘Juristisch hatten wir keine andere Wahl’, fügte sie hinzu.“[181]

Die 1. Große Jugendkammer ging im Fall des tödlichen Messerstiches von Nothilfe aus, „also Notwehr zugunsten eines Dritten. Dieser Dritte, ein … freigesprochener Freund des Messerstechers, hatte bewußtlos geschlagen am Boden gelegen, umringt von vier Männern.

In jener bedrohlichen Situation habe **der Rußlanddeutsche** um das Leben seines Freundes gefürchtet, **wahllos zugestochen und den Libanesen getroffen, der ihm den Rücken zugedreht habe**, so Brüninghaus. 'Dieses Verhalten war durch Nothilfe gerechtfertigt. Es durfte nicht bestraft werden.' **Den Tod des 27jährigen habe der Messerstecher (35), der in der Ukraine Boxer war,** allerdings **billigend in Kauf genommen.**

Ein zweiter Mann türkischer Herkunft war am Abend des 2. Oktober durch einen anschließenden Messerstich in den Oberbauch lebensgefährlich verletzt und nur durch eine Notoperation gerettet worden. In diesem Fall sein ein 'Tötungsvorsatz nicht sicher festzustellen', hieß es in der Urteilsbegründung, deshalb gefährliche Körperverletzung. Der Angeklagte habe 'reflexartig' zugestochen. Zuvor hatte der Türke (19) eine Bewegung in Richtung des Deutschrussen gemacht, ohne diesen jedoch angreifen zu wollen."[182]

„Fassungslos zeigte sich die Vorsitzende darüber, daß der Rußlanddeutsche 'ein solch gefährliches Messer' (Klingenlänge 20 Zentimeter, aufklappbar und selbstgebaut) mit in den Kurpark genommen hatte. Nicht zu begreifen sei, 'daß ein junger Mann wegen einer Lappalie sterben muß und ein anderer schwer verletzt wird'."[183]

Worum handelte es sich bei dieser „Lappalie"? Nun, am Mittag des 2. Oktober berührte im Gedränge an der Kasse eines Bad Nenndorfer Supermarktes der spätere Messerstecher im Beisein des Libanesen dessen Freundin. „Nach einem Handgemenge vor dem Geschäft sollte die Sache später 'geklärt' werden. Sechs Männer trafen sich abends im Kurpark, der Deutschrusse ging mit einem Freund dorthin. Es kam zur Schlägerei, der die tödliche Eskalation folgte."[184] (Hätte ein Deutscher *ohne* Migrationshintergrund zwei Ausländer wie der Russe auf derart brutale Weise niedergestochen und dabei einen von ihnen durch einen Stich in den Rücken getötet, wäre er mit ziemlicher Sicherheit nicht so glimpflich davongekommen! Es scheint hierzulande vor Gericht also durchaus einen Zuwandererbonus zu geben.)

„Wie die Polizei meldete, wurde am 4. Juli 2009 gegen 22:00 Uhr **ein 35 Jahre alter Gevelsberger** in der Mittelstraße an einem Durchgang zum 'Netto-Markt' von zwei mutmaßlichen Türken angesprochen und um ein Feuerzeug gebeten.

Als er seinen Rucksack abnahm, wurde er plötzlich **von einem Täter zur Seite gerissen, während der andere Türke ihm ein Butterfly-Messer an den Hals hielt** und ihn zur Herausgabe sämtlicher Wertsachen aufforderte. Nachdem die Täter 200 Euro und ein Handy erbeutet hatten, rannte einer in Richtung Weststraße und der andere in Richtung Mittelstraße davon."[185]

„Am 6. Juli 2009 berichtete die Online-Ausgabe der 'Nürnberger Zeitung' über einen Gewaltexzeß türkischer Bereicherer in einer Regionalbahn. Dabei wurden **vier junge einheimische Fahrgäste** am 4. Juli 2009 kurz vor Mitternacht in der Regionalbahn 35706 auf der Fahrt von Lauf nach Nürnberg **von einer sechsköpfigen Türkenbande brutal attackiert und verletzt.**

Ein aufgebrachter Vater meldete sich darauf bei der Zeitung. Seine Tochter sei nicht nur Zeugin des Überfalls gewesen, sondern sei dabei ebenfalls verletzt worden. Nach Angaben des Mannes habe seine Tochter im Waggon erlebt, wie 'eine Gruppe türkischstämmiger Jugendlicher' … zwei junge Fahrgäste mit Fäusten und Tritten verletzte. **'Meine Tochter war blutbespritzt nur von dem Blut eines der Opfer'**, so der Vater.

Die Bundespolizei bestätigte auf Anfrage der Zeitung, daß es bei dieser Fahrt nach Nürnberg zu Übergriffen auf Fahrgäste gekommen sei. … Zuerst habe einer aus der Gruppe zwei jungen Fahrgästen brutal ins Gesicht geschlagen. 'Bei den weiteren massiven Schlägen und Tritten wurden auch zwei junge weibliche Fahrgäste verletzt', so der Sprecher.

Die Bundespolizei erwartete die Täter am Hauptbahnhof Nürnberg – vergeblich, weil die Gruppe bereits in Nürnberg-Ost ausgestiegen war. Immerhin konnten die verletzten Fahrgäste, die in Nürnberg vom Rettungsdienst behandelt wurden, so gute Hinweise geben, daß die Polizei einen Teil der Gruppe wenig später in Nürnberg festnehmen konnte. Aufgrund der Schwere der Verletzungen handele es sich bei dem Delikt um gefährliche Körperverletzung. So weit, so schlecht.

Und nun geschieht das Wunder, das immer wieder in der freien, unabhängigen und objektiven Medienlandschaft der BRD zeigt, wessen Interessen hierzulande vertreten werden und wem gegenüber man verpflichtet ist. Einen Tag nach der Meldung der Online-Ausgabe der 'Nürnberger Zeitung' ist diese nicht mehr auffindbar – gelöscht. In einem anderen Artikel zu diesem Vorfall vom 7. Juli 2009 wird hingegen vom Zensor der ethnische Hintergrund der Möchtegern-Totschläger komplett verschwiegen."[186]

„Wie 'salzburg24.at' am 8. Juli 2009 meldete, wurden **ein 15- und ein 16jähriger Türke** wegen der **mehrfachen Vergewaltigung einer zwölfjährigen Einheimischen** am Landesgericht Korneuburg zu zwei Jahren Freiheitsstrafe, davon sechs Monate unbedingt, verurteilt.

Die muselmanischen Vergewaltiger nahmen Bedenkzeit – ebenso der Staatsanwalt. Das Urteil des Schöffensenats ist somit nicht rechtskräftig. Weiter ordnete das Gericht Bewährungshilfe und eine ambulante Therapie für jugendliche Sexualstraftäter an. Der Schuldspruch umfaßte auch die Delikte des schweren sexuellen Mißbrauchs Unmündiger, versuchter Nötigung und pornographischer Darstellung Minderjähriger.

Insgesamt seien vier Türken beteiligt gewesen, zwei davon allerdings im strafunmündigen Alter. Die Vergewaltigungen hätten sich an drei verschiedenen Tagen im Mai 2008 zugetragen. Das Mädchen habe sich erst nach Monaten an seine Mutter gewandt, worauf der Fall ins Rollen kam.

Nach den Ausführungen von Staatsanwalt Stefan Dunkl ist das Mädchen im Mai 2008 mit Gewalt und Drohungen zur Duldung des Beischlafs genötigt worden. Die Zwölfjährige wurde am Boden festgehalten und mehrmals ins Gesicht geschlagen. Wenn sie sich wehre, würde man sie 'Meier' machen, wenn sie was erzähle, käme der via

Handy aufgenommene Film ins Internet. Das Mädchen sei am Körper und in seiner Ehre verletzt worden."[187]

Wie die „Fuldaer Zeitung" am 15. Juli 2009 berichtete, hatte **ein 41jähriger Kenianer** am Tag zuvor vor dem Landgericht Würzburg bestritten, „ein 13jähriges Mädchen vergewaltigt zu haben. ... Der Musiker, der zuletzt in Ansbach wohnte und drei Kinder von drei Frauen hat, muß sich wegen versuchter gefährlicher Körperverletzung verantworten [Anm.: Ihm wird vorgeworfen, mehrere Geschlechtspartnerinnen mit dem (in Wahrheit gar nicht existenten) HIV-Virus angesteckt zu haben!]. Zudem steht er **wegen schweren sexuellen Mißbrauchs und Vergewaltigung des Mädchens vor Gericht.** Der 41jährige sitzt bereits seit zweieinhalb Jahren wegen ähnlicher Vergehen im Gefängnis."

Am selben Tag kam es vor einem Krankenhaus in Bremen zu einer bundesweit für Schlagzeilen sorgenden **Messerstecherei, bei der fünf Personen verletzt wurden.** „Bei dem Vorfall handelt es sich vermutlich um eine Familienfehde, die vor dem Diakonie-Krankenhaus im Stadtteil Gröpelingen eskalierte. ... Nach ersten Erkenntnissen war **ein iranisches Brüderpaar mit zwei türkischen Brüdern** auf dem Parkplatz des Krankenhauses **in Streit geraten.** Im Laufe der Auseinandersetzung beteiligten sich auf beiden Seiten weitere Verwandte. Der Streit eskalierte schließlich so, daß die Männer gegenseitig aufeinander einschlugen und schließlich einige von ihnen auch Messer zückten und zustachen.

Einer der Türken erlitt dabei so schwere Stichverletzungen im Oberkörper, daß er notoperiert werden mußte. ... Nach ersten Ermittlungen stand **der Streit im Zusammenhang mit einem Einbruch, den ein 19jähriger Iraner und der 23 Jahre alte Türke gemeinsam vor Monaten im Bremer Umland begangen hatten.** Der Iraner war von der Polizei als Täter ermittelt worden und verpfiff den Türken bei seiner Aussage als Mittäter. Der 23jährige suchte deshalb nun ein klärendes Gespräch und traf den Iraner vor dem Krankenhaus, wo dieser gerade mit Verwandten seine Mutter einlieferte."[188]

„Derzeit beschäftigt die Fuldaer Polizei eine Schlägerei, die sich am Sonntagabend gegen 21.30 Uhr ... in Fulda ereignete", hieß es in der regionalen Presse bereits am Montag, den 7. Juli 2009. „Auf Höhe der Ochsenwiese hatten **mehrere Unbekannte einen 27 Jahre alten Mann aus Fulda derart zusammengeschlagen, daß er stationär im Klinikum Fulda behandelt werden mußte.** Warum die Gewalttäter den 27jährigen verprügelten, ist laut Polizei derzeit nicht bekannt. ... Nur wenig besser erging es einem Mann am späten Samstagabend. Der 26jährige saß laut Polizei gegen 23.30 Uhr mit seiner Freundin auf einer Bank nahe der Wiesenmühle in Fulda. Dort ermahnte er zwei Jugendliche, sie mögen keine Flaschen in den Park werfen. Die beiden schlugen den 26jährigen daraufhin mit Fäusten und verletzten ihn. Die als **Rußlanddeutsche** bezeichneten und 18 bis 20 Jahre alten Schläger flüchteten.“[189]

Abschließend sei noch darauf hingewiesen, daß bei Berichten über Straftaten zunehmend darauf geachtet wird, daß die Identität der Täter geheim bleibt, so auch beim ersten, in der letzten Meldung erwähnten Verbrechen – allem Anschein nach soll dadurch verhindert werden, daß sich unter den Deutschen „Ausländerfeindlichkeit“ breit macht. Sichten wir dazu noch eine weitere Nachricht aus dem gleichen Blatt vom 7. Juli 2009, in der es um zahlreiche Ausschreitungen rund um die „Lange Nacht“ – ein in Hünfeld alljährlich stattfindendes Fest – vom Freitag ging. Um 6 Uhr Samstagmorgen hatten vier Männer zwischen 20 und 30 Jahren aus Hünfeld und Eiterfeld die Tür in einer Wohnung in der Josefstraße eingetreten. „Mit Schlägen und Tritten werden ein 20jähriger aus Hünfeld und ein 28jähriger aus Burghaun in der Wohnung zum Teil schwer verletzt.“[190] Auch hier kein Wort darüber, welcher Nationalität die Täter angehörten. Jedenfalls wird man bei diesem Fall unweigerlich an das Verbrechen aus Hagen-Eckesey vom 10. Mai 2009 erinnert, bei dem ein 18jähriger an seiner Wohnungstür von „fünf unbekannten jungen Männern, mutmaßlich Türken“, zusammengeschlagen wurde!

Schon am 5. Mai 2007 stand in einem regionalen Bericht der „Fuldaer Zeitung“ zu lesen, daß eine Gruppe von 15 bis 20 Personen am Abend zwei Tage zuvor in der Bischofsstadt mit einem Baseballschläger auf einen 15jährigen eingeschlagen hatte. „Der Jugendliche hatte sich zuvor geweigert, ihnen sein Portemonnaie auszuhändigen. Die Täter fuhren in drei BMW davon. Der 15jährige wurde ins Krankenhaus gebracht.“[191]

Am 3. Juni 2007 berichtete der „hr-text" (S. 125), daß in Frankfurt am Abend zuvor zwei US-Soldaten von etwa 20 mit Messern und Schlagstöcken bewaffneten Männern in einer Kneipe angegriffen worden waren. „Die 23 und 26 Jahre alten GIs wurden nur leicht verletzt. Zuvor hatten die Soldaten einem Obdachlosen, der von einem Mann traktiert wurde, geholfen und den Angreifer verjagt. Dieser wollte sich nun offenbar rächen."

Da, wie wir gesehen haben, vor allem Verbrecher aus den Bevölkerungsgruppen der Türken und Spätaussiedler in Kompaniestärke in Erscheinung treten, steht stark zu vermuten, daß es sich hier ebenfalls um Fälle von Zuwandererkriminalität handelte. (Was übrigens die Kritik am Verhalten einiger „Spätaussiedler" anbelangt, so ist dabei zu beachten, daß hiermit nicht *wahre* Rußlanddeutsche gemeint sind, die in der ehemaligen Sowjetunion aufgrund ihrer Abstammung oft schikaniert wurden und jetzt ihr Bestes tun, um sich in unsere Gesellschaft zu integrieren – es gibt durchaus sehr viele anständige deutschstämmige Russen –, sondern kriminelle Subjekte, die überhaupt keinen Bezug zu Deutschland und dessen Bürgern haben und sich noch darüber lustig machen, einen deutschen Paß in ihrer Hosentasche zu haben. Sie kommen nicht in dieses Land, weil sie sich ihm etwa verbunden fühlen, sondern weil sie ein Stück vom Kuchen des noch verbliebenen Wohlstandes abhaben wollen!)

Auch nachfolgende repräsentative Meldungen aus dem Jahr 2009 legen den dringenden Verdacht nahe, daß es sich hier jeweils um einen Fall von Ausländerkriminalität gehandelt hat, was durch die Unterdrückung einer genauen Täterbeschreibung vor der Öffentlichkeit allem Anschein nach geheimgehalten werden sollte:

Wie am 26. Januar 2009 im Internet zu erfahren war, wurde ein 30jähriger in Berlin auf der U-Bahn-Linie 9 aus einem fahrenden Zug geworfen. „Nach Polizeiangaben stießen ihn Unbekannte gestern Morgen bei der Einfahrt in den U-Bahnhof Hansaplatz (Tiergarten) gegen die Fensterscheibe eines Waggons, die durch die Wucht zerbrach. Der Mann stürzte aus der fahrenden U-Bahn auf den Bahnsteig, kam aber mit leichten Kopfverletzungen davon. … Die sechsköpfige Gruppe, die das Opfer bereits während der Fahrt geschlagen und getreten hatte, flüchtete unerkannt …"[192]

Am 11. April 2009 wurde in Moers ein alkoholisierter 20jähriger Mann „auf der Homberger Straße aus einer größeren Personengruppe heraus angesprochen. Sofort wurde die Herausgabe von Bargeld und Handy gefordert. Als der Mann die Herausgabe der Gegenstände verweigerte, wurde er von den Personen bedrängt. Unvermittelt stach ihm eine bislang unbekannte Person mit einem Messer in die linke Rumpfseite. Die Täter flüchteten ohne Beute zu Fuß in Richtung Amtsgericht. Der Mann aus Moers erlitt schwere ... Verletzungen und begab sich zur Erstversorgung selbständig in ein örtliches Krankenhaus. Eine Beschreibung der Täter liegt derzeit nicht vor.“[193]

Mit großer Brutalität haben drei Männer in Darmstadt „einen 17jährigen verschleppt und ihn um seinen MP3-Player beraubt. Die Täter schlugen den Jugendlichen, zerrten ihn in ein Auto, fuhren über die Autobahn davon und warfen ihn nach gut 10 Kilometern wieder aus dem Wagen. Zwei der Täter hatten den 17jährigen [am Abend des 21. Mai 2009] um Feuer gebeten und dann plötzlich angegriffen.“[194]

Zwei 14 Jahre alte Jungen sind in Wiesbaden in der Nacht zum 23. Mai 2009 „auf ihrem Heimweg in der Rüdesheimerstraße von zwei Unbekannten überfallen worden. Die 20 bis 25 Jahre alten Männer hätten die Jugendlichen bedroht, geschlagen und ihnen die Geldbörsen abgenommen, berichtete die Polizei ... Anschließend liefen sie davon.“[195]

Bei einem Streit mit einer Gruppe von Jugendlichen ist ein 19jähriger in Wiesbaden in der Nacht zum 31. Mai 2009 schwer verletzt worden. „Er mußte ins Krankenhaus gebracht werden. Nach Polizeiangaben wurde er am Boden liegend getreten und mit Stöcken geschlagen.“[196] Die Täter konnten auch in diesem Fall unerkannt entkommen.

Mit weitgehenden Geständnissen ist in Frankfurt am 16. Juni 2009 „vor dem Landgericht der Prozeß gegen eine Gruppe von sechs mutmaßlichen Schlägern aus dem Stadtteil Bornheim eröffnet worden. In dem Verfahren gegen die zwischen 20 und 22 Jahre alten Männer geht es um drei Vorfälle, bei denen die Angeklagten ihre

Opfer aus nichtigem Anlaß teilweise erheblich mißhandelt haben sollen.“[197]

Am späten Abend des 3. August 2009 wurde in Kassel ein 18jähriger von einer Gruppe Jugendlicher überfallen und zusammengeschlagen. „Laut Polizeimitteilung rissen ihn die acht bis neun etwa 15jährigen Täter zu Boden und traktierten ihn mit Schlägen und Tritten. Dann raubten sie ihm fünf Euro und sein Mobiltelefon. Das Opfer kam mit dem Rettungswagen zur ambulanten Behandlung in eine Klinik.“[198]

Bei einer Auseinandersetzung auf dem Parkplatz einer Diskothek ist in Frankfurt in der Nacht zum Sonntag, den 8. August ein 26jähriger erheblich verletzt worden. „Der Mann und ein Begleiter seien von drei jungen Männern beschimpft und geschlagen worden, teilte die Polizei am Sonntag mit. Einer der Männer habe dem 26jährigen eine Flasche auf den Kopf geschlagen.“[199]

„Ein Ehepaar, das sich über den Lärm vor einem Jugendzentrum in Nordhessen beschwert hat, ist von einem halben Dutzend Jugendlicher verprügelt worden. Nach Angaben der Polizei hatten sich die beiden in Schauenburg bei Kassel über die Lautstärke der auf der Straße lärmenden Jugendlichen beschwert und schließlich mit der Polizei gedroht. Die Eheleute mußten im Krankenhaus behandelt werden“, wie die „Fuldaer Zeitung“ am 18. August 2009 berichtete.

„Weil sie einen Mann für eine Beute von zwei Euro bewußtlos geschlagen haben, müssen sich vier junge Männer seit gestern vor dem Kasseler Amtsgericht verantworten“, stand in dem gleichen Blatt am 8. September 2009 zu lesen. „Die 17 und 19 Jahre alten Männer sollen im Januar einen 20 Jahre alten Mann zunächst verfolgt und nach Geld gefragt haben. Als der Mann sich weigerte, sollen sie ihn mit Schlägen und Boxhieben traktiert haben, bis das Opfer am Boden lag, um es dann mehrfach in den Bauch und ins Gericht zu treten. Als der Mann bewußtlos war, stahlen sie ihm Hausschlüssel und Geldbörse.“[200]

Man vergleiche dieses brutale Verbrechen mit einem Fall von Jugendgewalt, der sich bereits im Juni 2009 zutrug, jedoch erst drei Monate später publik wurde und Deutschland wieder einmal erschütterte: „Nach dem gewaltsamen Tod eines 44jährigen in Hamburg hat die Mordkommission zwei 16 und 17 Jahre alte Jugendliche verhaften lassen. Nach Erkenntnissen der Ermittler hatten **die beiden Jugendlichen ihr Opfer wegen 20 Cent totgetreten. Onur K. und sein jüngerer Komplize Berhan I.** sind ins Untersuchungsgefängnis gebracht worden.

Bislang waren die beiden Jugendlichen aus Wilhelmsburg noch nicht als brutale Intensivtäter aufgefallen, aber Körperverletzung und Eigentumsdelikte wie Diebstahl und Einbruch wurden ihnen bereits angelastet. Vor Gericht mußten sie sich deswegen noch nicht verantworten [Anm.: Toll, in was für einem „Rechtsstaat" wir leben, nicht wahr?!]. In einem Fall wurde das Familien-Interventions-Team eingeschaltet."[201]

Am 12. Juni trafen Onur und Berhan zusammen mit einem dritten Jugendlichen auf den angetrunkenen Thomas M., der für sie ein besonders leichtes Opfer zu sein schien. Alkoholisierte „sind bei brutalen Schlägern beliebt, da sie sich kaum wehren können. … 20 Cent verlangten die Täter von dem Mann … Thomas M. lehnte ab.

Mit einem gezielten Faustschlag ins Gesicht streckte ihn einer der Jugendlichen nieder. Was dann passierte, schildert die Polizei so: 'Am Boden liegend wurde der 44jährige mit Fußtritten, insbesondere gegen den Kopf, traktiert.' Thomas M. blieb reglos liegen. Er hatte das Bewußtsein verloren. Erst da ließen die Jugendlichen von ihm ab und liefen weg. … 20 Tage nach der Tat, nach mehreren Operationen, starb der Mann im Krankenhaus Heidberg an seinen schweren Verletzungen."[202]

Ein Tatzeuge konnte der Polizei lediglich sagen, „daß es **drei Südländer** waren, auf die sie in der Fußgängerunterführung gestoßen waren."[203] Schließlich ermittelte die Polizei die beiden tatverdächtigen Ausländer, denen Totschlag (warum nicht Mord?!?) zur Anklage gemacht wird. „Beide werden sich deswegen vor Gericht verantworten müssen. Dort werden sie nach dem Jugendstrafrecht verurteilt."[204]

„Vier Männer sind bei einer Schlägerei in der Fuldaer Diskothek Funpark verletzt worden. Laut Polizei waren [am 12. September 2009] gegen 2 Uhr zwei Gruppen aneinander geraten. Die Auseinandersetzung verlagerte sich nach draußen und endete in einer handfesten Prügelei. Nach dem Ermittlungsstand wurden vier Männer im Alter von 21 und 22 Jahren von etwa zehn [!] Personen verletzt und erlitten Schnittwunden sowie Prellungen. Die Personalien der Geschädigten sind der Polizei bekannt, ihre Kontrahenten werden gesucht."[205]

Ebenfalls in der Bischofsstadt sind auf dem Nachhauseweg in der Nacht zum 19. September 2009 kurz nach 4 Uhr zwei Männer angegriffen worden, teilte die Polizei mit. „Der 23 und der 24 Jahre alte Mann waren einer fünfköpfigen Gruppe begegnet, aus der sich zwei Personen herauslösten und den 23jährigen mit einer Stange auf den Hinterkopf schlugen. Dabei erlitt das Opfer laut Polizeiangaben eine Kopfplatzwunde. Seinem Freund schlugen die Angreifer das Handy aus der Hand. Die fünf Leute flüchteten …"[206]

Bei mutmaßlich ausländischen Tätern wird heute oft einfach nur noch von „jungen Leuten" gesprochen, wie auch eine Meldung acht Tage später zeigt, in der es um einen weiteren Fall schwerer Bandenkriminalität ging: „Ein Paar aus der Schweiz ist in Böblingen von einer Gruppe junger Menschen brutal zusammengeschlagen worden. Wie die Polizei mitteilte, wurden der 40jährige Mann und die 36 Jahre alte Frau in einer Unterführung am Bahnhof Böblingen 'völlig grundlos' von fünf Angreifern mit Schlägen attackiert. Als der Mann am Boden lag, traten ihm die Täter noch ins Gesicht. Sie ließen erst von dem Paar ab, als Passanten laut um Hilfe riefen."[207]

Ende Juni 2009 wurde der Deutsche Steffen Wagner in Villingen-Schwenningen von mehreren jungen Männern nachts vom Fahrrad geholt, geschlagen und am Boden liegend getreten. „Tatsächlich waren es nicht fünf Angreifer, wie zunächst berichtet, sondern sechs Männer. Die Staatsanwaltschaft hat aber gegen fünf Beschuldigte das Ermittlungsverfahren eingestellt. Das sechste läuft noch gegen einen Verdächtigen, der einen Faustschlag gegen das Opfer zugegeben hatte. Ob Anklage erhoben wird, ist noch nicht bekannt. Die fünf anderen hatten alle bestritten, den am Boden liegenden Mann getreten zu haben.

Der Überfallene hat mittlerweile seine Ankündigung wahr gemacht und seinen Anwalt beauftragt, Beschwerde gegen die Einstellung des Ermittlungsverfahrens einzulegen. Darüber muß die Generalstaatsanwaltschaft in Karlsruhe befinden. ... Auf Unverständnis stößt die Verfahrenseinstellung ... bei zahlreichen Bürgern. Und auch Juristen äußerten die Meinung, daß die Staatsanwaltschaft unter dem Eindruck ähnlicher Gewalttaten eine härtere Linie hätte fahren sollen. Empört ist auch jene Zeugin aus Villingen, die den sechs Schlägern mutig gefolgt ist und für ihre Festnahme gesorgt hatte. 'Ich bin entsetzt', sagte sie dem SÜDKURIER. Wenn das Opfer in jener Nacht nicht in Todesangst gellend um Hilfe geschrieen hätte, wäre er vielleicht totgetreten worden"[208], so eine Meldung im Internet vom 5. Oktober 2009.

Ein wirklich „tolles" Land, in dem wir leben, in dem brutalste Schläger nicht einmal mehr vor Gericht gestellt werden, während „Volksverhetzern", also Leuten, die lediglich eine unerwünschte Meinung äußerten, bis zu fünf Jahren Haft drohen! Infolgedessen braucht man sich auch nicht darüber zu wundern, daß es mittlerweile im gesamten Bundesgebiet zu solchen Fällen von Bandenkriminalität kommt, wie etwa eine Woche später in Bochum. Diesmal war es ein 38jähriger, der bei einer brutalen Attacke von mehreren Jugendlichen bewußtlos geschlagen wurde. Dabei wurden ihm mehrere Gesichtsknochen gebrochen. „Die etwa sechs Angreifer hatten nach Schilderung des Opfers wortlos zugeschlagen, als er auf einem Marktplatz an ihnen vorbeikam.

Nachdem der Mann zu Boden ging, traten die Jugendlichen noch auf ihn ein, bis er bewußtlos wurde. Anschließend nahmen sie ihm einen Rucksack mit Bierflaschen ab. Der Mann kam wieder zur Besinnung, als er vom Notarzt behandelt wurde, wie die Polizei berichtete."[209]

Am 9. November 2009 wurde ein 37jähriger Mann bei einer Schlägerei im Frankfurter Stadtteil Sachsenhausen schwer verletzt. „Der Kelsterbacher und sein 36jähriger Freund aus Offenbach waren mit sechs anderen Gästen in einer Kneipe in Streit geraten. Dabei wurde der 37jährige mit Tritten und Schlägen schwer verletzt. Die Täter flüchteten."[210] Erst nach Recherchen im Internet stößt man auf eine nähere Täterbeschreibung: der Haupttäter habe zunächst

Deutsch, später Jugoslawisch gesprochen. Einer der Mittäter soll um die 35 Jahre alt und Türke oder Iraner sein.

Die fünf wegen einer Messerstecherei Sonntag früh im Wiesbadener Stadtteil Kloppenheim festgenommenen Männer sind wieder auf freiem Fuß. „Sie seien am Montag entlassen worden, teilten die Ermittler am Dienstag [den 5. Februar 2008] mit. Die fünf Männer sollen nach einer Fastnachtsfeier Mitarbeiter des Veranstalters mit Messern und Metallstäben attackiert haben. Fünf Menschen [darunter eine Frau] waren verletzt worden, zwei von ihnen schwer."[211]

Die „National-Zeitung" berichtete am 2. Oktober 2009 von einer Aufregung in Innsbruck: „Nach einer brutalen Vergewaltigung kann die Polizei den Täter – einen 45jährigen Aushilfskoch aus der Türkei – stellen und läßt ihn wieder laufen. Der Täter hatte eine 57jährige Innsbruckerin nach einem Lokalbesuch überwältigt, sie in eine Imbißbude verschleppt und dort in einem Abstellraum über Stunden sexuell mißbraucht. Das Opfer wandte sich an die Polizei, die den Türken wenig später aufgreifen konnte. Nach der Vernehmung setzte man ihn wieder auf freien Fuß, obwohl laut Polizeibericht davon auszugehen ist, daß 'von diesem Mann bereits mehrere Frauen auf ähnliche Weise mißbraucht worden sind'. Das empört nun viele Innsbrucker. Die Staatsanwaltschaft rechtfertigt sich: 'Da die Spuren gesichert sind, besteht keine Verdunkelungsgefahr. Da der Verdächtige einen ordentlichen Wohnsitz hat, besteht keine Fluchtgefahr.'"

Allein die letzten beiden Meldungen beweisen nochmals die unumstößliche Tatsache, daß die Justiz nicht selten gegenüber (meist ausländischen) Straftätern eine erschreckende Milde an den Tag legt. Zudem ermöglicht sie es bereits rechtmäßig verurteilten Schwerstkriminellen in einigen Fällen, vor ihrem Haftantritt weitere Verbrechen zu begehen, wie etwa eine Nachricht des „ARD-Text" vom Dienstag, den 29. Juli 2008 auf Seite 162 zeigt: „Zwei der verurteilten Angreifer eines Frankfurter U-Bahn-Fahrers von Anfang Januar sind noch vor ihrem Haftantritt erneut straffällig geworden. Laut Staatsanwaltschaft Frankfurt sollen die beiden jungen Männer am vergangenen Wochenende in der Stadt einen 23jährigen mit einem Messer attackiert und dabei lebensgefährlich verletzt haben.

Bei dem Messerstecher handelt es sich vermutlich um jenen 18jährigen, der schon als Haupttäter des Angriffs auf den U-Bahn-Fahrer galt. Er war im März zu einer 21-monatigen Jugendstrafe verurteilt worden."

Die Schlagzeile „Immer häufiger nur Jugendstrafe" vom 6. Februar 2008 wirft ebenfalls ein bezeichnendes Licht auf den bundesdeutschen „Rechtsstaat": „Die Zahl der in Deutschland nach dem Jugendstrafrecht verurteilten Kriminellen zwischen 18 und 21 Jahren ist laut 'Bild' deutlich gestiegen. Wie das Blatt unter Berufung auf Zahlen des Bundesjustizministeriums berichtet, erhielten in den alten Bundesländern im Jahr 2006 rund 64 Prozent der Täter zwischen 18 und 21 Jahren nur eine Jugendstrafe.

Nur 36 Prozent der volljährigen Beschuldigten wurden nach dem Erwachsenen-Strafrecht verurteilt, rund 20 Prozent weniger als noch 1973."[212]

Greifen wir zu dieser Sanftmütigkeit der deutschen Justiz gegenüber Gewaltverbrechern zwei besonders schlimme Beispiele vom Oktober 2009 heraus:

„Am 18. August 2008 hatte Nachbarsjunge Daniel V. die 8jährige Michelle auf dem Heimweg vom Hort in seine Wohnung gelockt, mißhandelt und vergewaltigt. Als sich das Mädchen wehrte, erwürgte er es, versteckte es zunächst in einer Besenkammer, warf es später in einen Teich. … Am [2. Oktober 2009] verurteilte das Landgericht Leipzig den arbeitslosen Daniel V. wegen Mordes zu neun Jahren und sechs Monaten Gefängnis und blieb damit knapp unter der Höchststrafe von 10 Jahren im Jugendstrafrecht. Das Erwachsenenstrafrecht (Höchststrafe ist 'lebenslang') wurde für den 19jährigen nicht angewandt. Die Begründung: Daniel V. leidet unter einer autistischen Störung, weist erhebliche Defizite in seiner körperlichen und geistigen Entwicklung auf [Anm.: Diese hinderte ihn indes nicht, das Mädchen in sein Zuhause zu locken und dann auf brutale Weise zu töten!].

Michelles Eltern können diese Logik der Juristen nicht verstehen: 'Wir wissen, daß uns kein Urteil der Welt, egal wie hoch es ausfällt, unsere Michi zurückbringt. Aber wir finden, daß jemand, der einem anderen Menschen auf so eine Art das Leben nimmt, mit der vollen Härte des Gesetzes bestraft und lebenslänglich weggesperrt werden sollte. **Die Vorstellung, daß der Täter irgendwann entlassen wird und möglicherweise wieder zuschlägt, macht uns Angst.'**

Während Daniel V. also in weniger als zehn Jahren wieder ein freier Mann sein wird, muß Michelles Familie lebenslang leiden."[213]

Mit dem anderen Fall (von Ausländerkriminalität) haben wir uns oben bereits beschäftigt. „Im Streit um geringe Drogenschulden [Anm.: es ging um ein paar Euro!] haben drei junge Männer einen Hamburger Schüler mißhandelt, qualvoll erstickt und verbrannt. Dafür hat das Landgericht der Hansestadt die 21, 22 und 23 Jahre alten Angeklagten zu Haftstrafen von acht oder neuneinhalb Jahren wegen Totschlags und versuchter räuberischer Erpressung verurteilt.

Es habe sich um eine grauenvolle Tat aus einem nichtigen Anlaß gehandelt, die besonders verwerflich sei, sagte der Vorsitzende Richter. Nur knapp seien die drei Angeklagten einem Urteil wegen Mordes entgangen."[214] „Der Vorsitzende Richter betonte, die Tat sei zweifellos schlimm, es handle sich jedoch nicht um Mord, da die Mordmerkmale nicht erfüllt seien. Diese seien 'knapp verfehlt' worden. So sei die Tat nicht von vornherein geplant gewesen. Vielmehr sei die Situation 'aus dem Ruder gelaufen'."[215] (Wären es drei Deutsche gewesen, die etwa einen Albaner – bei den Tätern handelte es sich bekanntlich um zwei Albaner und einen Türken – auf ähnlich brutale Weise gefoltert und anschließend getötet hätten, wären die Mordmerkmale mit ziemlicher Sicherheit erfüllt gewesen und die Täter zu einer weitaus höheren Strafe verurteilt worden!)

Als am 8. Mai 2007 die polizeiliche Kriminalstatistik (PKS) für das Jahr zuvor veröffentlicht wurde, sprach der Bund Deutscher Kriminalbeamter von einer „Unzulänglichkeit" dieser Statistik. „Seit Jahren werde darin der Anstieg der Gewaltkriminalität festgestellt und von Politikern bedauert, ohne daß Gegenmaßnahmen ergriffen würden, sagte der BDK-Vorsitzende Klaus Jansen in Berlin [Anm.: Das ist kein Wunder, denn schließlich steht die **vollständige Chaotisierung der Gesellschaft** ganz oben auf der Tagesordnung der Hintermänner der Weltpolitik, die gemäß der alten freimaurerischen Devise „Ordo ab Chao“ aus dem Chaos eine satanische neue Ordnung erstehen lassen wollen!]

Das liege schlicht daran, daß die PKS nicht auf Zusammenhänge hinweise. Zur Verbesserung der Aussagekraft und besseren Verarbeitung der PKS forderte der BDK, den Migrationshintergrund deutscher Tatverdächtiger festzuhalten.“[216]

Bereits vor mehr als 15 Jahren wurde diese Verschleierungstaktik seitens der Politik, was die Nationalität von Straftätern anbelangt, beklagt, als es hieß, daß die Ausländerbeauftragte der Bundesregierung, Cornelia Schmalz-Jacobsen (FDP) forderte, daß Kinder von Ausländern automatisch die deutsche Staatsbürgerschaft erhalten sollten. „Darüber hinaus verlangt die Politikerin, daß Ausländer das Privileg einer doppelten Staatsbürgerschaft – was Deutschen verweigert wird – gewährt werden muß. Zusätzlich sollen alle Ausländer, die seit acht Jahren in Deutschland leben, einen Rechtsanspruch auf Einbürgerung erhalten. Mit diesen Vorschlägen, denen Bundeskanzler Kohl wohlwollend gegenüber steht, scheint der Versuch unternommen zu werden, die explodierende Ausländerkriminalität zu kaschieren. **Im Jahre 1992 betrug der Anteil ausländischer Täter an in Deutschland verübten Straftaten annähernd 30 Prozent.** Im Zuge der forcierten Einbürgerung von Asylanten und allen anderen Zuwanderern könnte die Abteilung *Ausländerkriminalität* in der offiziellen Kriminalstatistik geschlossen werden. Aufgrund der ‘neuen’ Deutschen mit schwarzen, braunen, gelben und anderen Gesichtern gäbe es dann **nur noch ‘deutsche’ Verbrecher**. Mit diesem Streich gegen die Anständigkeit unseres Volkes könnten die Deutschen über Nacht den Titel *Kriminellste Nation* der Welt gewinnen.“[217]

„Berlin ist der Prototyp einer Stadt der BRD-Endzeitgesellschaft mit ‘No-Go-Areas’ für Deutsche [Anm.: Gebiete, in die sich unsere Landsleute besser nicht verirren sollten!], einer äußerst aggressiven und feindlichen orientalisch-moslemischen Gegengesellschaft und einer unglaublichen Ausländerkriminalität.

In den Medien findet die jedoch kaum statt, weil einerseits schon die Polizeiberichte politisch korrekt abgefaßt werden, die Herkunft der Täter also verschwiegen wird, und andererseits die sogenannte

Qualitätspresse sowieso kaum an einer vollständigen und wahrheitsgemäßen Berichterstattung interessiert ist.

So meldete die 'Berliner Zeitung' am 5. Januar 2009, daß am Sonntagmorgen ein 22jähriger Mann in Berlin-Lichtenberg niedergestochen und schwer verletzt wurde. Nach Angaben der Polizei sei das Opfer mit einem Bekannten gegen 6.20 Uhr in der Ribnitzer Straße unterwegs gewesen, als die beiden mit etwa fünf anderen Männern in Streit gerieten. Dabei erlitt der 22jährige mehrere Messerstiche in den Oberkörper. Sein 23jähriger Begleiter wurde durch Schläge und Tritte leicht verletzt. Die Polizei konnte kurz darauf in der Nähe einen 19- und einen 24jährigen festnehmen. Die Hintergründe des Streits seien noch unklar.

Auch wenn man, was die Herkunft des Opfers angeht, nur raten kann, dürfte es zu 99 Prozent sicher sein, daß es sich bei den Tätern um Türken oder andere Orientalen handelt, weil es bestimmte Verbrechen gibt, die praktisch ausschließlich von Fremden begangen werden. Vor allem natürlich, wenn es um Bandenkriminalität geht. Dies kann noch so sehr von der veröffentlichten Meinung beschwiegen werden, dieser Umstand hat sich aufgrund hunderttausendfacher Erfahrung herumgesprochen."[218]

Selbst Morde werden in Deutschland meist (wenn überhaupt!) nur mit wenigen Zeilen abgehandelt, aus denen oftmals aus Gründen der „politischen Korrektheit" nicht hervorgeht, welcher Nationalität Opfer und Täter angehören, so etwa auch bei einem Gewaltverbrechen, über das man am 10. August 2009 von der Presse mit nur zwei Sätzen unterrichtet wurde: „In Oberbayern sind mehrere Männer unter dem Verdacht festgenommen worden, zwei andere Männer umgebracht zu haben. Bei den Opfern handelt es sich um einen 37jährigen und einen 44jährigen aus Tacherting, die gestern an einer Straße gefunden wurden."[219] (Es ist davon auszugehen, daß es sich bei den Ermordeten *nicht um Ausländer* und den Tätern *nicht um Deutsche* handelte, denn solch ein Fall wäre mit ziemlicher Sicherheit gleich auf der Titelseite breitgetreten und nicht unter „ferner liefen" ad acta gelegt worden!)

„Die Kriminalität und Gewalt hauptsächlich jugendlicher Ausländer steigt seit Jahren, doch das wurde der Masse des Volkes nicht bekannt“, stellen auch die „Unabhängigen Nachrichten“ im Januar 2008 auf Seite 11 (Herv. hinzugefügt) fest, und klären ihre Leser diesbezüglich auf: „Die Polizei hatte Anweisung, sich bei der Beschreibung der Täter zurückzuhalten. Der Deutsche Presserat erließ sogar einen «Pressekodex», an den sich die Zeitungen bei Androhung einer Rüge zu halten hatten. In diesen Richtlinien heißt es unter Ziffer 12.1 – Berichterstattung über Straftaten: «In der Berichterstattung über Straftaten wird die Zugehörigkeit der Verdächtigten oder Täter zu religiösen, ethnischen oder anderen Minderheiten nur dann erwähnt, wenn für das Verständnis des berichteten Vorgangs ein begründeter Sachbezug besteht. Besonders ist zu beachten, daß die Erwähnung Vorurteile gegenüber schutzbedürftigen Gruppen schüren könnte.»“

Und so kommt es eben, daß bei Straftaten immer wieder der Anschein erweckt wird, als handele es sich um deutsche Täter (einfach nur „junge Leute“), so etwa auch bei einer Meldung vom 6. Juli 2009 über eine ungewöhnliche Reisewarnung der USA für Garmisch-Partenkirchen, die für Wirbel sorgte. „In dem auf den Internetseiten des Konsulats veröffentlichten Text wird vor **Vergeltungsmaßnahmen einer deutschen Gruppe** gegen US-Bürger in dem Ferienort gewarnt. Auslöser war ein Vorfall vor einem Nachtclub in Garmisch. Nach Polizeiangaben waren vor rund einer Woche zwei Männer, darunter ein Angestellter der US-Armee, vor dem Lokal aufeinander losgegangen. Mehrere Personen wurden verletzt. **Einer der deutsch-türkischen Beteiligten soll dem Amerikaner gedroht haben, in den nächsten Tagen mit Freunden zurückzukommen und sich zu rächen.** Deshalb sollten Amerikaner öffentliche Plätze meiden. In der Warnung war die Rede von Restaurants, Bars und Diskotheken in Garmisch-Partenkirchen. ‘Wenn wir so eine Bedrohung haben, müssen wir unsere Bürger informieren’, sagte [die Sprecherin des US-Generalkonsulats in München, Kathryn] Crockart.“[220] Anstatt aber vor einer Türkenbande zu warnen, wird eben von einer „deutschen Gruppe“ gesprochen. Schließlich handelt es sich ja um hier geborene bzw. eingebürgerte Migranten, die dann als „Deutsche“ gelten und in der entsprechenden Kriminalstatistik auch als solche aufgeführt werden können!

Wir leben in einem von der „politischen Korrektheit“ durch und durch kontrollierten Land, nicht unähnlich der ehemaligen DDR, was übrigens auch der Grund dafür sein könnte, warum Tausende ehemalige Stasi-Leute von der Bundesregierung nach dem Zerfall der Deutschen Demokratischen Republik übernommen wurden und heute an entscheidenden Stellen sitzen sollen, wie man im Juli 2009 erfahren mußte: „Es hat den Anschein, als wären weit mehr Ex-Stasi-Mitarbeiter in den deutschen Behörden beschäftigt, als bisher angenommen. 17 000 ehemalige Beschäftigte des MfS, des DDR-Ministeriums für Staatssicherheit, sollen im öffentlichen Dienst arbeiten.“[221] Sie sollen „heute noch vor allem in den Landesregierungen Ostdeutschlands trotz Prüfungen beschäftigt sein, dies berichtete die ‘Financial Times Deutschland’. ... Ausgelöst wurde die Debatte um ehemalige Stasi-Mitarbeiter im öffentlichen Dienst, als bekannt wurde, daß im Landeskriminalamt (LKA) Brandenburg rund 100 ehemalige Offiziere der DDR-Staatssicherheit arbeiten.“[222]

Der Bundesvorsitzende der Deutschen Polizeigewerkschaft Rainer Wendt bringt die Meldung, daß über 1000 Ex-Stasi-Agenten heute bei der Polizei arbeiten sollen, auf den Punkt: „Sämtliche Regierungen haben bei der Aufarbeitung (der SED-Verbrechen) versagt. Wenn ehemalige Stasi-Spitzel heute im Staatsschutz tätig sind, dann können wir die Bekämpfung der organisierten Kriminalität auch der Mafia überlassen.“[223]

Interessant sind in diesem Zusammenhang auch die Erkenntnisse des Vorsitzenden der Links-Partei, Lafontaine, über die man am 18. September 2009 aus den Medien erfuhr. Er hatte Kanzlerin Merkel wegen ihrer DDR-Vergangenheit kritisiert. „Die Kanzlerin sei eine ‘hervorragende FDJ-Funktionärin für Agitation und Propaganda’ gewesen. ‘Sie gehörte zur Kampfreserve der SED’, sagte Lafontaine dem ‘Hamburger Abendblatt’.

Merkel habe besondere Vorteile in der DDR genossen. So sei sie an einer Akademie gewesen, ‘an der man nur studieren durfte, wenn man linientreu war.’ Außerdem habe Merkel im Ausland studieren dürfen.“[224]

Wie dem auch sei, anstatt den Bürgern hinsichtlich der multikulturellen Gesellschaft endlich reinen Wein einzuschenken, werden ihnen von ihrer Obrigkeit weiterhin Traumwelten und Luftschlösser vom „friedlichen Zusammenleben der Kulturen“ vorgegaukelt.

Tatsache ist: wenn Migranten in Deutschland Straftaten verüben, scheint immer häufiger eine regelrechte Nachrichtensperre zu herrschen, das heißt über solche Delikte darf anscheinend nicht mehr berichtet werden! So wurde **eine 19jährige Frau** am 27. April 2006 **in Dessau „von zwei Schwarzafrikanern belästigt und schließlich zusammengeschlagen, obwohl ihre Schwangerschaft erkennbar war.** Niemand erfuhr davon.

Ein Pressejournalist wandte sich an die Polizei und erhielt die Antwort, daß sich in Dessau ein solcher Vorfall nicht ereignet habe. Doch das Opfer besitzt eine Bestätigung der Anzeige beim Polizeirevier Dessau, Wolfgangstr. 25; Aktenzeichen 1/3843/06. Erst als der Journalist mit dieser Bestätigung auf der Polizei erschien, gab der Diensthabende zu, daß sich diese Gewalttat, wie hier geschildert, tatsächlich zugetragen habe.

Auf die Frage, warum dann diese Tat abgestritten worden sei und die Presse nicht unterrichtet wurde, gab der Diensthabende an, das gehe auf eine interne Anweisung zurück: **Sobald eine Tat Ausländer beträfe, sei nichts herauszugeben“**, teilte die „Stimme des Gewissens“ in ihrer Ausgabe vom Mai/Juni 2006 (S. 13; Herv. hinzugefügt) mit.

Nicht zuletzt um von den vielen von Ausländern *an Deutschen* verübten Gewalttaten abzulenken, wurde die Lügengeschichte vom „zunehmenden Rechtsextremismus“ in die Welt gesetzt!

In diesem Zusammenhang stellt sich natürlich die Frage, inwieweit man von der Obrigkeit hinsichtlich der Kriminalstatistik noch belogen wird. Dazu stellte der „ARD-Text“ bereits am 17. März 2001 (S. 126; Herv. hinzugefügt) fest: „Kriminalität höher als angegeben“, und berichtete, daß die Kriminalitätsrate in Deutschland nach Angaben der Gewerkschaft der Polizei (GdP) etwa zehn Mal höher liegt als die offizielle Polizeistatistik dies ausweist.

„In einem Interview mit der ‘Neuen Osnabrücker Zeitung’ verwies der GdP-Vorsitzende Freiberg auf ‘verläßliche wissenschaftliche Untersuchungen', wonach nur ein Zehntel der Straftaten gemeldet und statistisch erfaßt werden.

Die Kriminalstatistik sei deshalb 'irreführend'. **Tatsächlich dürften 1999 nicht 6,3 Millionen (wie offiziell angegeben), sondern über 60 Millionen [!] Straftaten begangen worden sein.“**

„Verbrechen: Dunkelziffer steigt“ lautete eine Schlagzeile vom Videotext des Privatsenders „ProSieben“ am gleichen Tag auf Seite 113 (Herv. hinzugefügt): **„Die riesige Dunkelziffer in der Kriminalität wird von der Politik einfach ignoriert.** Das kritisiert der Chef der Gewerkschaft der Polizei, Freiberg. Dadurch werde **eine ebenso falsche wie gefährliche Sicherheit suggeriert.** Es bestehe die Gefahr, daß der Anteil der nicht entdeckten Straftaten wachse, während die Polizeistatistik einen Rückgang vermelde, den es gar nicht gebe. Der Grund: Die Bürger schalteten immer seltener die Polizei ein, so Freiberg.“ (Sicherlich nicht, weil sie so großes Vertrauen in den hiesigen „Rechtsstaat“ haben!)

Bedenkt man, daß, wie wir bereits gesehen haben, bei von vermeintlich von Rechtsextremisten verübten Straftaten und etwa auch der Arbeitslosenstatistik massiv gefälscht wird, so stellt sich abermals das Gefühl ein, bei der Bundesrepublik Deutschland handele es sich um ein Land des Luges und des Truges!

Das schon 1965 verstorbene Idol der damaligen jungen Deutschen, **Albert Schweitzer**, konnte es sich seinerzeit jedenfalls noch erlauben, „der Wahrheit nicht nur gelassen ins Auge zu sehen, sondern sie auch auszusprechen. Er **fand, daß die Lüge noch nie so extrem zur Grundlage menschlicher Existenz erhoben worden war wie in diesem Staat** und faßte daher die Not, unter der er wie so viele wackere Deutsche litt, in den Worten zusammen: 'Noch ist keine Einsicht in unser geistiges Elend vorhanden. **Von Jahr zu Jahr wird das Verbreiten von Meinungen mit Ausschalten des Denkens immer weiter ausgebildet.** Die Methoden des Verfahrens sind zu solcher Vollkommenheit gediehen und haben solche Aufnahme gefunden, daß die Zuversicht, auch das Unsinnigste zur öffentlichen Meinung erheben zu können, gerechtfertigt erscheint.'

Das 'Ausschalten des Denkens', das Schweitzer an dieser Stelle als die gravierendste Zeitkrankheit diagnostizierte, können unsere

Umerzieher als eigentlichen Erfolg für sich verbuchen. Ohne rechte Einsicht in den Ernst der Lage lassen sich unsere narkotisierten Neudeutschen, die ihren letzten geistigen Fundus an den gierigen Gott Mammon verfüttern, an eine als 'Neue Weltordnung' getarnte neue Weltherrschaft verhökern. **Wer kann da noch daran zweifeln, daß die deutsche Katastrophe inzwischen geradezu apokalyptische Ausmaße angenommen hat?** Sie könnte in der Tat nicht vollkommener sein", stellt Gustav Sichelschmidt in seinem 1998 erschienenen Buch „Ein Volk im Wahn – Wer will die Deutschen krank?" auf Seite 71f (Herv. hinzugefügt) mit Bedauern fest.

Auch was die dank der EU-Osterweiterung erfolgte Grenzöffnung anbelangt, handelt die Politik in völlig unverantwortlicher Weise gegenüber dem eigentlichen Souverän dieses Landes: „Die Deutsche Polizeigewerkschaft hat vor **Sicherheitsgefahren durch den Wegfall der Grenzkontrollen zu Polen und Tschechien** in der kommenden Woche gewarnt. Deutschland habe 'seine Hausaufgaben schlecht gemacht', kritisierte Gewerkschaftschef Wendt in der 'Sächsischen Zeitung'.

Als Beispiele für schlechte Vorbereitung nannte Wendt einen fehlenden Digitalfunk und fehlende Abfragecomputer in Streifenwagen. Außerdem habe es einen 'Personalabbau auf breiter Front' gegeben", so der Videotext von „SAT.1" am 12. Dezember 2007 (S. 121; Herv. hinzugefügt).

„Angesichts des Wegfalls der Grenzkontrollen zu Polen und Tschechien in wenigen Tagen verlangt die Gewerkschaft der Polizei mehr Einsatzkommandos im grenznahen Bereich.

'Wir müssen die Täter rechtzeitig greifen', sagte Gewerkschaftsboß Freiberg der 'Bild'-Zeitung.

Freiberg geht von einem **Anstieg der Kriminalität in Deutschland durch** den **Wegfall der Grenzkontrollen** aus. 'Die Grenzöffnung kommt für uns viel zu früh. Wir müssen uns auf einen **stärkeren Zustrom von Kriminellen aus dem Osten** einstellen.'"[225]

Wer will angesichts all dessen noch ernsthaft daran zweifeln, daß unsere geheimgesellschaftlich straff organisierten Oberen in unserem Lande *ganz gezielt* ein multikulturelles Chaos hervorrufen wollen, um dadurch auch noch den letzten Widerstand gegen die Errichtung eines diktatorischen Überwachungsstaates beseitigen zu können?!

„Seit dem Wegfall der Grenzkontrollen zu Polen und Tschechien vor drei Wochen hat die Polizei **mehr illegal Einreisende** gefaßt als zuvor“, hieß es erwartungsgemäß am 12. Januar 2008 in der Presse. „Über die Zahlen herrscht aber keine Klarheit. Das Bundesinnenministerium betonte, für eine Bilanz sei es zu früh.

Seit der Erweiterung des Schengen-Raums am 21. Dezember seien 425 illegale Einwanderer an der Ostgrenze gefaßt worden, sagte ein Ministeriumssprecher in Berlin. Die ‘Bild’-Zeitung hatte von 614 berichtet, im gesamten ersten Halbjahr 2007 seien an der Ostgrenze nur 484 Illegale aufgegriffen worden. ... Insgesamt habe die Bundespolizei im vergangenen Jahr rund 15 500 illegal Einreisende festgestellt – hauptsächlich aus Osteuropa.“[226]

Angesichts der faktisch ungehinderten Massenzuwanderung aus aller Herren Länder ist es also kein Wunder, daß **in Deutschland von Jahr zu Jahr immer mehr Gewaltkriminalität** zu verzeichnen ist. „Übergriffe auf Deutschlands Straßen haben deutlich zugenommen. Die Polizeiliche Kriminalstatistik 2008 weist **72 904 Fälle gefährlicher und schwerer Körperverletzungen im öffentlichen Raum** aus [Anm.: Das sind täglich rund 200 solcher Verbrechen!]. Das ist ein Zuwachs von 9,1 % im Vergleich zu 2007, berichtet die ‘Neue Osnabrücker Zeitung’ [am 12. Juni 2009] unter Berufung auf die Statistik.“[227]

„Raubüberfälle auf Supermärkte, Tankstellen und Drogeriemärkte haben ein alarmierendes Niveau erreicht. Zu diesem Ergebnis kommt eine [am 11. August 2009 veröffentlichte] Studie, die in der Fachzeitschrift ‘Forum’ der Gesetzlichen Unfallversicherung veröffentlicht wurde.

Allein im Jahr 2007 seien der Polizei etwa **3200 Raubüberfälle im Einzelhandel** bekanntgeworden. In rund 15 Prozent der Überfälle komme es zu Verletzungen der Angestellten – und in der Folge häufig auch zu Arbeitsunfähigkeit. Das Schicksal der Opfer von Gewalt werde dabei in der Öffentlichkeit oft vernachlässigt.“[228]

Bereits im Februar 2008 wurde man darüber in Kenntnis gesetzt, daß inländerfeindliche Gewaltdelikte in deutschen Großstädten längst kein Einzelfall mehr sind. „Erst vor wenigen Wochen legte eine Arbeitsgruppe von Bund und Ländern ihren Bericht zur steigenden Jugendkriminalität in Deutschland vor – mit bestürzenden Ergebnissen. **'Die am deutlichsten steigende Deliktsform'**, heißt es in dem Bericht, **'ist die gemeinschaftlich begangene Körperverletzung.' In einigen Bundesländern habe sich die Zahl der 'Rohheitsdelikte' binnen eines Jahrzehnts fast verdoppelt.** So sei in Niedersachsen allein die Zahl der Körperverletzungen durch jugendliche Täter von 5194 auf 10 280 gestiegen.

Und die Brutalität nehme zu. 'Früher gab es eine natürliche Hemmschwelle', referierte der niedersächsische Innenminister Uwe Schünemann bei der Vorstellung der Berichts. 'Wenn jemand bei der Schulhofprügelei am Boden lag, wurde nicht mehr nachgetreten. Das ist heute anders.'“[229]

Wie die „National-Zeitung“ am 5. Juni 2009 (Herv. hinzugefügt) berichtete, wurden **„multikulturelle Segnungen“ aus Berlin** vermeldet: „Die Polizei registrierte **im Jahre 2008 insgesamt 2470 Gewalttaten mit Messern.** Ein deutlicher Anstieg. Was dahintersteckt, deutet die 'Berliner Morgenpost' an: 'In Ausländergangs gelten Attacken mit dem Messer als Mutprobe.' Ein Ermittler bestätigt: 'Wer zeigen will, daß er ein vollwertiges Mitglied, ein Mann, ist, muß jemanden mit einem Messer verletzt haben. Je schwerer die Verletzung ist, desto besser ist der Ruf im Ganggefüge.'“

Am Samstag, den 26. September 2009 begegneten dem Leser des Videotextes von RTL die Schlagzeilen **„Prügelattacken gegen Sanitäter“**[230] und **„Gewalt gegen Rettungskräfte nimmt zu“.** Wie in der entsprechenden Meldung zu lesen stand, müssen sich Rettungsärzte und Sanitäter bei ihren Einsätzen immer häufiger gegen **plötzliche Angriffe aggressiver oder betrunkener Menschen** wehren. „Die schwierige Arbeit am Rande von Demonstrationen, Fußballspielen oder Ausschreitungen sowie das berufliche Miterleben häuslicher Gewalt wird zunehmend auch für die Helfer zu einer Gefahr, hieß es am Samstag beim 17. Landes-Notärztetag in Greifswald.

In einigen Bundesländern werden bereits Schutzwesten und Pfeffersprays diskutiert."[231]

Während die Gewaltkriminalität in Deutschland von Jahr zu Jahr also (wie von langer Hand geplant!) immer mehr zunimmt, gibt es gleichzeitig immer weniger Polizisten in unserem Land. Ihre Zahl „ist in den vergangenen neun Jahren um mehr als 9000 auf rund 264 000 gesunken. Wie die Gewerkschaft der Polizei (GdP) am Dienstag [den 25. August 2009] mitteilte, entspricht das einem Rückgang um 3,4 Prozent."[232]

Darüber hinaus werden Polizisten von der Regierung etwa in das Kosovo oder an den entfernten Hindukusch abbeordert, wie man unter anderem am 6. Juni 2007 erfahren mußte: „Deutschland entsendet weitere Polizeibeamte nach Afghanistan. Das Bundeskabinett gab grünes Licht für die deutsche Beteiligung an der am 30. Mai von der Europäischen Union beschlossenen Polizeimission EUPOL.

Deutschland wird von Mitte Juni ab bis zu 60 Polizeibeamte aus Bund und Ländern nach Afghanistan entsenden"[233], obwohl diese Sicherheitskräfte in unserem Land in den vielen Problemvierteln mit hohem Ausländeranteil dringend benötigt würden.

Und wie passen die vielen Meldungen über die permanent ansteigende Gewaltkriminalität (siehe hierzu auch einen Bericht der um 20.00 Uhr ausgestrahlten Nachrichtensendung „RTL II News" vom 10. Oktober 2009: „Deutschlands Jugend wird immer gewalttätiger – so scheint es, denn fast täglich gibt es Schlagzeilen über brutale Schlägereien. Doch täuscht dieser Eindruck? 'Nein', sagt die Kriminalstatistik, denn in den letzten 10 Jahren hat die Zahl der Körperverletzungen durch Jugendliche um 40 % zugenommen." In „Bild am Sonntag" vom 27. September 2009 war hierzu zu lesen, daß laut Kriminalstatistik knapp ein Viertel der über 2 Millionen strafmündigen Tatverdächtigen zwischen 14 und 21 Jahre alt sind. „Die Zahl der wegen Körperverletzung verurteilten Jugendlichen hat sich zwischen 1990 und 2006 mehr als verdoppelt."[234]) zu einer Nachricht vom 9. Oktober 2009, aus der hervorging, daß die Zahl der Verurteilten zurückgegangen ist? „Deutsche Gerichte haben im vergangenen Jahr weniger Menschen verurteilt als im Vorjahr. Wie das Statistische Bundesamt in Wiesbaden mitteilte, wurden 2008 in Deutschland rund 874 700 Personen wegen Verbrechen oder Vergehen rechtskräftig verurteilt. Das sei ein Rückgang um 3 % im Vergleich zu 2007. … Mit einem Anteil von rund 71 % kamen die meisten Verurteilten auch 2008 mit einer Geldstrafe davon."[235] Solche scheinbar miteinander im Widerspruch stehenden Informationen sind nur dann zu begreifen, wenn man sich mit den geistig-politischen Hintergründen des Weltgeschehens auseinandergesetzt und verstanden hat, daß in Ländern wie der Bundesrepublik Deutschland Wahrheit und Gerechtigkeit vorwiegend nur noch in den Wunschträumen der Menschen, aber nicht mehr in der Realität existieren. Wir leben eben unter einer Welt(un)ordnung, in der das Böse, Abartige und Perverse gefördert wird, während Rechtschaffene kaum noch eine Möglichkeit haben, sich Gehör zu verschaffen.

Was die steigende Verbrechensrate allein in Sachsen nach dem Wegfall der Grenzkontrollen zu Polen und Tschechien anbelangt, konnte es nicht mehr wirklich überraschen, „daß nach Medienberichten vom 1. April 2008 drei Monate nach Erweiterung des sogenannten 'Schengenraumes', also der Öffnung der Ostgrenzen, genau das nun eingeräumt werden mußte, was schon vorher absehbar war: daß nämlich der **Import der Kriminalität neue Rekordmarken** erreicht.

Wir erinnern uns, was im krassen Gegensatz dazu ein Mann mit hoher Sachkompetenz, Bundesinnenminister Wolfgang Schäuble (CDU), seinerzeit meinte, um das dumme Volk zu beruhigen. Wie sagte er doch am Tage der Grenzöffnung so schön: Die Menschen würden stärker zusammenkommen, die Wirtschaft bekomme Impulse, die Regionen blühen auf – und Ressentiments würden abgebaut. Schon sehr bald würden wir auf beiden Seiten der Grenze erkennen, ob zu Polen oder zu Tschechien, daß die Ausweitung des Schengenraumes keine Nachteile bringe, sondern einen enormen Freiheitsgewinn und ein großes Glück darstellten.

Selbstdenkern wurde natürlich schon vor drei Monaten angesichts dieses Geschwalles übel, denn **seit Anbeginn der sogenannten 'Europäischen Union' (EU)**, also auch **bei** früheren **Grenzöffnungen**, gab es **immer dieselben zwei Sieger: die Konzerne und die Kri-**

minalität. Angesichts solcher Perspektiven fragt man sich natürlich, ob Typen wie Schäuble deren Freiheit meinen, oder die der Bürger.

Jedenfalls ist dieser 'Freiheitsgewinn' eher mit einem Zugewinn an Kriminalität gleichzusetzen und sicher für die Verbrecher, Schwindler und Ganoven dieser Welt ein 'großes Glück'.

Seit dem Wegfall der Grenzkontrollen Ende 2007 ist nun die Zahl der Straftaten in Sachsen nach Angaben der 'Gewerkschaft der Polizei' (GdP) deutlich gestiegen. Vor allem Eigentumsdelikte wie Kfz-Diebstähle und Einbrüche seien in den vergangenen drei Monaten häufiger aufgetreten, sagte ein GdP-Sprecher in Dresden.

Davon seien nicht nur einzelne Städte in der Nähe zu Polen und Tschechien, sondern die gesamte Grenzregion betroffen. Allerdings sei noch keine Statistik vorhanden, die diese Entwicklung mit Zahlen belege. Darauf wird man sicher auch noch lange warten können, denn im grenzenlosen Multikultopia kann natürlich nicht sein, was nicht sein darf."[236]

„Allein in Görlitz wurden seit Grenzöffnung im Dezember 2007 bis Ende Februar mehr als 40 Fahrzeuge gestohlen, im vergleichbaren Vorjahreszeitraum waren es nur drei.

Dementsprechend beklagte der 'Bund Deutscher Kriminalbeamter' (BDK), die Innenminister der angrenzenden Bundesländer informierten nicht ausreichend über das Ausmaß der Straftaten. Die Zahlen über angezeigte Straftaten würden nicht herausgegeben, obwohl sie vorlägen, sagte BDK-Chef Klaus Jansen im Deutschlandfunk."[237]

„Die Zahl der Autodiebstähle in Brandenburg ist in den letzten drei Monaten drastisch angestiegen", berichtete die „National-Zeitung" am 18. Dezember 2009, und weiter: „Die Deutsche Polizeigewerkschaft spricht von einer Zunahme um 21 Prozent. Besonders betroffen seien die grenznahen Gemeinden. Die dreisten Autodiebe setzen bei ihrer Flucht nach Polen immer wieder auf sogenannte Grenzdurchbrüche. Teilweise mit Vollgas werden die Kontrollpunkte durchbrochen, ohne Rücksicht auf Leib und Leben. Im Durchschnitt erleben die Beamten mittlerweile alle 48 Stunden solche Durchbrüche."

Da solche kriminellen Vorfälle etwa in den 20-Uhr-Nachrichten keine Erwähnung finden, kann der Öffentlichkeit weiterhin Sand in die Augen gestreut werden, was das „friedliche Zusammenwachsen Europas" anbelangt, das laut Befehl der EU-Diktatoren schließlich immer mehr voranschreiten soll. So wurde Mitte Dezember 2009 nach 18 Jahren für Serben, Mazedonier und Montenegriner die Visa-Pflicht abgeschafft. Für den Grenzübertritt in die EU reicht nun ein gültiger Reisepaß. „Die Innenminister der drei Staaten begrüßten die Abschaffung [der Visumspflicht durch die EU-Außenminister Ende November]. Sie äußerten die Erwartung, daß die Visumspflicht nun auch für Albanien und Bosnien-Herzegowina aufgehoben wird."[238]

Was übrigens die oben von Juli 2004 bis Juli 2009 zusammengetragenen Meldungen über Ausländerkriminalität in Deutschland (und Österreich) anbelangt, so wäre die Reaktion der Medienschaffenden im Fernsehen und diejenige von führenden Politikern sämtlicher im Bundestag vertretener Parteien nicht auszumalen, wäre etwa eine 14jährige Jüdin von drei Deutschen vergewaltigt worden, hätten zwei Deutsche einen Juden derart brutal mißhandelt, daß dieser mehr als neun Monate im Koma gelegen hätte, wäre eine 39 Jahre alte Jüdin von einem Deutschen „mit einer abgebrochenen Bierflasche an Kopf und Hals schwer verletzt" worden oder hätte eine „deutsche Jugendbande" die „örtliche jüdische Synagogengemeinde" über einen längeren Zeitraum hinweg tyrannisiert! Da es sich bei den jeweiligen Opfern (ausländischer Gewaltverbrecher) meist aber „nur" um Deutsche handelt, hält sich die Empörung unserer Oberen in Grenzen bzw. ist faktisch nicht vorhanden. Dabei verdient *jedes* Opfer sinnloser Gewalt unser Mitgefühl, ganz gleich ob es sich dabei um einen Deutschen, Juden bzw. Israeli, Türken, Polen oder um einen Bürger anderer Nationalität handeln mag. In Zeiten, in denen aus politisch-opportunistischen Gründen ständig das „Phantom Fremdenfeindlichkeit" durch die BRD geistert, dringt diese Erkenntnis aber nur noch zu den wenigsten durch. Führende Politiker und Medienschaffende scheinen sich in erster Linie ausländischen Opfern von Gewalttaten verpflichtet zu fühlen, sofern es sich bei den Tätern ausnahmsweise einmal um Deutsche handelt.

Kein Wunder also, daß man in einer Reihe von Meldungen zunehmend das Gefühl vermittelt bekommt, als zählten Kriminelle aus aller Herren Länder mehr als die Leute, die von ihnen überfallen, zusammengeschlagen, vergewaltigt oder sogar getötet werden. Wie mir übrigens aus verläßlicher Quelle versichert wurde, kommen Täter aus Migrantenkreisen – besonders Einwanderer aus Rußland, die auf dem Papier natürlich als „Deutsche" gelten – selbst nach mehreren Straftaten meist mit Bewährungsstrafen davon. Wenn sich solche „Bereicherer" dann also tatsächlich in deutschen Haftanstalten wiederfinden sollten, müssen sie schon einiges auf dem Kerbholz haben.

Nichtsdestotrotz wird auch in solch einem Fall alles dafür getan, daß es ihnen an nichts mangelt. Sichten wir dazu einen Artikel der „Fuldaer Zeitung" vom 15. Juli 2009, in dem es um die „Spätaussiedler" in der JVA Hünfeld ging: „In keinem anderen Gefängnis in Hessen ist der Anteil an Rußlanddeutschen, genauer gesagt an Migranten aus den ehemaligen GUS-Staaten, so hoch wie in Hünfeld. Diese Gruppe gilt im Haftalltag als schwer integrierbar. Das liegt zum einen an einem starken Gruppendruck, andererseits an fehlenden Deutschkenntnissen.

An diesem Punkt setzt eine neue Integrationsmaßnahme an, die wesentlich von der Kreisgruppe Fulda der Landsmannschaft der Deutschen aus Rußland auf den Weg gebracht wurde. Dabei sollen zwei pädagogisch ausgebildete Dozentinnen Deutschunterricht erteilen. Maßnahmen zur Berufsorientierung und ein Bewerbungstraining ergänzen das Projekt [Anm.: Nur, damit man das hier richtig versteht: Da kommen Kriminelle zur Verbüßung einer Strafe in Haft, weil sie etwa einen anderen Menschen auf brutalste Weise krankenhausreif geschlagen haben, der möglicherweise bleibende Schäden davongetragen hat, und dann wird nicht das Opfer in den Mittelpunkt des öffentlichen Interesses gestellt, sondern die jeweiligen Täter, die nach ihrer Entlassung einen gut bezahlten Arbeitsplatz finden sollen, den sie möglicherweise einem Einheimischen wegnehmen werden. Das alles dient der verlogenen „Integration", die nichts anderes als ein schrittweise vonstattengehendes Auswechseln der angestammten Bevölkerung unseres Landes bedeutet!].

Das kündigt die frühere Fuldaer Landtagsabgeordnete Margarete Ziegler-Raschdorf (CDU) an, die seit kurzem das Amt der Landesbeauftragten für Heimatvertriebene und Spätaussiedler innehat. Nach ihren Angaben soll neben einer einheimischen Lehrkraft eine Pädagogin mit Migrationshintergrund und russischer Sprachkompetenz eingestellt werden. Das Honorar für jeweils eine Lehrkraft übernehmen das Land Hessen und der private Betreiber der JVA, die Firma Serco.

Ziel sei die Förderung von sozialen, schulischen und beruflichen Kompetenzen in einem schweren sozialen Umfeld, sagte Zielger-Raschdorf. Auch gehe es um die Förderung von Eigeninitiative und eigenverantwortlichem Handeln, die Integration in den Arbeitsmarkt sowie die Bewältigung von Alltagsproblemen." Wie rührend!

„In der JVA Hünfeld sitzen derzeit zwischen 50 und 60 russisch sprechende Häftlinge ihre Strafe ab. Wie Päckert [Anm.: der Leiter der Haftanstalt Dr. Werner Päckert] erläutert, sei es sehr schwer, diese Gruppe zu integrieren, weil sich viele stark abschotteten und eine wie auch immer geartete Kooperation mit der Anstalt oft verpönt sei. 'Wir wollen diese Sprachlosigkeit lockern und die Gefangenen auch emotional ansprechen', so der Gefängnisdirektor."[239]

Anstatt sich um die Gefühle dieser Personen zu sorgen, sollten diese kriminellen Elemente nach Verbüßung ihrer Haftstrafe mit einem Tritt in den Hintern unverzüglich in Richtung Heimat verabschiedet werden. Schließlich werden sie von unseren Politikern – *wir*, das heißt das einfache Volk, haben sie *nicht* hierher geholt! – in unserem Lande mit großzügigen Finanzgeschenken empfangen. Und dann wagen sie es, sich unter anderem dadurch „erkenntlich" zu zeigen, daß sie unsere Landsleute rein aus „Spaß" brutal zusammenschlagen, wie auch ein Verbrechen zeigt, über das man am 18. September 2009 in der Zeitung las: **„Drei Unbekannte** sollen in Frankfurt **einen Obdachlosen auf offener Straße niedergeschlagen und schwer verletzt** haben. Anschließend flüchteten sie, zunächst fehlte jede Spur von ihnen. Das 58jährige Opfer wurde laut einer Polizeimitteilung von gestern ins Krankenhaus gebracht. Der Obdachlose war zuvor bettelnd unter einer Brücke nahe dem Tatort gesehen worden. Die Verdächtigen sollen **Osteuropäer im Alter zwischen 25 und 35 Jahren** gewesen sein."[240] (Vier Wochen später kam es am 19. Oktober 2009 in Frankfurt am Niddaufer zu einem fast identischen Verbrechen: abermals attackierten dort drei Jugendliche einen Obdachlosen. „Wie die Polizei mitteilte, entrissen die 16-, 17- und

18jährigen dem Mann seine Plastiktüten und warfen sie in die Nidda. Zwei von ihnen nahmen ihrem Opfer Bierflaschen ab, schlugen dem 54jährigen damit auf den Kopf und forderten zudem Geld. Eine Zeugin rief die Polizei und verscheuchte das Trio durch lautes Rufen"[241], wodurch sie den Wohnsitzlosen möglicherweise vor Schlimmerem bewahrte. Jedenfalls wurde man diesmal nicht darüber in Kenntnis gesetzt, ob es sich um „südländische", „osteuropäische" oder deutsche Täter handelte!)

Am 25. September 2009 zeigte sich sogar in der Passauer Polizeiinspektion die multikulturelle „Bereicherung" aus dem Osten mittels einer Geiselnahme. Dort kehrte ein 27jähriger ein, der Streit mit seiner Ehefrau hatte: „Er will Hilfe. Doch er reißt die Dienstwaffe des Beamten an sich und schießt dem Polizisten ins Gesicht. ... Der 27jährige war nach Angaben der Polizei schwer betrunken. Über sein Motiv können Polizei und Staatsanwaltschaft bisher nur mutmaßen. Der 49 Jahre alte Beamte ist noch nicht vernehmungsfähig, so daß sich die Ermittler bisher auf die widersprüchlichen Angaben des Täters verlassen müssen. Nach eigenen Angaben hatte sich der 27jährige – ein aus Kasachstan stammender Deutscher [Anm.: Nein, ein Russe, dem ein deutscher Ausweis ausgehändigt wurde!], der als Schweißer arbeitet und zwei Kinder hat – in der Nacht heftig mit seiner Frau gestritten. Diese verließ, im Gesicht verletzt, die gemeinsame Wohnung.

Was in der Polizeiinspektion passierte, ist noch nicht bis ins letzte Detail klar. Letzter Stand: Der 27jährige drängt den Polizeibeamten zunächst vehement, nach seiner Frau zu suchen. In einem Gerangel entreißt er dem Beamten die Pistole. Der Betrunkene drückt ab. Eine Kugel trifft den flüchtenden Beamten in den Kopf, durchschlägt seinen Kiefer und dringt in den Brustraum ein. Mit dem Schwerverletzten verschanzt sich der Täter im Hof. Schnell haben ihn andere Polizisten umstellt. 'Der Täter hat dann mehrfach in die Luft und in Richtung der anderen Polizisten geschossen', berichtet der Leitende Oberstaatsanwalt Helmut Walch. Als der Täter sein Magazin leer geschossen hatte, erfolgte der Zugriff ohne jeden weiteren Schuß.

'Kein Bedauern' habe der Täter mit seinem Opfer geäußert, sagt Walch."[242] (Sicherlich wird auch diesem Gewaltverbrecher mit Migrationshintergrund aufgrund seiner Trunkenheit eine „verminderte Schuldfähigkeit" und eine „Tat im Affekt" bescheinigt werden!)

Anstatt für solch einen Abschaum auch nur einen weiteren müden Euro locker zu machen, sollte das Geld lieber dazu verwandt werden, den Hunger in der Dritten Welt zu bekämpfen. Schließlich sterben Tag für Tag rund 100 000 Menschen aufgrund Nahrungsmittelmangels, die man mit relativ wenig Geld versorgen könnte.

Da es unseren Oberen aber nicht um Mitmenschlichkeit oder gar christliche Nächstenliebe sondern um das Anlocken wahrer Völkermassen geht, die Deutschland im Dienste der freimaurerischen „Völkerverständigung" zunehmend in ein modernes Babylon verwandeln sollen, werden auch weiterhin weder Kosten noch Mühen gescheut, um dieses Ziel zu verwirklichen. Das wird vor der breiten Masse mittels Lug und Trug ebenso geheimgehalten, wie man den Leuten Sand in die Augen streut, was die Gesamtzahl von Zugewanderten in unserem Land anbelangt.

* Die wahre Anzahl von Ausländern in Deutschland

Selbstverständlich wird das *tagtäglich* im ganzen Bundesgebiet zu beobachtende *tatsächliche Ausmaß* der von unseren freimaurerischen Politikern *seit Jahrzehnten* beharrlich vorangetriebenen „multikulturellen Gesellschaft" in Presse, Rundfunk und Fernsehen noch immer *weitgehend* unter den Teppich gekehrt. Dank der Medien sind die Deutschen sogar das Volk, das man am längsten ungestraft schamlos belügen kann. So wird seit etwa zwanzig Jahren der Betrug verbreitet, in der BRD lebten 7,2 Millionen Ausländer bei 82 Millionen Gesamtbevölkerung. „Eine Ausländer-Statistik, veröffentlicht in der WELT vom 26.5.2004, behauptet kaltschnäuzig, die Zahl der Ausländer sei zwischen 1991 und Dezember 2003 unverändert bei 7,3 Millionen stehen geblieben. Es gehört schon eine gehörige Portion Unverfrorenheit dazu, diese Lüge derart dreist zu publizieren, wohlwissend, daß seit fast zwanzig Jahren jedes Jahr etwa eine Million zusätzliche Ausländer durch die Einfallstore in die BRD strömen", beklagt das „National Journal"[243] in seiner Internetausgabe.

Schon vor mehr als fünf Jahren „verwies Der Spiegel, 43/2000, S. 42, darauf, daß **'zwischen 1950 und 1997 rund 29 Millionen Menschen als Arbeitsmigranten, nachziehende Familienangehörige, Aussiedler oder Asylbewerber in die Bundesrepublik strömten.'** Demnach müssen heute etwa 37 Millionen Ausländer in der BRD [Fuß gefaßt] haben. Das sind 45 Prozent der Gesamtbevölkerung [Anm.: Stimmt nicht ganz, denn eine ganze Reihe dieser Leute verlassen unser Land im Laufe der Zeit wieder, das heißt nicht jeder Zuwanderer sieht die Bundesrepublik Deutschland für alle Zeit als seine „Heimat" an!].

Im Juni 2005 konnte man zum ersten Mal ein Teilabrücken von der großen Lüge beobachten. Plötzlich gibt das Regime [Anm.: die gelenkte politische (Des-)„Information"] das Doppelte, 14 Millionen, zu. Ausländer, die einen deutschen Paß bekommen haben, zählen nach BRD-Lesart nicht mehr als Ausländer, obwohl sie sich [in der Mehrzahl] als solche fühlen und nicht als Deutsche. So muß man die verschiedenen Täuschungszahlen zusammenzählen, um auf die neue Lügenzahl von 14 Millionen zu kommen: **'Die Zahl der Ausländer liegt bei 6,7 Millionen und damit bei rund acht Prozent der Bevölkerung: Diese Zahl nannte die Migrationsbeauftragte der Bundesregierung, Marie-Luise Beck, im 6. Bericht über die Lage der Ausländerinnen und Ausländer in Deutschland. Demnach leben in Deutschland rund 600 000 Ausländer weniger als in den neunziger Jahren, was Beck zufolge auf Einbürgerungen seit der Anfang 2000 in Kraft getretenen Reform des Staatsangehörigenrechts und geringere Zuwanderung zurückzuführen ist. Weitaus höher jedoch ist die Zahl der Menschen mit einem sogenannten Migrationshintergrund; ihre Zahl beträgt nun 14 Millionen. Neben den Ausländern zählen dazu 1,8 Millionen Eingebürgerte, 4,5 Millionen Aussiedler und 1,5 Millionen Kinder aus binationalen Ehen. Jedes vierte Neugeborene in Deutschland hat mindestens einen ausländischen Elternteil, jede fünfte Ehe sei binational. In einigen städtischen Ballungsgebieten stammen 40 Prozent der Jugendlichen bei steigender Tendenz aus Migrationsfamilien. Beck bestätigte, daß es in Städten einzelne Wohnquartiere gebe, «die zu kippen drohen».'** (Die Welt, 24.6.2005, S. 4)

Wie verlogen auch die neuerdings zugegebene Zahl von 14 Millionen in der BRD lebender Ausländer ist, wird deutlich, wenn an anderer Stelle und nur kurze Zeit später in der WELT von dem Wissenschaftler Volkmar Weiss berichtet wird, daß in nur zehn Jahren die Mehrheit der Aktivbevölkerung aus Ausländern bestehen wird: **'Eine derartige Entwicklung ergibt für die Erhaltung des sozialen Friedens eine schlechte Prognose, wenn diese neue Unterklasse durch doppelt so hohe Kinderzahlen wie die deutsche Bevölkerung und weitere Zuwanderung immer weiter wächst und schon innerhalb der nächsten zehn Jahre die Mehrheit der aktiven Bevölkerung, ganz sicher aber unter den Kindern und Jugendlichen in zahlreichen Großstädten der alten Bundesländer stellen wird',** sagt Volkmar Weiss, Intelligenzforscher und Leiter der Deutschen Zentralstelle für Genealogie in Leipzig in der WELT vom 23.7.2005, S. 4.

Wichtiger ist der Hinweis, daß in den deutschen Ballungsgebieten 40 Prozent der Jugendlichen Ausländer sind. Tendenz steigend sowie von zunehmender schwerstkrimineller Energie. Die Deutschen gehen kaputt, das kann niemand mehr übersehen."[244]

„In der WELT vom 26.5.2004 wird auf Seite 3 eine Graphik ... abgebildet, wonach sich der Ausländeranteil in der BRD von 1990 auf 1991 sprunghaft um fast zwei Millionen erhöhte (von angeblich 5,3 Millionen auf 7,2 Millionen). Gemäß dieser statistischen Tafel-Graphik sind seit 1991 bis Ende 2003, also 13 Jahre lang, quasi keine neuen Ausländer mehr nach Deutschland zugezogen. 1991 sollen 7,3 Millionen Ausländer gemäß Graphik in der BRD gelebt haben und am 31.12.2003 sollen es exakt 7 334 765 gewesen sein (wie die wohl gezählt wurden?).

Da es eine Tatsache ist, daß jährlich etwa eine Million Ausländer neu nach Deutschland durch die 'Einfallstore' drängen, werden also mindestens 13 Millionen Fremde in den offiziellen Statistiken unterschlagen. ... DIE WELT verbreitet seit Jahren auftragsgemäß die statistischen Lügenkonstruktionen über den Ausländeranteil in der BRD. Zum Beispiel: 2000 **'Hat sich die Zahl der Ausländer seit 1972 auf 7,3 Millionen verdoppelt.'** (Die Welt, 27.12.2000, S. 8) Alleine seit dem Jahre 2000 hätte sich der Ausländeranteil aber um vier Millionen, auf 11,3 Millionen, erhöhen müssen.

Selbst DER SPIEGEL predigt noch 2004 die magische Zahl von **7,3 Millionen** Ausländern in der BRD: **'7,3 Millionen friedlicher Ausländer in Deutschland.'** (Nr. 24/2004, S. 25) Die Zahlenakrobatik zur Verdummung der Deutschen treibt im Hamburger Nachrichtenmagazin ohnehin seltsame Blüten. In der Nummer 47/2004 auf Seite 62 nennt DER SPIEGEL folgende Zahlen: **'Türken in Deutschland insgesamt 2003: 1,9 Millionen'**. Eine Seite weiter liest man dann folgendes: **'3,2 Millionen Muslime in Deutschland, von denen die meisten – 2,5 Millionen – türkischer Herkunft sind.'** Das heißt also, in nicht einmal einem Jahre wären 600 000 Frisch-Türken nach Deutschland gekommen, ohne all die anderen Ausländer. Eine eher wahrheitsgemäße Darstellung der verheerenden BRD-Situation veröffentlichte das Hamburger Wochenmagazin in seiner Ausgabe Nr. 43/2000 auf Seite 42, dort konnte man folgendes lesen: **'Rund 29 Millionen Menschen strömten zwischen 1950 und 1997 als Arbeitsmigranten, nachziehende Familienangehörige, Aussiedler oder Asylbewerber in die Bundesrepublik.'** (Der Spiegel, 43/2000, S. 42)

Wie gelogen wird, um die Deutschen zu verdummen und zu betäuben, damit sie ihren Untergang verschlafen, sei an folgendem Beispiel verdeutlicht:

Die Süddeutsche Zeitung berichtet am 24.11.1995 auf Seite 4:

'Die Zahl der Ausländer in Deutschland ist im vergangenen Jahr um 113 000 gestiegen.

Die Welt am Sonntag berichtet am 8.10.1995 auf Seite 5:

'1994 kamen über eine Million Zuwanderer.'

Ähnlich verhält sich die BRD-Multi-Kulti-Propaganda in Bezug auf den türkischen Anteil in der BRD. Die offizielle Propaganda sprach schon vor über 20 Jahren von zwei Millionen in Deutschland lebenden Türken: **'Bundeskanzler Kohl verlangte, daß ein erheblicher Teil der rund zwei Millionen in der Bundesrepublik lebenden Türken in ihre Heimat zurückkehren.'** (AP – 26.1.1983) Heute wird die türkische Bevölkerung in der BRD von der offiziellen Propaganda mit 2,5 Millionen angegeben: **'Insgesamt leben in**

Deutschland rund 2,5 Millionen Menschen türkischer Herkunft.' (Die Welt, 12.5.2004) Die türkischen Gemeinden zählten aber schon 1991 [!] fünf Millionen Türken in der BRD: **'Wir können mit Stolz registrieren, daß mehr [!] als 5 Millionen Türken in Deutschland leben.'** (Türkische Funktionäre der türkischen Vereine in der FAZ, 17.11.1991, S. 9) Mit anderen Worten: Heute dürften in der BRD zwischen 8 und 10 Millionen Türken leben, von den anderen Völkermassen wollen wir erst gar nicht sprechen.

Geht es also in Wirklichkeit darum, das Kriegsziel Nummer eins der Alliierten zu verwirklichen, die Deutschen mit dem Instrument Multikultur abzuschaffen?

Das geschlagene Deutsche Reich sollte nach dem 2. Weltkrieg als Experimentierfeld dienen, in dem die Sieger die Vernichtungskraft der Multikultur testen wollten. Das Kriegsziel Nummer eins der Alliierten gegen Deutschland (offiziell wurde bis heute kein Friede geschlossen) lautete gemäß Dr. O. Mueller (FAZ vom 14.2.1992, S. 8) wie folgt: **'Kriegsziel Nummer eins der Alliierten: Abschaffung völkischer Exklusivität ... Noch deutlicher hat es der amerikanische Anthropologie-Professor der Harvard-Universität, Earnest A. Hooton, ausgesprochen, als er am 4. Januar 1943 in der New Yorker Zeitung PM unter dem Titel «Sollen wir die Deutschen töten?» folgendes vorschlug: «Während der Besatzungszeit soll die Einwanderung und Ansiedlung von Nicht-Deutschen, insbesondere von Männern, in den deutschen Staaten gefördert werden».'**

Gute Nacht Deutschland, guten Morgen Multikultur!“[245]

Unter diesem Gesichtspunkt sind also die Lügenzahlen zu sehen, die die Deutschen alljährlich von Politik und Medien vorgesetzt bekommen, was die vermeintliche Anzahl von Ausländern in ihrem Land anbelangt, so etwa am 28. März 2006: „Die Zahl der in Deutschland lebenden Ausländer hat sich im vergangenen Jahr kaum verändert. **Wie das Statistische Bundesamt mitteilte, besaßen Ende 2005 rund 6,76 Millionen Menschen in der Bundesrepublik eine ausländische Staatsangehörigkeit.** Dies waren 0,5 % mehr als im Jahr davor.

Seit Jahren stranden unter anderem an Italiens Küsten Schiffe mit Flüchtlingen, für die Deutschland zur Endstation Sehnsucht wird. Hätten wir wirklich freie und unabhängige Medien, würden sie den wahren Grund aufdecken, warum in den letzten Jahrzehnten immer mehr Ausländer nach Deutschland gelockt wurden: der bereits am 4. Januar 1943 in den USA veröffentlichte diabolische „Hooton-Plan", in dem eiskalt die „Herabsetzung der Geburtenrate 'reiner Deutscher'" und die „Einwanderung und Ansiedlung nicht-deutscher Staatsbürger, speziell männlicher", gefordert wurde!

Eine Menschenmenge vor der deutschen Botschaft in Kiew (2001) in der Ukraine. Unsere eigene Regierung sorgte in den letzten Jahrzehnten dafür, daß immer mehr „Migranten" nach Deutschland kamen, so etwa durch den seinerzeit umstrittenen Visa-Erlaß der rot-grünen Regierung. Nicht ohne Grund sprachen einige Experten damals davon, daß das Auswärtige Amt womöglich die Visaprüfung rechtswidrig aufgehoben hatte.

(Quellenhinweise: **Oben:** Der Spiegel, 29.12.03, S.40; **Unten:** ebd. 21.2.05, S.27)

Aus allen Himmelsrichtungen strömen Zuwanderer nach Deutschland: hier eine Buskolonne am Grenzübergang Frankfurt (Oder) im Osten. Um Kritiker des ständigen Ausbaus der multikulturellen Gesellschaft mundtot zu machen, muß das Phantom Fremdenfeindlichkeit herhalten. Gäbe es in Deutschland aber wirklich „Ausländerfeindlichkeit“, würden Massen von Migranten unser Land schnellstens wieder verlassen!

Vor allem in deutschen Gefängnissen zeigen sich die Früchte der „multikulturellen Gesellschaft“: Ausländer sind darin stark überrepräsentiert (hier jugendliche Häftlinge in Neumünster).

(Quellenhinweise: **Oben:** Der Spiegel, 28.2.05, S.32; **Unten:** ebd. 19.8.02, S.69)

Die meisten Ausländer kamen aus der Türkei (26 %). Es folgen Italien (8 %), Polen und Griechenland (jeweils 5 %) und Serbien-Montenegro (4 %).“[246]

„Zahl der Ausländer unverändert“, titelte der „ARD-Text“ ein Jahr später, am 8. März 2007 (S. 163; Herv. hinzugefügt) und behauptete in unverschämter Weise: „In Deutschland leben **rund 6,75 Millionen Ausländer**, jeder fünfte von ihnen wurde bereits in der Bundesrepublik geboren. Die Zahl blieb damit bei einem leichten Rückgang um 0,1 % gegenüber dem Vorjahr nahezu unverändert, wie das Statistische Bundesamt mitteilte.

32 % der Ausländer stammen aus EU-Staaten, 47 % kommen aus anderen europäischen Ländern. Mit 26 % sind die Türken die größte Gruppe, es folgen Italiener und Polen.“ (Nach der offiziellen Statistik gibt es also *immer weniger* Ausländer in Deutschland!)

Am 19. Dezember 2007 wollte man uns erneut weismachen, daß der Ausländeranteil konstant geblieben sei. „Der Anteil ausländischer Staatsangehöriger an der Gesamtbevölkerung liegt in Deutschland weiterhin bei 8,8 Prozent. Das geht aus dem Migrationsbericht 2006 hervor, den Bundesinnenminister Schäuble vorgelegt hat. Fast drei Viertel aller zugezogenen Personen stammten dem Bericht zufolge aus Europa – zur Hälfte aus Mitgliedstaaten der EU. ... 2006 sei ... mehr als 3000 Menschen aus besonderen humanitären Gründen eine Aufenthaltserlaubnis erteilt worden.“[247]

„Zahl der Ausländer sinkt leicht“, hieß es von offizieller Stelle am 19. Februar 2008. „Die Zahl der Ausländer in Deutschland ist leicht gesunken: Wie das Statistische Bundesamt mitteilte, besaßen Ende 2007 **etwa 6,74 Millionen Menschen** ausschließlich eine ausländische Staatsangehörigkeit. Das waren 6100 Personen oder 0,1 Prozent weniger als 2006.

Knapp 402 400 Menschen mit ausländischer Staatsangehörigkeit sind im Laufe des Jahres nach Deutschland gezogen oder wurden hier geboren, fast 279 000 verließen das Land oder verstarben. Rund 129 500 Menschen schieden aus anderen Gründen aus dem Register aus, zum Beispiel durch Einbürgerung.“[248]

In Wahrheit leben in der Bundesrepublik bedeutend mehr Fremdstämmige und immer weniger Einheimische. So war Mitte März

2006 zu erfahren, daß es einen neuerlichen **Minusrekord bei den Geburten** gab: **„Die Geburtenzahl hat im vergangenen Jahr den niedrigsten Stand seit 1945 erreicht.** Zugleich ist sie so stark gesunken wie seit 15 Jahren nicht mehr. Wie die Tageszeitung 'Die Welt' unter Berufung auf das Statistische Bundesamt berichtet, kamen 2005 weniger als 676 000 Kinder zur Welt [Anm.: Eine geradezu erschreckend geringe Zahl!]. 2004 seien es noch 706 000 Babys gewesen. Selbst im Nachkriegsjahr 1946 hätten die Statistiker noch 922 000 Geburten gezählt.

Der Direktor des Kölner Instituts der deutschen Wirtschaft bezeichnete die Entwicklung als 'dramatisch'.“[249]

„Deutschland hat niedrigste Geburtenrate“, titelte die „Fuldaer Zeitung“ am 4. August 2009 und berichtete, daß die Zahl der Einwohner in der Europäischen Union um 2,1 Millionen auf rund 500 Millionen gestiegen war. „Das sei laut dem europäischen Statistikamt Eurostat jedoch vor allem auf die Einwanderung und weniger auf mehr Geburten zurückzuführen. Besonders in Deutschland ist die Anzahl der Neugeborenen im vergangenen Jahr im Vergleich zu 2007 leicht rückläufig gewesen. Damit ist **die Bundesrepublik europaweit Schlußlicht beim Kinderkriegen.** Auf 1000 Einwohner kamen in Deutschland 2008 nur noch 8,2 Geburten, 2007 waren es noch 8,3.

Die Bundesrepublik hat neben der geringsten Geburtenrate auch die höchste Sterbeziffer: 844 000 Menschen sind im vergangenen Jahr verstorben. Dem stehen nur 675 000 Neugeborene gegenüber.“[250]

Bereits einige Tage zuvor wurde im gleichen Blatt von einer „alarmierenden Studie“ gesprochen, aus der hervorgeht, daß trotz Elterngeld und anderer familienpolitischer Maßnahmen in Deutschland weiterhin immer mehr Frauen ohne Kinder bleiben. „Im Jahr 2008 hatten 21 Prozent der Frauen zwischen 40 und 44 Jahre keine eigenen Kinder. Bei den 25- bis 29jährigen waren es sogar 69 Prozent. Unter den 60- bis 64jährigen Frauen (Jahrgänge 1944 bis 1948) sind dagegen nur 12 Prozent kinderlos.

Zu diesem Ergebnis kommt die größte Haushaltsbefragung in Europa ('Mikrozensus'), die das Statistische Bundesamt [am 29. Juli

2009] in Berlin vorstellte. ... Sehr häufig keinen Nachwuchs haben Akademikerinnen in Westdeutschland. **Frauen mit Migrationshintergrund** hingegen **haben meist viele Kinder.**"[251]

Anfang Oktober 2009 bekam man nochmals eine Bestätigung für die hierzulande herrschende katastrophale Familienpolitik: „Im vergangenen Jahr kamen in der Bundesrepublik Deutschland 682 514 Säuglinge zur Welt. Das sind noch einmal 2348 Kinder weniger als im Jahre 2007. Beinahe fassungslos steht diesen Zahlen die Angabe von – offiziell – 114 000 Abtreibungen gegenüber, vermutlich wohl in Wahrheit mehr als 200 000. Wer will dies jemals nachfolgenden Generationen erklären? ... Etablierte Politik versagt in allen Lebensbereichen total. **Das totale Desaster der Familienpolitik** aber **unterbietet wirklich alles!**"[252]

„Zahl der Geburten geht weiter zurück", hieß es in der „Fuldaer Zeitung" am 16. September 2009 über den unaufhaltsam scheinenden Marsch des deutschen Volkes in den Abgrund. „In Deutschland sind im ersten Halbjahr 2009 wieder weniger Babys zur Welt gekommen. Nach vorläufigen Berechnungen des Statistischen Bundesamtes wurden zwischen Januar und Juni dieses Jahres 312 200 Kinder geboren – knapp 6,6 Prozent oder 22 000 weniger als im Vergleichszeitraum 2008."[253]

Erschreckend ist auch eine Meldung vom 24. November 2009, wonach sich die Zahl der in Familien lebenden Kinder in Mecklenburg-Vorpommern seit 1991 fast halbiert hat. „Wie das Landesamt in Schwerin mitteilte, sind 2008 nur noch 344 000 Kinder und Jugendliche in Familien erzogen worden. 1991 waren es dagegen noch 642 000 Kinder. Das entspricht einem Rückgang um 46,4 Prozent.

Den Statistikern zufolge ist auch die Zahl der Familien mit Kindern gegenüber 1991 um 38,1 Prozent auf 239 200 Familien im Jahr 2008 gesunken. Die Rückgänge beträfen die Gruppe der Kinder bis 14 Jahren am stärksten."[254]

Man sollte bedenken, daß der ehemalige Bundesforschungsminister Riesenhuber (CDU) bereits Anfang 1990 beim Bonner *Institut für Wirtschaft und Gesellschaft* (IWG) ein Gutachten zur mittel- und langfristigen Bevölkerungsentwicklung in Deutschland in Auftrag gab. „Als die Ergebnisse 1993 vorlagen, **untersagte das Bonner Innenministerium die amtliche Veröffentlichung, weil die Daten zu brisant waren** *'und zu erheblichen Mißverständnissen führen könnten'*. Auf eigene Kosten veröffentlichten die Gutachter Meinhardt Miegel und Stefanie Wahl nun die Ergebnisse in dem Buch *Das Ende des Individualismus*. Danach kommen *'demographische Umbrüche, wie sie in der neueren Geschichte ohne Beispiel sind'*. **Die Zahl der Deutschen nimmt ab, ihre *'ethnische und kulturelle Identität'* wird überlagert und erlischt am Ende völlig.** Die Gutachter machen familienpolitische Vorschläge, die allerdings mit *'erheblichen Opfern'* verbunden sind", so die „Stuttgarter Nachrichten"[255] in ihrer Ausgabe vom 15. Oktober 1993.

Was die von nicht wenigen Zuwanderern ausgehende Gewalt in Deutschland anbelangt, so förderten zahlreiche in den letzten 10 Jahren durchgeführte Umfragen die ablehnende Haltung der meisten Deutschen gegen den ausufernden multikulturellen Schmelztiegel offen zutage, so etwa auch eine Ende Mai 2007 veröffentlichte Erhebung: „55 % der Bundesbürger gaben in einer Umfrage an, sie fänden die Zahl der legal in Deutschland lebenden Einwanderer zu hoch. 32 % sagten in der Erhebung im Auftrag der Zeitung 'International Herald Tribune' und des Nachrichtensenders France 24, der Anteil der Einwanderer liege ungefähr richtig."[256]

Für die Obrigkeit scheint die Problemlösung zu lauten: Weniger Deutsche, und damit weniger „Ausländerfeinde"! „48,5 Prozent der Deutschen, so eine ... [andere] Untersuchung, klagen über zu viele Ausländer in der Bundesrepublik. Kein Grund zur Besorgnis, meint der [jüdischstämmige] Bremer Universitätsprofessor Gunnar Heinsohn. Denn die Bedenkenträger würden nach und nach aussterben. **Im Jahr 2005 seien bereits 35 Prozent der in Deutschland geborenen Babys ausländischer Herkunft gewesen.** 'Wenn diese Kinder geschlechtsreif werden und ihren überdurchschnittlichen Geburtenanteil von 2005 halten, dann werden schon 2025 von 100 Neugeborenen 65 Migranten und Ausländer sein.' Zivilisationsforscher Heinsohn schließt daraus: **'Die Ethnodeutschen werden zur Minderheit, erst beim Nachwuchs und in einigen Jahrzehnten im**

ganzen Land. Dadurch wird der Prozentsatz derer, die Ausländer ablehnen, stetig sinken. So schafft die Demographie von alleine, was heute noch vergeblich mit milliardenschweren Programmen zu erreichen versucht wird'", stellte „Nation & Europa" im Februar 2007 (S. 35; Herv. hinzugefügt) nüchtern fest.

„Daß wir von den globalistischen Verbrechern wirtschaftlich zerstört wurden und finanziell noch über Jahrhunderte hinweg ausgeplündert werden, dämmert mittlerweile auch dem naivsten Zeitgenossen. Wenn gewisse Politiker sozusagen als Handlanger der Räuber davon schwätzen, die Wirtschaft retten zu können, dann entspringt eine solche Aussage entweder grenzenloser Dummheit oder krimineller Vertuschungsenergie. Nichts ist mehr zu retten. Aber das Schlimmste ist, daß wir dank Multikultur auch keinen wirtschaftlichen Kraftakt mehr vollziehen können, um aus dem Pleitesumpf zu kommen. Dank der Bereicherung ist das Bildungsniveau an den Hauptschulen auf Busch-Niveau gesunken, wo sozusagen das Fach 'Buschtrommel-Schlagen' die Mathematik abgelöst hat. Wir besitzen kein Leistungs-Reservoir mehr. **'Die mit Abstand höchsten Kinderzahlen verzeichnen Familien mit Migrationshintergrund, während die Intelligenz ohne diesen Hintergrund im Gebärstreik verharrt. Eine derartige Entwicklung ergibt für die Erhaltung des sozialen Friedens eine schlechte Prognose, wenn diese neue Unterklasse durch doppelt so hohe Kinderzahlen wie die deutsche Bevölkerung und weitere Zuwanderung immer weiter wächst und schon innerhalb der nächsten zehn Jahre die Mehrheit der aktiven Bevölkerung, ganz sicher aber unter den Kindern und Jugendlichen in zahlreichen Großstädten der alten Bundesländer stellen wird'**, sagt Volkmar Weiss, Intelligenzforscher und Leiter der Deutschen Zentralstelle für Genealogie in Leipzig. (Die Welt, 23.7.2005, Seite 4) Diese Prognose des renommierten Intelligenzforschers ist am Niedergang von Nordrhein-Westfalen, dem ehemals leistungsstärksten Bundesland der BRD, deutlich sichtbar. Heute leben in NRW die meisten Ausländer, was offenbar dazu führte, daß die Wirtschaftskraft maßgeblich kaputtgegangen ist. In NRW liegt die Wirtschaftskraft pro Kopf bei 30 113 Euro, während sie im zahlenmäßig um ein Drittel kleineren Bayern bei 35 545 Euro liegt. NRW ist wegen seiner multikulturellen 'Wirtschaftsblüte' mit

116 Milliarden Euro verschuldet, Bayern nur mit 22 Milliarden Euro."[257] Es scheint also einiges darauf hinzudeuten, daß eine umso niedrigere wirtschaftliche Leistungskraft in einem Bundesland zu verzeichnen ist, je mehr Zuwanderer dort anzutreffen sind.

Jedenfalls sprechen viele Deutsche längst von einer „Umvolkung", die in ihrem Lande (anscheinend ganz gezielt!) stattfinden soll. Wie etwa das „Statistische Bundesamt" am 12. Mai 2009 bekanntgab, „ist in den vergangenen zehn Jahren in der BRD der Anteil der Kinder mit mindestens einem ausländischen Elternteil an allen neugeborenen Kindern weiter gestiegen. Von den rund 684 900 Kindern, die 2007 in Deutschland geboren wurden, hatten etwa 164 000 (24 %) einen oder zwei ausländische Elternteile. Im Jahr 1997 hatte der Anteil noch bei 20 % gelegen, 2002 bei 23 %.

Im Jahr 2007 besaßen bei 67 000 Kindern Vater und Mutter eine ausländische Staatsangehörigkeit, 97 000 Kinder stammten aus deutsch-ausländischen Beziehungen: 53 000 davon hatten einen deutschen Vater und eine ausländische Mutter, und die verbleibenden 44 000 hatten eine deutsche Mutter und einen ausländischen Vater. In den letzten fünf Jahren ist die Zahl der Geborenen mit zwei ausländischen Elternteilen um 12 000 zurückgegangen während die Zahl der Geborenen von deutsch-ausländischen Ehepaaren um 13 000 zugenommen hat.

Die in der BRD lebenden Ausländer, die 2007 Mutter oder Vater wurden, stammten aus allen Kontinenten und rund 170 Staaten der Erde. Die größten Gruppen der miteinander verheirateten ausländischen Eltern derselben Staatsangehörigkeit bildeten im Jahr 2007 die Türken mit 19 400, gefolgt von den Serben (5400 Kinder) und den Italienern (2300 Kinder).

Das ist natürlich wie immer wieder nur die halbe Wahrheit. Nicht mitgezählt wurden von den Statistikern die Ausländerkinder, deren Eltern bereits BRD-Papiere besitzen. Die machen aus einem Türken zwar keinen Deutschen, verschleiern aber die brutalen Tatsachen ein wenig. Denn würde man die Neodeutschländer mitzählen, dann würde man mit großer Wahrscheinlichkeit feststellen, daß nahezu ein Drittel aller Neugeborenen in der BRD keine ethnischen Deutschen mehr sind. Und in den nächsten Jahren wird es in dieser Hinsicht immer schlimmer werden."[258] („In der Bundesrepublik Deutschland gibt es immer mehr binationale Ehen", stellte die „National-Zeitung" in ihrer Ausgabe vom 2. Oktober 2009 nüchtern fest. „Innerhalb von nur zwölf Jahren verdoppelte sich die Zahl der Deutschen mit ausländischem Partner von 723 000 auf 1,4 Millionen."[259])

In der Tat, es hat ganz den Anschein, als würde die etablierte Politik den ethnischen Deutschen das Kinderhaben nach Kräften ausreden und es ihnen durch die ständig steigenden Steuern und Abgaben finanziell unmöglich machen. Zudem unternehmen sie nichts gegen die barbarische Abtreibungspraxis, die nichts anderes als Mord an Ungeborenen darstellt. Anschließend können diese „Volksvertreter" dann auch noch frech behaupten, „daß man die Einwanderung und den ausländischen Nachwuchs wegen des Kindermangels dringend brauche."[260] Man erinnere sich in diesem Zusammenhang nur an die schändliche Aussage des jüdischstämmigen früheren PDS-Vorsitzenden **Gregor Gysi** (sein Vater Klaus war in der ehemaligen DDR für die Unterdrückung der „christlichen Kirchen" zuständig; er sitzt heute als Fraktionsvorsitzender der Linken im Bundestag!): **„ … angesichts von 400 000 Abtreibungen jährlich in Deutschland könne man sich doch gut die zumindest gleiche Zahl von Zuwanderern leisten"**[261]! Man sollte sich nicht einmal im Traum einbilden, daß einem Mann mit einer solchen Einstellung etwas am Wohle unseres Volkes liegen würde, auch wenn er unter anderem in Fernsehsendungen noch so viel von „sozialer Gerechtigkeit" oder „Bekämpfung der Armut" schwadronieren sollte. Vielmehr erfüllt die Linkspartei den Hauptzweck, der nationalen Opposition wichtige Wählerstimmen wegzunehmen und den Volkszorn in kontrollierbare Bahnen zu lenken. Und überhaupt: Wie will eine Partei die Arbeitslosigkeit wirksam bekämpfen, wenn sie auf den beständigen Ausbau der multikulturellen Gesellschaft hinarbeitet?!

Während Wolfgang Schäuble (hier mit freimaurerischer Signalgeste: dem „Blick über die Brille“) ständig vom „islamistischen Terrorismus“ phantasierte, unternahm er in seiner ehemaligen Funktion als Bundesinnenminister gleichzeitig alles, um die multikulturelle Gesellschaft in Deutschland immer mehr voranzubringen, das heißt gerade auch den Islamismus zu verbreiten. **Rechts:** Einbürgerung von „Migranten“ in Bonn.

Eine Einbürgerungsfeier vor einigen Jahren in Bremen mit Innensenator Thomas Röwekamp von der CDU. Obwohl nach offiziellen Angaben nur rund 6,75 Millionen Ausländer in der BRD leben, sind es in Wahrheit bereits weit über 30 Millionen Zuwanderer, die in den letzten Jahrzehnten in Deutschland eine neue Heimat gefunden haben. Viele von ihnen wurden eingebürgert, damit sie in keiner Statistik mehr erscheinen.

(Quellenhinweise: **Oben links:** Der Spiegel, 17.7.06, S.42; **Oben rechts:** ebd. 6.2.06, S.34; **Unten:** ebd. 10.7.06, S.44)

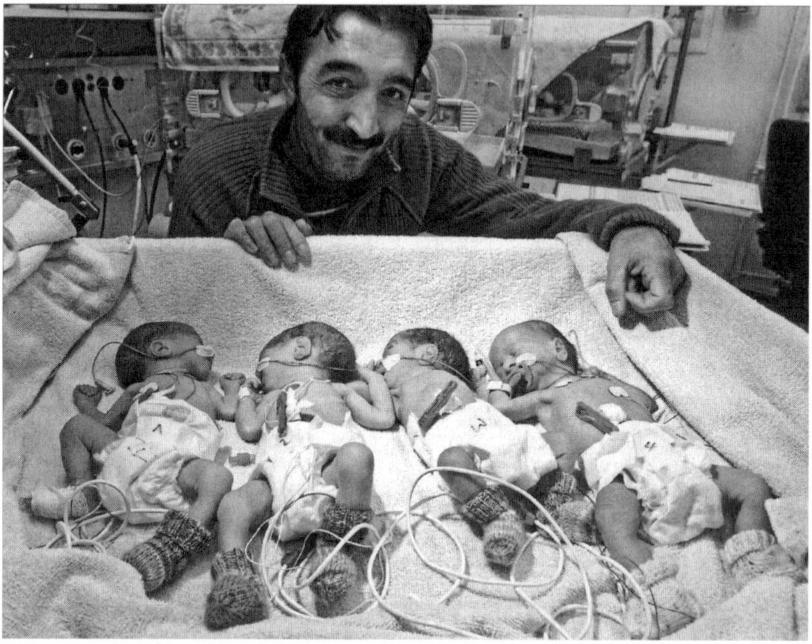

Aus sechs mach neun – Kindersegen dank eineiiger Drillinge

Es muß nüchtern zur Kenntnis genommen werden, daß Familien mit Migrationshintergrund die mit Abstand höchsten Kinderzahlen verzeichnen. Das **obere** Photo aus der Lübecker Uniklinik zeigt den Türken Bülent, der mit seiner 31jährigen Frau seit Mittwoch, den 23. Januar 2009, stolze Eltern von drei Jungen und einem Mädchen sind; **unten** sehen wir die Albanerin Hanife (35) und ihren Ehemann Avni aus Burgsteinfurt bei Münster mit ihren sechs Töchtern und den Mitte September 2009 auf die Welt gekommenen eineiigen männlichen Drillingen, die ihr Familienglück komplettierten.

(Quellenhinweise: **Oben:** Fuldaer Zeitung, 24.1.09; **Unten:** Fuldaer Zeitung, 16.9.09)

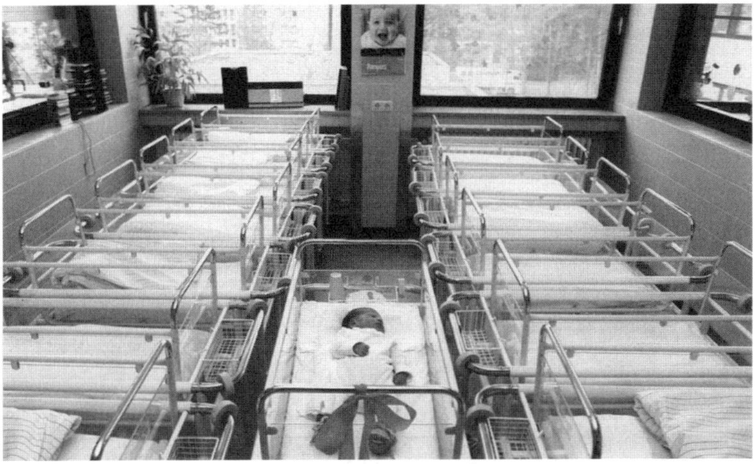

Während unsere eigenen Politiker alles dafür tun, immer mehr Ausländer in der BRD anzusiedeln, nimmt der Anteil der Deutschen an der Gesamtbevölkerung unseres Landes von Jahr zu Jahr beständig ab (hier eine Säuglingsstation in Nürnberg).

Die Bundesrepublik Deutschland ist zu einem sozialistischen Land geworden, das zunehmend dem kommunistischen China ähnelt. Schließlich gibt es auch dort zahlreiche Wanderarbeiter, die umherreisen müssen, um einen Arbeitsplatz zu finden. So verhält es sich auch bei uns: aufgrund der Massenzuwanderung gibt es in vielen Gegenden kaum noch Stellen, weshalb viele unserer Landsleute einen Wohnungswechsel oder sogar den Umzug ins Ausland vornehmen müssen.

(Quellenhinweise: **Oben:** Der Spiegel, 26.6.06, S.30; **Unten:** ebd. 4.6.07, S.50)

Grünen-Chefin Claudia Roth, die den Spitznamen „Miss Multikulti“ trägt, ausgelassen beim Feiern eines Straßenfestes in Berlin-Kreuzberg. Wie andere Politiker der Linken ist sie eine vehemente Streiterin für noch mehr Zuwanderung.

Vor mehr als fünf Jahren machte ausgerechnet Bayerns Innenminister Günther Beckstein (zweiter von links) in Nürnberg der „Türkischen Gemeinschaft“ seine Aufwartung. An der Wand hängt ein Bild von Alparslan Türkesch, dem „früheren Chef der nationalistischen türkischen MHP-Partei. Deren Jugendorganisation ‘Graue Wölfe’ gilt den hiesigen Behörden als ‘neofaschistisch’.“* Während BRD-Politiker vielen Deutschen ständig „Fremdenfeindlichkeit“ und „Ausländerhaß“ vorwerfen, haben sie keinerlei Berührungsängste mit „Rechten“ anderer Völker, nicht zuletzt der Israelis.

(Quellenhinweise: **Oben:** Focus, 10.4.06, S.26; **Unten:** Nation & Europa, Februar 2004, S.32; *: Nation & Europa, Februar 2004, S.32)

Die Massenzuwanderung sorgt dafür, daß die ohnehin angespannte Situation auf dem deutschen Arbeitsmarkt immer dramatischer wird (auch wenn die Politik durch gefälschte Statistiken alles dafür tut, einen anderen Eindruck zu erwecken!).

Es versteht sich von selbst, daß die Migration jedes Jahr enorm hohe Kosten verursacht, die von der angestammten Bevölkerung dieses Landes getragen werden müssen. Das hat zur Folge, daß für die Deutschen selbst immer weniger Geld zur Verfügung steht und sie ständig steigende Steuern und Abgaben tragen müssen. Das wiederum zieht eine beispiellose Verelendung vieler Leute nach sich (hier eine Essensausgabe an Obdachlose in Berlin).

(Quellenhinweise: **Oben:** Der Spiegel, 25.8.03, S.57; **Unten:** ebd. 29.11.04, S.106)

Weiß man, daß das deutsche Volk bereits seit rund 100 Jahren – als die Weichen für den Ersten Weltkrieg gestellt wurden – auf der Abschußliste der „Feinde aller Menschen", die in der Hl. Schrift auch als „Synagoge Satans" bezeichnet werden, ganz oben steht, überrascht es nicht wirklich, daß einem Jahr für Jahr neuerliche Schreckensmeldungen präsentiert werden, die eine deutliche Sprache sprechen, so etwa am 10. September 2007 unter der Schlagzeile: „Geburtenzahl sinkt weiter". Im entsprechenden Bericht stand erneut zu lesen, daß in Deutschland erschreckend wenige Kinder geboren werden. „2006 kamen bundesweit rund 672 700 Kinder zur Welt. Im Jahr zuvor lag die Geburtenzahl noch um 13 100 höher."[262] 2007 waren es dann 684 900 Kinder, die in unserem Land geboren wurden, was abermals eine sehr niedrige Zahl ist.

„Jede fünfte Frau bleibt kinderlos", titelten die Medien Mitte Dezember 2007 und zeichneten erneut ein düsteres Bild vom Fortbestand unseres Volkes. Wie es nämlich hieß, blieben in Deutschland immer mehr Frauen kinderlos. „Das ist das Ergebnis einer Sondererhebung, die das Statistische Bundesamt vorgelegt hat. Demnach hat jede fünfte Frau (21 Prozent) im Alter zwischen 40 und 49 Jahren keine Kinder, während von den 50- bis 59jährigen nur jede siebte (14 Prozent) ohne Nachwuchs geblieben ist.

Zugleich hat sich der Zeitpunkt der ersten Geburt verschoben: Wurden die heute 60- bis 65jährigen im Durchschnitt mit 23 Jahren Mutter, brachten Frauen zwischen 30 und 44 Jahren ihr erstes Kind mit 26 zur Welt."[263]

Mit ihrem freiwillig praktizierten Verzicht auf Nachwuchs leisten viele Deutsche in gewisser Weise ihren Anteil an der von radikalen „Umweltschützern", wie David Brower (Umweltidol in den USA und Chef diverser Umweltorganisationen), schon seit langem geforderten Reduzierung der Weltbevölkerung:

„Kinderkriegen sollte ein strafbares Verbrechen an der Gesellschaft sein, sofern die Eltern keine Genehmigung der Regierung haben. Alle potentiellen Eltern sollten verpflichtet werden, chemische Verhütungsmittel zu nehmen, und die Regierung Gegenmittel an die Bürger geben, die für das Kinderkriegen ausgewählt wurden." (David Brower zitiert von Dixy Lee Ray in ihrem Buch „Trashing the Planet", 1990; zit. nach Die konservative Informationsbasis im Internet, http://www.konservativ.de/zitate/home.htm)[264]

Ständig denken sich unsere Oberen neue Begründungen aus, warum weitere Völkermassen aus aller Welt den langen Weg nach Deutschland auf sich nehmen. Neuerdings muß sogar das Klima dafür herhalten, wie eine Meldung von Ende Juli 2009 zeigt: **„Bis zu 75 Millionen Menschen werden wegen des Klimawandels allein im asiatischen-pazifischen Raum ihre Heimat verlassen müssen.** Davor warnt eine Studie der Organisation Oxfam in Australien. Die Menschen auf den pazifischen Inseln spürten die Auswirkungen bereits.

'Wasser und Nahrung werden öfter knapp, sie verlieren Land, sie werden aus ihren Häusern vertrieben, müssen mit einer steigenden Zahl von Malaria-Fällen klarkommen und sehen sich immer häufiger Extremwetterlagen ausgesetzt', so ein Experte."[265]

Solch eine Nachricht soll vor allem eines: Mitgefühl wecken und dadurch die Bereitschaft nähren, sich weiterer Zuwanderer anzunehmen. Was können diese Menschen schließlich dafür, wenn das Klima „verrückt" spielt?!? Dann halt ab ins nächste Boot und auf nach Europa!

* Das „Phantom Fremdenfeindlichkeit" muß herhalten

Um von den von unserer Obrigkeit erzeugten multikriminellen Zuständen abzulenken, werden also einerseits die Ausländerzahlen in Deutschland permanent nach unten verfälscht und andererseits von der Bundesregierung und etwa dem EU-Parlament so getan, als sei der Rassismus in unserem Lande ständig im Steigen begriffen. Das nehmen die verantwortlichen Politiker dann zum Anlaß, noch schärfere Gesetze auf den Weg zu bringen, die auch noch die letzten mahnenden Stimmen zum Schweigen bringen sollen, damit das Werk des (freimaurerischen) neuzeitlichen Turmbaus zu Babel in letzter Sekunde nicht noch gefährdet wird.

Sichten wir dazu stellvertretend eine Meldung der „Fuldaer Zeitung“ vom 21. Februar 2007 (Herv. hinzugefügt) unter der verlogenen Schlagzeile „Rassismus nimmt zu“: **„EU-Justizkommissar Franco Frattini hat eine massive Zunahme von Fremdenfeindlichkeit in Ländern der Europäischen Union beklagt.** Er unterstützte in Berlin nachdrücklich das Vorhaben von Bundesjustizministerin Brigitte Zypries (SPD) einen EU-Rahmenbeschluß gegen Rassismus und Fremdenfeindlichkeit umzusetzen.

In vielen EU-Mitgliedstaaten sind nach Worten Frattinis im Jahr 2006 Vorfälle von **Rassismus und Fremdenfeindlichkeit** im Vergleich zum Vorjahr um 25 bis 45 Prozent gestiegen, in einigen Ländern sogar um 70 Prozent. Namen wollte er [Anm.: aus gutem Grund!] jedoch nicht nennen.

Nach Vorstellungen von Zypries soll EU-weit die Aufstachelung zu Haß und Gewalt aus rassistischen Gründen ebenso bestraft werden wie die Leugnung des Holocaust oder anderer Verbrechen gegen die Menschlichkeit. Frattini regte zudem ein europäisches Projekt der Erinnerung an den Holocaust an.“ (Würden Rassismus und Fremdenfeindlichkeit etwa in Deutschland *tatsächlich* zunehmen, gäbe es *immer weniger* und nicht *immer mehr* „Migranten“ in unserem Land!)

Wie aber verhält es sich mit rassistischen Äußerungen von Ausländern gegenüber Deutschen, wie etwa: „Kein Durchgang für Deutsche“, „Wir bringen euch um, ihr deutschen Drecksschweine“, „Halt’s Maul, Du alte Nazisau“, „Deutsche Schlampe“ oder „Scheiß-Deutscher“, mit denen sich viele unserer Landsleute Tag für Tag beleidigen lassen müssen?!? Nun, solche Beschimpfungen werden von Politik und Justiz wie Kavaliersdelikte behandelt, die sich die Deutschen im Sinne der „Integration“ halt eben gefallen lassen müßten!

Bieten wir unserer verlogenen Obrigkeit die Stirn, indem wir mutig die Wahrheit aussprechen: In der Bundesrepublik Deutschland gibt es zu 99,8 % keine „Fremdenfeindlichkeit“! Vielmehr ist unser Land das weltweit ausländer*freundlichste*, das man sich nur vorstellen kann. Aus diesem Grund ist bei uns eben auch eine enorm hohe Anzahl an Ausländerkriminalität auszumachen und sehen sich viele Deutsche einer immer unverblümteren Inländerfeindlichkeit gegenüber. (Wie aber will man die „Eine Welt“ ohne das Phantom Fremdenfeindlichkeit rechtfertigen, wenn es nun einmal eine Tatsache ist, daß die multikulturelle Gesellschaft in der Praxis nicht funktioniert?!?) Hätten die zahlreichen zugewanderten Gewalttäter Angst vor irgendwelchen „Neonazis“ oder „Rechtsextremisten“, würden sie unser Land auf dem schnellsten Wege wieder verlassen. Das Gegenteil ist aber der Fall, das heißt ständig strömen weitere Berufskriminelle zu uns, die keinerlei Hemmungen haben, Deutsche auf offener Straße zu überfallen, zu vergewaltigen oder gar zu töten (siehe hierzu auch eine Meldung vom Montag, den 16. November 2009: „Nach dem Schuß auf einen Taxifahrer in Viernheim [Bergstraße] hat die Polizei in Österreich zwei 28 und 32 Jahre alte Männer aus Mazedonien festgenommen. Die mit internationalem Haftbefehl gesuchten Männer seien am Freitag auf der Flucht in einem Zug entdeckt worden, teilte die Polizei in Darmstadt am Montag mit. Die Verdächtigen sitzen nun in Innsbruck im Gefängnis. Der 28jährige soll am vorvergangenen Samstag auf einen 34jährigen Taxifahrer geschossen haben, als dieser einen Streit zwischen den beiden Mazedoniern schlichten wollte.“[266]).

„EU-Minister beraten Rassismus“, titelte der „ARD-Text“ am 19. April 2007 (S. 125) und setzte seine Leser darüber in Kenntnis, daß die EU-Justizminister ihre Beratungen in Luxemburg zum lange blockierten Rahmenbeschluß gegen Rassismus und Fremdenfeindlichkeit begonnen hatten. „Justizministerin Zypries sagte, Europa müsse klarmachen, daß niemand aufgrund seiner Herkunft diskriminiert werden dürfe. EU-Justizkommissar Frattini lobte die Vorlage als ‘ehrgeizigen Beschluß’.

Demnach müßten alle [!] EU-Staaten Gewalttaten aus fremdenfeindlichen Motiven bestrafen. Ähnliche Vorlagen waren bisher gescheitert.“[267]

Anfang Februar 2009 mußte man aus der Presse erfahren, daß sich Deutschland erneut der Kritik ausgesetzt sah. **„Vor dem UN-Menschenrechtsrat in Genf haben gestern mehrere Staaten Rassismus und ausländerfeindliche Gewalt in Deutschland kritisiert.** Der Staatsminister im Auswärtigen Amt, Gernot Erler (SPD), sagte, die Bundesregierung nehme die Vorwürfe sehr ernst. ‘Auch in Deutschland gibt es Schwierigkeiten’, sagte er.

Es muß nochmals wiederholt werden: Gäbe es in Deutschland wirklich „Fremdenfeindlichkeit", würden nicht Jahr für Jahr Hunderttausende Menschen aus aller Herren Länder in unser Land strömen. In der Regel erreichen sie mit Booten die europäischen Außengrenzen, etwa in Italien, von wo aus sie in Länder wie England oder Deutschland weiterreisen.

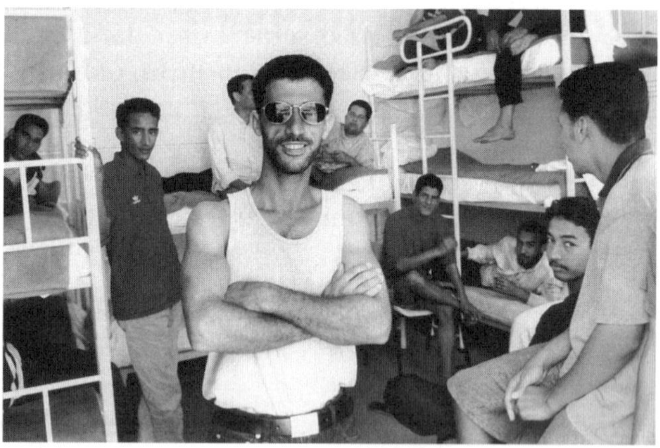

Sehen Herrschaften wie diese illegalen Einwanderer in einem Auffanglager in Centa (Marokko) etwa wie Leute aus, die in ihrer Heimat nur „knapp mit dem Leben davongekommen" sind oder nicht doch eher wie Armutsflüchtlinge, die es sich auf Kosten anderer gemütlich machen wollen? (Es sind in der Mehrzahl nicht Kinder, Frauen oder ältere Menschen, die einwandern, sondern Männer im „besten Alter", die den Weg nach Europa auf sich nehmen!)

(Quellenhinweise: **Oben:** Der Spiegel, 30.3.02, S.125; **Unten:** ebd. 26.6.2000, S.154)

Seit vielen Jahren stranden Flüchtlingsboote an Italiens Küsten. Wie wir auch hier sehen, hat man es in der großen Mehrzahl mit jungen Männern zu tun.

Dieses vor mehr als 10 Jahren im italienischen Monteroni geschossene Photo zeigt, wie „Flüchtlinge“ aus der Türkei mit Tagegeld und Musik empfangen werden – zur Weiterreise nach Deutschland. Der kommunistische römische Innenminister Giorgio Napolitano schickte diesbezüglich Hohn über die Alpen: „Es sei Folge der großzügigen Bonner Einwanderungspolitik, daß Millionen von Türken nach Deutschland wollen. Italien gewährleiste nur den Transit.“*

(Quellenhinweise: **Oben:** Der Spiegel, Nr.41/2001, S.42; **Unten:** Nation & Europa, Februar 1998, S.41; *: ebd.)

Menschenrechtler warfen der Regierung vor, die Situation der Ausländer zu beschönigen."[268] Angesichts der Schwemme an Ausländergewalt und rassistischen Beschimpfungen, denen sich viele Deutsche in ihrem eigenen Land tagtäglich ausgesetzt sehen, ist es geradezu ungeheuerlich, wie hier die Realität auf den Kopf gestellt wird!

Wenigstens kam einige Monate später in den Medien zur Sprache, daß die allermeisten Zuwanderer mit ihrem Leben in Deutschland zufrieden sind. **„Die große [!] Mehrheit der Zuwanderer in Deutschland fühlt sich hierzulande wohl.** Laut einer repräsentativen Studie des Allensbach-Instituts unter Migranten, die der 'Welt am Sonntag' [vom 14. Juni 2009] vorliegt, leben 69 % gerne in der Bundesrepublik.

58 % fühlen sich als Teil der deutschen Gesellschaft, nur 5 % empfinden sich nicht zugehörig. **Fast 80 % sind auch mit ihrer Arbeit und Wohnsituation zufrieden.** Das Vertrauen in den Staat ist teilweise viel ausgeprägter als im Durchschnitt der Bevölkerung."[269]

Bester Beweis dafür, daß es in Deutschland schon seit vielen Jahren *eben keinen* steigenden Rechtsextremismus gibt, sind also die Zuwanderer-Zahlen, etwa auch was die Rate von ausländischen Studenten anbelangt, über die es im „ARD-Text" am 3. August 2007 (S. 163) hieß, sie seien erneut gestiegen: **„An deutschen Universitäten studieren immer mehr ausländische Studenten.** Ihre Zahl habe 2006 gegenüber dem Vorjahr um 2000 auf 248 357 zugenommen, teilte der Deutsche Akademische Austauschdienst (DAAD) mit. Damit waren 12,5 Prozent aller Studenten in Deutschland Ausländer."

„Deutschland bleibt eines der beliebtesten Gastländer für ausländische Studenten", pflichtete die „Fuldaer Zeitung" vom 30. Juni 2009 dem bei, und weiter: „Die Bundesrepublik liege hinter den USA und Großbritannien auf dem dritten Rang, berichtete der Akademische Austauschdienst gestern. Jeder Achte der insgesamt 1,94 Millionen im Jahr 2008 an deutschen Hochschulen eingeschriebenen Studenten war Ausländer. Damit zähle Deutschland neben Australien und Großbritannien zu den Staaten mit dem höchsten Anteil ausländischer Studenten." Aber laut unseren Oberen, allen voran dem ehemaligen Bundesinnenminister Wolfgang Schäuble, soll es ja immer mehr rechtsextremistische Straftaten in unserem Land geben!

Wie aber verträgt sich diese Behauptung mit der Tatsache, daß **Deutschland bei Ausländern ein beliebtes Reiseziel** ist? „Nach dem Rekord im WM-Jahr 2006 bleibt Deutschland als Reiseziel auch in diesem Jahr sehr beliebt. ... Die Zahl der Übernachtungen ausländischer Gäste kletterte um zwei Prozent auf knapp 24 Millionen", stellte der „ARD-Text" am 9. August 2007 (S. 157) fest.

Ende September 2007 erhielt man nochmals die Bestätigung, daß immer mehr ausländische Gäste nach Deutschland kommen: **„Deutschland wird als Reiseziel im Ausland immer beliebter."**[270]

Fazit: In der Bundesrepublik gibt es eben *keine* latente „Fremdenfeindlichkeit"! Alle Politiker und Medienvertreter, die etwas Gegenteiliges behaupten, sollten wegen böswilliger Unterstellung vor Gericht gestellt werden.

Während sich also Ausländer immer wohler in Deutschland fühlen, scheint es für unsere Regierenden nur eine untergeordnete Rolle zu spielen, daß das eigene Volk langsam aber sicher ausstirbt. Schließlich werden seit vielen Jahren dramatisch wenige Kinder geboren, wie wir bereits mit Bedauern feststellen mußten. Bezeichnend ist in diesem Zusammenhang auch eine Meldung des Videotext von „n-tv" vom 24. Juni 2006 mit der Schlagzeile: „Deutsche wollen keine Kinder". Dort wurde sogar von einem „Negativ-Rekord in Europa" gesprochen. **„In Europa will nach einer Kinderwunschstudie des Bundesinstituts für Bevölkerungsforschung niemand so wenig Kinder wie die Deutschen.** ... 'Bei der Klage über niedrige Geburtenzahlen bleibt meistens unerwähnt, ob sich Menschen überhaupt Kinder wünschen', sagte Stiftungs-Geschäftsführerin Ingrid Hamm der Deutschen Presse-Agentur. Der Geburtenrückgang habe eine neue Dimension erreicht, da immer mehr Menschen kinderlos bleiben wollen. 'Bei uns leben mehr kinderlose Frauen als in anderen europäischen Ländern', sagte Hamm.

Nach der Kinderwunsch-Studie wünschten sich etwa Frauen wie auch Männer in Polen und Finnland deutlich mehr als zwei Kinder. In Deutschland lag der Wert zuletzt 1988 so hoch. Bei den Erhebungen in Deutschland waren 2005 rund 5500 Menschen im Alter zwischen 20 und 49 Jahren zu ihren Vorstellungen von Elternschaft und Familie befragt worden.“[271]

Obwohl also neuerdings sogar in den offiziellen Propaganda-Medien davon gesprochen wird, daß die Deutschen ein aussterbendes Volk sind, scheint das viele unserer Landsleute nur noch am Rande zu interessieren. **„Die Vorstellung eines Aussterbens der Deutschen wegen sinkender Geburtenzahlen läßt jeden zehnten Bundesbürger kalt.** Bei einer Umfrage hatten zehn Prozent kein Problem mit der Perspektive, daß die Deutschen eines Tages völlig [!] verschwinden könnten.

Bei den Jüngeren und höher Gebildeten hielten das sogar 17 Prozent nicht für tragisch.“[272] So sehen die Früchte einer seitens unserer „Befreier“ jahrzehntelang erfolgreich durchgeführten Umerziehung aus, die nur noch dem Hedonismus frönen und keinerlei Verantwortung für Familie und Vaterland mehr übernehmen wollen!

Deshalb überrascht die Schlagzeile „Geburten auf Tiefstand“ vom 22. Januar 2010 auch nicht weiter, die ein weiteres Indiz für das völlige Versagen der bundesdeutschen Familienpolitik ist. „Weil **in Deutschland 2009 so wenig Menschen geboren** wurden **wie seit Kriegsende nicht mehr,** ist die Bevölkerungszahl erstmals seit 1995 wieder unter 82 Millionen gefallen. Das teilte das Statistische Bundesamt auf der Basis von Schätzungen mit.

Laut der Statistiker gab es 645 000 bis 660 000 Geburten – demgegenüber stehen 830 000 bis 840 000 Sterbefälle. Außerdem kehrten mehr Menschen Deutschland den Rücken als aus dem Ausland zuwanderten.“[273]

Weisen wir noch darauf hin, daß, während den Deutschen vor allem im Fernsehen tagtäglich von morgens bis abends eine heile Welt vorgegaukelt wird, es noch eine ganze Reihe von Publikationen und Internetseiten gibt, die sich die Wahrheit auf die Fahnen geschrieben haben und alles in ihrer Macht stehende tun, unsere Landsleute über die tatsächlichen Zustände im Lande aufzuklären. Das wollen sich unsere Oberen natürlich nicht gefallen lassen, und so wird auch hier zunehmend gegen diese mutigen Stimmen im Sturm vorgegangen; schließlich kann im Weltnetz ein Millionenpublikum erreicht werden. „Haßparolen im Internet nehmen zu", heißt es dann einfach. „Extremisten schüren nach Ansicht von Bundesjustizministerin Brigitte Zypries (SPD) zunehmend Haß im Internet. … 'Mit dem Internet ist ein neuer Raum der Freiheit entstanden', sagte sie gestern bei einer Konferenz in Berlin. … Insgesamt steigt die Zahl der Haß-Seiten laut Experten stetig. Die Initiative jugendschutz.net [Anm.: Wo bleibt dieser verlogene „Jugendschutz", wenn Tag für Tag zahlreiche deutsche Kinder und Jugendliche von zugewanderten Gewaltverbrechern überfallen bzw. brutal zusammengeschlagen werden?!?] zählte im Jahr 2007 rund 1600 deutschsprachige Internetseiten mit rechtsradikalem Inhalt. Zypries plädierte daher für ein aktiveres Handeln von Behörden und Nutzern – auch über die staatlichen Grenzen hinweg"[274], hieß es am 10. Juli 2009 in den Medien. Damit wirft natürlich die satanische „Eine Welt", das heißt die damit einhergehende endzeitliche Verfolgung unerwünschter Meinungen, ihre bedrohlichen Schatten voraus!

* Immer mehr Deutsche fliehen ins Ausland

Es werden aber nicht nur immer weniger Deutsche geboren, zunehmend kehren unsere Landsleute ihrem Vaterland den Rücken. Man könnte diesbezüglich in gewisser Weise von einer zweiten Vertreibung unserer Volksgenossen sprechen. **„Noch nie in der Nachkriegsgeschichte haben so viele Deutsche die Heimat verlassen wie im Jahr 2004**, um im Ausland neu anzufangen", so der „Spiegel" in seiner Ausgabe vom 8. August 2005 (S. 136; Herv. hinzugefügt). Insgesamt verließen nach offiziellen Angaben seinerzeit 150 000 Deutsche ihre Heimat. Die Dunkelziffer dürfte indes um einiges höher gelegen haben.

„Die Bundesrepublik erlebt derzeit die größte Auswandererwelle ihrer Geschichte", hieß es dann am 22. Juni 2006 im „ARD-Text" (S. 161; Herv. hinzugefügt). „Im vergangenen Jahr sind nach Angaben des Statistischen Bundesamtes rund 160 000 Deutsche ins Ausland übergesiedelt, berichtet das 'manager magazin'. Dies seien 8 % mehr als 2004.

Die Zahlen lägen im Vergleich zu Beginn der neunziger Jahre sogar um 60 % höher. **Experten schätzen** dem Magazin zufolge **die tatsächliche Zahl der Auswanderer auf 250 000 Deutsche im Jahr**, weil die Statistik nur jene Personen erfasse, die sich ordnungsgemäß in Deutschland abmelden würden."

Am 4. Dezember 2008 wurde *abermals* von einem „Höchststand bei Auswanderern" gesprochen: „Immer mehr Deutsche wandern aus. Im vergangenen Jahr wurde mit 161 105 Auswanderungen der höchste Stand seit über 50 Jahren erreicht, wie aus dem beschlossenen Migrationsbericht 2007 hervorgeht. Insgesamt verließen vergangenes Jahr 636 854 Menschen Deutschland, darunter 475 749 Ausländer. Ins Land kamen 680 766 Menschen, davon 574 752 Ausländer."[275]

Im Gegensatz zu den Deutschen sind die Österreicher in der EU am wenigsten geneigt, „bei Jobverlust in ein anderes EU-Land zu ziehen, falls sie dort Arbeit fänden. Das geht aus einer ... Eurobarometer-Umfrage hervor, bei der im September 2005 rund 25 000 Europäer befragt wurden. Doch auch insgesamt läßt die berufliche Mobilität in der EU, die Thema einer Konferenz in Brüssel war, weiter zu wünschen übrig: Nur knapp zwei Prozent der Unions-Bürger im arbeitsfähigen Alter leben in einem anderen EU-Land – eine Zahl, die seit 30 Jahren unverändert ist.

Im Schnitt wären etwas mehr als ein Drittel der EU-Bürger bereit, das Land für einen neuen Arbeitsplatz zu wechseln. Die 'mobilsten' Europäer sind die Polen, wo mehr als die Hälfte der Befragten auch in ein anderes EU-Land ziehen würden, um einen Job zu finden, gefolgt von den Luxemburgern mit rund 48 Prozent. Am wenigsten flexibel sind die Österreicher: nur etwas mehr als 20 Prozent würden das tun. Ähnlich heimatverbunden geben sich auch die Ungarn, Iren und die Tschechen, mit rund 28 Prozent.

Auch im eigenen Land fällt den Österreichern der berufsbedingte Umzug schwerer als anderen Europäern. Während etwa drei Viertel der Franzosen oder der Niederländer in eine andere Region wechseln würden, wenn es dort größere Chancen auf einen Arbeitsplatz gibt, sind es in Österreich nur rund 50 Prozent, bei den Ungarn und den Iren nicht einmal die Hälfte.

Die EU-Kommission, die 2006 zum Jahr der beruflichen Mobilität erklärt hat, will nun mit einer großen Konferenz in Brüssel und einem Jahresbudget von 10 Millionen Euro den EU-Bürgern die [Anm.: angeblichen] Vorteile eines Jobwechsels in Verbindung mit geographischer Mobilität näherbringen. Im Schnitt bleiben die Europäer rund 10,6 Jahre am gleichen Arbeitsplatz, verglichen mit 6,5 Jahren in den USA; nur 40 Prozent glauben, daß der regelmäßige Wechsel des Arbeitsplatzes etwas Gutes bringt. Die Österreicher sind auch hier – gemeinsam mit den Esten – die größten Skeptiker: nur etwa ein Viertel glauben, daß berufliche Veränderung positiv ist.

Bei der Konferenz werden EU-Sozialkommissar Vladimir Spidla und der österreichische Globalist, Wirtschafts- und Arbeitsminister Martin Bartenstein eine neue EU-weite Online-Jobbörse vorstellen, auf der rund eine Million offene Stellen in 28 Ländern zu finden sein werden", so die „Politischen Hintergrundinformationen" [276] im März 2006.

„Selten lassen die Globalisten wohl so offen die Maske fallen, wie mit der Propagierung eines 'Jahres der Mobilität'", stellen in diesem Zusammenhang die „PHI", auf die Beschönigung einer offensichtlichen Unzumutbarkeit hinweisend, klar. „Sicher ist es verständlich, wenn Menschen aus Not ihre Heimat verlassen. Seien es nun materielle, wirtschaftliche Not oder unzumutbare politische Verhältnisse. Aber **Unseßhaftigkeit als etwas Anzustrebendes auch noch zu propagieren, kann nur der Verwirklichung des Kalergi-Plans dienen, nämlich der Erzeugung einer Mischrasse, die sich infolge Wurzellosigkeit und sinkendem Intelligenzquotienten leichter regieren und lenken läßt** [Anm.: Der österreichische Schriftsteller und Politiker Richard Nicolaus Graf Coudenhove-Kalergi (1894-1972) ist nicht nur Freimaurer sondern auch Gründer der Paneuropa-Bewegung gewesen. In seinem 1925 in Wien/Leipzig erschienenen Buch „Praktischer Idealismus" behauptete er, daß der Urbanmensch in der Regel Mischling aus verschiedensten sozialen und nationalen Elementen sei. „In ihm heben sich die entgegengesetzten Charaktereigenschaften, Vorurteile, Hemmungen, Willenstendenzen und Weltanschauungen seiner Eltern und Voreltern auf oder schwächen einander wenigstens ab. Die Folge ist, daß Mischlinge vielfach Charakterlosigkeit, Hemmungslosigkeit, Willensschwäche, Unbeständigkeit, Pietätlosigkeit und Treulosigkeit mit Objektivität, Vielseitigkeit, geistiger Regsamkeit, Freiheit von Vorurteilen und Weite des Horizontes verbinden."[277] Auf Seite 20f seines Buches prophezeite er: „Der Mensch der fernen Zukunft wird Mischling sein. Die heutigen Rassen und Kasten werden der zunehmenden Überwindung von Raum, Zeit und Vorurteil zum Opfer fallen. Die eurasisch-negroide Zukunftsrasse, äußerlich der altägyptischen ähnlich, wird die Vielfalt der Völker durch eine Vielfalt der Persönlichkeiten ersetzen."[278] Coudenhove-Kalergi wußte natürlich, wovon er sprach. Schließlich gehörte *er selbst* den Verschwörern an, die seit Jahrhunderten hinter den Kulissen auf die Liquidierung des gesamten christlichen Abendlandes hinarbeiteten, um ihre teuflische Vision einer *weltweiten* „Neuen Weltordnung" in die Tat umsetzen zu können!]. Zudem: Der Immigrant und Asylant haben in dem Land ihrer Wahl kein Interesse an der Teilnahme am politischen Leben, wenn sie noch brieflich, schriftlich oder durch Internet in beschränktem Umfang auf die Entwicklung in ihrer Heimat Einfluß nehmen können. Erfreulicherweise machen Naturgesetze und die natürliche Sehnsucht nach der Heimat den Globalisten wenigstens kurzfristig noch einen Strich durch ihre Pläne."[279]

Täuschen wir uns aber nicht: Gerade durch eine in jüngerer Zeit zu beobachtende verstärkte Propaganda im TV (siehe Sendungen wie „Goodbye Deutschland! Die Auswanderer" [VOX], „Mein Neues Leben" [Kabel 1] und „Auf und davon – Mein Auslandstagebuch" [VOX]!), bei der die scheinbaren Vorzüge eines Umzugs ins Ausland hervorgehoben werden, denken immer mehr unserer Landsleute aus Angst vor dauerhafter Arbeitslosigkeit ernsthaft über Auswanderung nach. „Knapp drei Viertel (71%) der Deutschen würden laut repräsentativer Umfrage lieber im Ausland arbeiten, als auf Arbeitslosengeld oder Hartz IV angewiesen zu sein. 56 % der Befragten überlegen ernsthaft, für immer [!] oder auf längere Zeit ins Ausland zu gehen, wenn sie in Deutschland keine Arbeit finden", gab der „ARD-Text" am 6. Februar 2006 (S. 162) bekannt. „Als mögliches Ziel wurde zuerst das deutschsprachige Ausland (63 %) genannt.

Das Meinungsforschungsinstitut Forsa hatte im Auftrag von 'stern-tv' Reportage 1009 Erwachsene befragt."

Tatsächlich endet der Traum vom Leben in der Ferne für viele deutsche Auswanderer mit Enttäuschungen, denn nach einer Ende September 2007 veröffentlichten Umfrage des Auslandsportals „Just Landed" möchten 71 % irgendwann wieder nach Deutschland zurück. „Nur 34 % empfanden ihr Leben im Ausland als besser als in Deutschland. Vor allem die ersten Monate stellen die Auswanderer vor Probleme: das Einleben in die neue Kultur (85 %) und der Aufbau eines Freundeskreises (72 %).

Im vergangenen Jahr wanderten 155 000 Menschen aus Deutschland aus. Dies war **der höchste Stand seit Beginn der Statistik im Jahr 1950.**"[280]

Jahr für Jahr verzeichnet unser Land neuerliche Auswanderungsrekorde. So ist 2008 das erste Mal seit 25 Jahren, „daß mehr Menschen Deutschland verlassen haben als eingewandert sind. Im Jahr 2008 zogen etwa 682 000 Menschen zu. 738 000 verließen jedoch das Land. Das teilte das Statistische Bundesamt in Wiesbaden mit.

Damit sind **die Deutschen Weltmeister im Auswandern: Bei ihnen gab es mit 175 000 Auswanderern die höchste Zahl seit Beginn der Aufzeichnungen 1954.**"[281] (Wann begann denn nun eigentlich die Statistik? Im Jahr 1950 oder 1954?!?)

„Fachkräfte verlassen Deutschland" und „Deutschland hat 'Personalprobleme'" lauteten zwei Schlagzeilen des „RTLtext" vom Dienstag, den 26. Mai 2009. „Migrationsforscher schlagen Alarm und warnen vor den **gravierenden Folgen einer Abwanderung von Fachkräften**. Jährlich verlassen Zehntausende Fachkräfte im besten Erwerbsalter Deutschland – und nur wenige kehren zurück.

Seit 2003 sind laut einer Studie fast 180 000 Fachkräfte – nach Abzug der Rückkehrer – in andere Industriestaaten ausgewandert. Seit über 15 Jahren übersteigt die Zahl der Fortzüge diejenige deutscher Rückwanderer. 2007 lag der negative Wanderungssaldo bei 55 000."[282]

„Der Trend zur Auswanderung aus Deutschland ist ungebrochen“, hieß es am 24. Juli 2009 in der Presse. „2008 haben mehr Deutsche ihr Heimatland verlassen als zurückgekehrt sind, wie das Statistische Bundesamt nach vorläufigen Zahlen mitteilte.

Mit einem Anstieg um 14 000 auf 175 000 erreichte die Zahl der Auswanderer einen Höchststand seit Beginn der Aufzeichnungen 1954. Im gleichen Zeitraum kamen rund 108 000 Deutsche aus dem Ausland wieder in die Republik zurück, darunter auch 4000 Spätaussiedler. … Die meisten deutschen Heimkehrer kamen aus Polen, den USA und der Schweiz.“[283]

*Noch mehr Migranten sollen sich in der BRD niederlassen und deutsche Staatsbürger werden!

Anstatt sich dafür einzusetzen, daß die Deutschen endlich wieder *im eigenen* Land eine Perspektive haben, treten unsere (freimaurerisch-sozialistischen) Oberen unentwegt dafür ein, daß *noch mehr* Ausländer in die Bundesrepublik strömen und anschließend sogar die deutsche Staatsbürgerschaft annehmen.

Bezeichnenderweise ermunterte etwa die ehemalige **„Integrationsbeauftragte“ Marie-Luise Beck** der Bundesregierung Ausländer hierzu. Um „aufzuklären und zu werben“ stellte sie im Sommer 2005 in Berlin eine **Broschüre unter dem Titel „Wie werde ich Deutsche/r“** vor. „Sie verband den Termin mit einer klaren Botschaft: Angesichts rückläufiger Einbürgerungen und einer unterschiedlichen Praxis in den Bundesländern bräuchten Städte und Gemeinden ein **‘einbürgerungsfreundliches Klima’, das Einbürgerungen fördere und aktiv über die Möglichkeiten des Erwerbs der deutschen Staatsbürgerschaft informiere.“**[284]

Seit Jahren schon zerbrechen sich führende Politiker aller im Bundestag vertretenen Parteien den Kopf darüber, mit welchen Anreizen man Migranten dazu bringen kann, sich bei uns einbürgern zu lassen. So stand am 21. August 2009 zu lesen, daß man in Nordrhein-Westfalen nicht wahrhaben will, „daß Ausländer nicht einfach ‘Deutsche’ werden wollen. Jedenfalls ist die Zahl der Einbürgerungen im vergangenen Jahr deutlich zurückgegangen. Das paßt dem CDU-Integrationsbeauftragten des Landes, Thomas Kufen, überhaupt nicht. Mit einer sündteuren Kampagne will er jetzt für den bundesdeutschen Paß unter Fremden werben, beispielsweise mit Großplakaten überall im Lande. Ziel sei es, **Ausländern die Vorzüge der deutschen Staatsbürgerschaft** zu **vermitteln**, so etwa die freie Berufswahl [Anm.: In der BRD gibt es Millionen deutscher Arbeitslose, die dringend auf der Suche nach einer Beschäftigung sind, um sich und ihre Familie ernähren zu können. Nicht selten werden diese Leute von den Arbeitsagenturen regelrecht schikaniert, wie ich im eigenen Bekanntenkreis selbst oft genug erleben mußte. Gleichzeitig werden jedoch keine Kosten und Mühen gescheut, um Zuwanderer aus aller Herren Länder bei uns in Lohn und Brot zu bekommen, wie etwa eine Meldung vom 14. November 2009 belegt: „Der mit 20 000 Euro dotierte Hessische Integrationspreis 2009 geht an zwei Initiativen zur Berufsförderung von Migranten in Langen und Kassel. Integrationsminister Jörg-Uwe Hahn (FDP) überreichte die Auszeichnungen gestern im Biebricher Schloß in Wiesbaden. … Bei der Eingliederung von Migranten in den Arbeitsmarkt sei es wichtig, Angebote für beide Seiten zu finden, erklärte Hahn. Dies gelinge in den beiden prämierten Projekten. Doch Integration dürfe hier nicht aufhören: Die deutsche Gesellschaft solle ihre ‘Willkommenskultur’ pflegen, die Zuwanderer unbedingt gut Deutsch lernen.“[285] Ob Deutsche bei der Arbeitsaufnahme im Ausland von den dortigen Regierenden wohl gleichermaßen gefördert werden?!? Jedenfalls hat man es bei solchen Maßnahmen mit nichts weniger als einem systematisch vonstatten gehenden Bevölkerungsaustausch zu tun!], die Visa-Freiheit und die Teilnahme an Wahlen. Dazu sollen auch die Sprachtests vereinfacht und weitere Einbürgerungshürden abgebaut werden. **Eine Million Neubürger verspricht sich der CDU-Mann von seiner Aktion.**“[286]

Unglaublich auch, was der Videotext von „SAT.1“ am 9. April 2006 (S. 115) schilderte! „Die Bundesregierung hat offenbar eine halbamtliche Broschüre mit Tips für Prostituierte aus der Ukraine eingezogen. Die im März 2005 während des Höhepunkts der Visa-Affäre hergestellte Broschüre der bundeseigenen Entwicklungshilfe-

Gesellschaft GTZ enthielt nach einem Bericht der 'WamS' unter anderem den Hinweis, daß es in der Bundesrepublik möglich sei, in Deutschland legal als Prostituierte zu arbeiten. Die Hinweise seien auch über das Internet abrufbar gewesen."

Ebenso unerhört ein Aufruf der „Süddeutschen Zeitung" aus dem Jahr 2000: „Japaner, Brasilianer, Chinesen, Russen, Inder, Mosambikaner, Afghanen, Malaien, Australier, Grönländer: Vereinigt euch, kommt nach Deutschland. Zeigt, daß ihr schöner seid. Daß ihr mutig seid und klug und tolerant und musikalisch. Und bleibt recht lange. Offenbart, daß man zugleich schwarz, schwul und jüdisch sein kann und eben deshalb ein wunderbarer, toleranter Mensch ist. Dann begreift der Dümmste: Weiß, hetero und atheistisch ist keine Qualität."[287]

Appellen – von Politik und Medien – wie diesen, sind jedenfalls schon viele Ausländer gefolgt. So beherbergt Europa nach einer Anfang April 2006 veröffentlichten UN-Studie bereits 64 Millionen Zuwanderer. „Damit lebt jetzt jeder Dritte der weltweit 191 Millionen 'Migranten' in einem europäischen Land."[288]

„Der Markt des Menschenschmuggels in Afrika blüht", schrieb die „Fuldaer Zeitung" in ihrer Ausgabe vom 29. Juli 2006 und informierte ihre Leser darüber, daß **jährlich 240 000 Afrikaner illegal nach Europa** kommen. „Die Schlepper verdienten damit rund 230 Millionen Euro, berichtet die spanische Zeitung 'El Pais' unter Berufung auf ein vertrauliches Dokument der UN."[289]

Um ihr „Einkommen" brauchen sich diese Kriminellen auch in Zukunft keine Gedanken zu machen, „denn Afrika erlebt eine wahre Bevölkerungsexplosion. Kürzlich wurde die Milliardengrenze überschritten. Dabei beträgt der Anteil der Menschen unter 15 Jahren sage und schreibe 41 Prozent. Damit sind dort erhebliche Probleme verbunden, weil insbesondere die Armut weiter ansteigen wird. Zum Vergleich: Die deutsche Bevölkerung in der Bundesrepublik schrumpft und schrumpft zahlenmäßig, die Geburtenzahl geht immer weiter zurück. Herrschenden Politikern gefällt seit Jahren die Vision, entstehende 'Bevölkerungslücken' mit Fremden 'aufzufüllen'. Gleichzeitig wiederum **bahnt sich auf Dauer ein gigantischer Armuts-Flüchtlingsstrom aus Afrika an. Eines der Hauptziele: Eu-**

ropa und hier speziell auch Deutschland", warnte die „National-Zeitung" in ihrer Ausgabe vom 28. August 2009 (Herv. hinzugefügt).

Kein Wunder also, daß sich viele Deutsche angesichts des ungebremsten Migrantenstroms zunehmend wie Fremde im eigenen Land fühlen. „In vielen [!] deutschen Großstädten wird die Zahl der Ausländer und Migranten unter den jüngeren Einwohnern bald genauso groß sein wie der Anteil der deutschstämmigen Bevölkerung. Das erklärte die Integrationsbeauftragte der Bundesregierung, Böhmer (CDU), in einem Interview der 'Bild' [vom 8. April 2006].

Entscheidend ist nach Ansicht der Staatsministerin: **'Im Jahr 2010 wird in vielen [!] großen deutschen Städten der Anteil der unter 40jährigen mit Zuwanderungshintergrund schon bei 50 % liegen.'"**[290]

Wie der „ARD-Text" seine Leser am 4. Mai 2007 (S. 157) informierte, haben **mittlerweile knapp ein Drittel der Kinder unter fünf Jahren in Deutschland einen sogenannten Migrationshintergrund.** „Dem Statistischen Bundesamt zufolge lag dieser Anteil 2005 in 6 Städten sogar über 60 %.

An der Spitze stand Nürnberg mit einem Anteil von 67 %, gefolgt von Frankfurt (65 %) sowie Düsseldorf und Stuttgart (je 64 %). Insgesamt zählten die Statistiker 15,3 Millionen Menschen mit Migrationshintergrund [Anm.: Wie wir gesehen haben, sollen es sogar rund 29 Millionen Menschen sein, die allein in den Jahren 1950 bis 1997 nach Deutschland zogen, und somit einen Migrationshintergrund haben, darunter mehr als fünf Millionen Türken!]. Von diesen haben 8 Millionen die deutsche Staatsbürgerschaft. 14,7 Millionen oder 96 % der Menschen mit Migrationshintergrund leben in den alten Bundesländern."

Am 28. April 2009 wurde in Wiesbaden eine Studie zur Migration vorgestellt. Demnach ist **fast jeder vierte Hesse Ausländer oder hat ausländische Wurzeln.** „Bei den Schulabschlüssen schneidet diese Bevölkerungsgruppe mit 1,4 Millionen Menschen vergleichsweise schlecht ab, berichtete Integrationsminister Hahn (FDP) ... Wichtig zur Verbesserung der Berufschancen sei vor allem das Erlernen der deutschen Sprache, so Hahn."[291]

Knapp fünf Monate später war in der Presse zu lesen, daß bereits zwanzig Prozent der **Einwohner der Bundesrepublik Deutschland** einen sogenannten **Migrationshintergrund** haben. „So betrug **im Jahre 2007 bei den unter 5jährigen deren Anteil in Nürnberg 67 Prozent, in Frankfurt/Main 65 Prozent und in Düsseldorf und Stuttgart je 64 Prozent.** Für Wuppertal und Augsburg nennt das Statistische Bundesamt 62 bzw. 60 Prozent. Die 'Welt am Sonntag' stellte fest: 'Weil die Kinderzahl unter Einwanderern höher ist als bei Einheimischen, wächst ihr Bevölkerungsanteil, selbst wenn es fortan keine Zuwanderung mehr gibt.'“[292]

Das alles scheint unseren Oberen aber immer noch nicht zu genügen, wie eine Meldung des Magazins „Der Spiegel“ in der Ausgabe vom 3. Juni 2006 (S. 17; Herv. hinzugefügt) unter der Überschrift „Ausländer rein“ vermuten läßt. Darin heißt es, Union und SPD stünden vor einem Durchbruch in ihren Gesprächen über **vereinfachte Zuwanderungsregelungen für Fachkräfte aus dem Ausland**. „Die zuständigen Experten aus den Koalitionsfraktionen wollen noch vor der Sommerpause entsprechende Eckpunkte verabschieden. Geplant ist, daß angestellte Hochqualifizierte etwa aus Indien oder [dem kommunistischen] China künftig ein Jahresgehalt von gut 50 000 Euro in Deutschland erzielen müssen, um einen **dauerhaften Aufenthaltsstatus** zu erlangen. Bislang liegt die Gehaltsschwelle bei circa 84 000 Euro.

Auch für Selbständige, die in Deutschland ein Unternehmen gründen oder führen wollen, sollen die Aufenthaltsregelungen liberalisiert werden. Angedacht ist, daß sie künftig nicht mehr zehn, sondern nur noch fünf sogenannte Vollzeitarbeitsplätze stellen müssen, um in den Genuß einer **unbegrenzten Aufenthaltsgenehmigung** zu kommen. Zudem soll die Kapitalsumme, die Gewerbetätige mindestens vorweisen müssen, deutlich abgesenkt werden. Im Gespräch ist eine Halbierung von einer Million Euro auf 500 000 Euro.“

„Bundesinnenminister Wolfgang Schäuble (CDU) ist neuerdings zwar davon überzeugt, daß die Bundesrepublik – außer 'Hochqualifizierten' – keinen Bedarf an weiterer Zuwanderung habe. Deutschland 'leide' noch an den hohen Zuwandererzahlen der 1990er Jahre. Trotzdem, so Schäuble weiter, sollten im Wege bilateraler

Partnerschaftsabkommen **'begrenzte' Arbeitsmöglichkeiten für Nicht-EU-Ausländer in der Europäischen Union** geschaffen werden. Bei ihrer Rückkehr in die Heimat könnten die Migranten mit ihrem gehobenen Ausbildungsstand dann einen Beitrag zur wirtschaftlichen Entwicklung ihres eigenen Landes leisten. Die Rücknahme müsse aber durch eine 'verläßliche Kooperation der Herkunftsländer' sichergestellt werden – eine Illusion, die man sich schon bei Aufnahme der ersten Gastarbeitergeneration in Deutschland gemacht hat", stellt „Nation & Europa" in der Ausgabe von April 2007 auf Seite 40 (Herv. hinzugefügt) fest.

„Merkel lockt indische Studenten", lautete eine bezeichnende Schlagzeile vom Sonntag, den 28. Oktober 2007. „Kanzlerin Merkel will auf ihrer Indien-Reise junge Akademiker des boomenden südasiatischen Landes für ein Studium an deutschen Hochschulen begeistern. 'Wir werden dafür werben, daß mehr indische Studenten in Deutschland ihre Ausbildung genießen', sagte Merkel. In Indien wachse rasant eine neue Bildungselite heran. Deutschland dagegen drohe ein dramatischer Fachkräftemangel. Die Kanzlerin beginnt an diesem Montag ihre viertägige Reise mit Stationen in Delhi und Bombay."[293] (Man bedenke: Unsere Politiker sorgen nicht etwa durch beispielsweise eine drastische Reduzierung der Steuerlast dafür, daß deutsche Fachkräfte im Lande bleiben, sondern sind allem Anschein nach ganz froh, daß sie durch die Auswanderungswelle der letzten Jahre die Möglichkeit erhalten haben, unter dem Vorwand des „Fachkräftemangels" weitere Massen an Ausländern in unser Land holen zu können, um damit die von der Satanssynagoge befohlene „multikulturelle Gesellschaft" immer mehr zementieren zu können!)

Wie am Illuminaten-Feiertag 1. Mai 2009 aus den Medien zu erfahren war, **plädiert Sachsens Ministerpräsident Tillich dafür, „den Arbeitsmarkt sofort für Fachkräfte aus Osteuropa zu öffnen.** Nicht nur Sachsen brauche dringend gut ausgebildete Fachkräfte aus den neuen EU-Staaten Osteuropas, sagte er in Dresden.

Die Bundesregierung stehe aber auf der Bremse. 'Andere Nationen haben die Zeichen der Zeit längst erkannt', sagte Tillich anläßlich des fünften Jahrestages der EU-Osterweiterung. So hätten etwa Dänemark und Belgien ihre Beschränkungen zum 1. Mai aufgehoben."[294]

„Bundesregierung will mehr Migranten als Lehrer einsetzen", stand am 21. März 2009 im Internet zu lesen: „Dem Lehrermangel in der Bundesrepublik will die Regierung dadurch entgegenwirken, daß sie mehr ausländische Lehrer in den Schuldienst einbindet.

Übereinstimmend haben Bundesbildungsministerin Annette Schavan, Innenminister Wolfgang Schäuble und die Integrationsbeauftragte der Regierung, Maria Böhmer beschlossen, zu prüfen, wie man den ausländischen Lehrern den Weg in das Lehramt vereinfachen kann.

Eine der Möglichkeiten wäre, die von den Migranten erlangten ausländischen amtlichen Qualifikationen, wie zum Beispiel Hochschulabschlüsse, anzuerkennen."[295]

„Pädagogen erwarten eine drastische Verschärfung des Lehrermangels. Bundesweit könnten zum Start des neuen Schuljahres **bis zu 40 000 Stellen unbesetzt** bleiben, beklagte der Deutsche Philologenverband [am 20. Juli 2009].

Dramatisch sei die Lage in den naturwissenschaftlichen Fächern. Schon jetzt werde der Unterricht an vielen Schulen nur durch Aushilfskräfte aufrechterhalten. **Der Verband schlug vor, Lehrer aus Osteuropa einzustellen."**[296] Es ist schon entlarvend, daß unsere Oberen keine andere Antwort wissen, als immerzu weitere Einwanderer mit Hilfe von hochdotierten Arbeitsplätzen anzulocken.

„Lehrer: mehr Migranten gefordert", hieß es erneut am 14. Januar 2010. „Die Integrationsbeauftragte der Bundesregierung, Böhmer, setzt sich für einen höheren Anteil von Einwanderern im öffentlichen Dienst ein. Jeder Fünfte in Deutschland habe einen Migrationshintergrund, sagte die CDU-Politikerin der 'Rheinischen Post'. Dies müsse auch für die Beschäftigten im öffentlichen Dienst angemessen gelten. Es gehe ihr aber nicht um die Einführung einer Quote. Besonders dringend benötigt würden mehr Lehrer, Erzieher, Feuerwehrleute und Polizisten mit Migrationshintergrund."[297]

„Polizei wirbt Migranten an", berichtete die Presse am 8. April 2009. „Die hessische Polizei hat eine Kooperation mit der türkischen Tageszeitung 'Hürriyet' gestartet. Ziel sei es, mehr Bewerber mit Migrationshintergrund für den Polizeiberuf zu interessieren, sagte

Innenminister Volker Bouffier (CDU) bei der Vorstellung der Zusammenarbeit am deutschen Standort des Verlags in Mörfelden-Walldorf.

'Als Vermittler zwischen den Kulturen' genieße die Zeitung besonderes Vertrauen in den unterschiedlichen Bevölkerungsgruppen. Sie spreche die Sprache der Einwanderer und sei mit ihren Traditionen vertraut. Unter anderem werde in der Zeitung eine Artikelserie erscheinen, in der zum Beispiel Polizeibeamte vorgestellt werden, die türkischer Herkunft sind, sagte ein Sprecher des Innenministeriums. Reporter des Blattes hätten auch mit Einstellungsberatern und Ausländerbeauftragten gesprochen, die in der Artikelserie zu Wort kommen sollen. Damit junge Menschen besonders angesprochen werden, sollen die Beiträge auch in der 'Young Hürriyet' erscheinen, die ebenfalls in deutscher Sprache herauskommt.

Nach Bouffiers Angaben hat der Anteil der Neueinstellungen mit Migrationshintergrund bei der hessischen Polizei 2008 bei etwa zwölf Prozent gelegen. Dieser Anteil soll in den kommenden Jahren auf bis zu 20 Prozent steigen."[298]

„In Berlin ist die Groß-Kampagne 'Berlin braucht Dich' angelaufen. Einziges Ziel: Junge Menschen mit Migrationshintergrund als Mitarbeiter in Behörden zu gewinnen. **SPD-Innensenator Körting** ist hellauf begeistert und feiert sich und die Seinen: **'Wir brauchen Mitarbeiterinnen und Mitarbeiter mit Migrationshintergrund**, damit die Vielfalt der Weltstadt Berlin auch im öffentlichen Dienst repräsentiert wird und die Erfahrungen mehrerer Kulturen das Zusammenleben in der Stadt positiv beeinflussen.' **Ausländer sollten sich in allen Behörden repräsentiert fühlen, sei es bei der Polizei, der Feuerwehr, den Bäderbetrieben oder den Ordnungsämtern.** Wie viele Ausländer beschäftigt der Herr Senator eigentlich in seinem privaten Umfeld? Bislang war nicht zu vernehmen, daß Gärtner, Fahrer, Diener, Sekretär, Putzhilfe und dergleichen im Hause Körting für kulturelle Bereicherung sorgen würden", stellte die „National-Zeitung" in ihrer Ausgabe vom 25. September 2009 (Herv. hinzugefügt) provokant fest.

Damit aber nicht genug: **„In Deutschland arbeiten immer mehr Mediziner aus dem Ausland.** Grund sei der Ärztemangel, berichtete das Bielefelder 'Westfalen-Blatt' [am 22. August 2009] und beruft sich auf Zahlen der Bundesärztekammer.

2008 sei die Zahl der ausländischen Ärzte im Vergleich zum Vorjahr um 6,6 Prozent gestiegen, sagte Kammersprecher Alexander Dückers der Zeitung. In den Krankenhäusern waren es sogar zehn Prozent mehr als 2007. **Mittlerweile arbeiteten 22 000 ausländische Ärzte in Deutschland.** Die meisten kommen aus Österreich, Griechenland, Rußland, Polen und dem Iran."[299]

Gleichzeitig zieht es immer mehr einheimische Mediziner ins Ausland, nicht zuletzt da sie dort mehr verdienen. **„Schon 16 000 deutsche Ärzte arbeiten im Ausland"** lautete hierzu eine Schlagzeile über einer Meldung vom 9. Oktober 2007. „Immer mehr deutsche Ärzte kehren der Heimat den Rücken! Derzeit arbeiten 16 000 Mediziner im Ausland, rund ein Viertel mehr als vor drei Jahren. Das belegen Zahlen der Arztverbände BÄK und KBV. Am beliebtesten: Großbritannien, Schweiz, USA. Grund für den Wechsel ins Ausland laut KBV-Chef Andreas Köhler: bessere Arbeitsbedingungen!"[300]

„Gemäß Studie des Instituts der deutschen Wirtschaft werden bis zum Jahre 2014 etwa 220 000 Ingeneure, Naturwissenschaftler und Techniker fehlen. Hören Sie auch schon, welche Schlußfolgerungen Überfremder daraus ziehen werden?", fragte provokativ die „National-Zeitung" ihre Leser am 31. Juli 2009.

„Massenmedien vermeldeten vergangene Woche: **'Angesichts des drohenden Fachkräftemangels will das deutsche Handwerk gezielt junge Ausländer und Menschen mit ausländischen Eltern ansprechen.'** Viel Spaß dabei: In Berlin beispielsweise absolvieren gerade einmal fünf Prozent der Jugendlichen mit Migrationshintergrund eine Ausbildung. In anderen deutschen Städten sieht es nicht viel besser aus. Und hier sollen also nun 'Fachkräfte' gewonnen werden?", wollte erneut die „National-Zeitung" in ihrer Ausgabe vom 28. August 2009 (Herv. hinzugefügt) wissen.

„Der CDU-Landtagsabgeordnete Arnold warnt vor einem drohenden Fachkräftemangel in der deutschen Wirtschaft.

‘Die jüngsten Zahlen belegen den dringenden Handlungsbedarf. Wenn **bis zum Jahr 2020 mehr als 400 000 Fachkräfte fehlen** werden, befinden wir uns in einer kritischen Mangelsituation, die die deutsche Wirtschaft nicht ohne weiteres verkraften kann’, sagte Arnold am Montag [den 3. August 2009].

Nach einer Studie des Instituts der deutschen Wirtschaft fehlen mittelfristig vor allem Ingenieure, weil bald die geburtenstarken Jahrgänge der Nachkriegszeit in Rente gehen.“[301]

Kein Wunder also, daß es für Zuwanderer künftig einfacher werden soll, „ihre in der Heimat erworbenen Berufsabschlüsse in Deutschland anerkannt zu bekommen. Das Bundeskabinett beschloß [am 9. Dezember 2009] in Berlin entsprechende Eckpunkte.

Ziel sei es, zum einen den Fachkräftemangel zu bekämpfen, zum anderen zu einer besseren Integration [Anm.: Man kann es nicht mehr hören!] beizutragen, erklärten Bildungsministerin Annette Schavan (CDU) und die Integrationsbeauftragte Maria Böhmer in Berlin. Das Gesetz, an dem auch die Länder beteiligt sind, soll 2011 in Kraft treten.

Die Eckpunkte sehen einen gesetzlichen Anspruch ‘auf ein Anerkennungsverfahren für alle im Ausland erworbenen beruflichen Qualifikationen und Berufsabschlüsse’ vor. In Aussicht gestellt sind zudem verfahrensbegleitende Beratungsangebote sowie der Ausbau der Datenbestände zur Bewertung ausländischer Bildungsabschlüsse.

Insgesamt leben **in Deutschland** den Angaben zufolge **2,87 Millionen Menschen**, die ihren **Bildungsabschluß im Ausland gemacht** haben. **Von dem neuen Verfahren könnten mehr als 500 000 von ihnen profitieren**, sagte Böhmer. … Schavan sagte, in Deutschland seien Hunderttausende Zuwanderer unter ihrem Qualitätsniveau beschäftigt [Anm.: Genauso ergeht es indes Millionen von Deutschen, ohne daß dies bei Politik oder Wirtschaft einen Aufschrei der Empörung hervorrufen würde!]. ‘Es ist an der Zeit, daß die Ärztin aus der Ukraine nicht nur als Pflegekraft oder Krankenschwester arbeiten kann, sondern in ihrem Beruf. Das gilt auch für Ingenieure und Handwerker’, erklärte die CDU-Politikerin. Daher brauche man ein transparentes, einfaches Verfahren, damit die zugewanderten Bürger die überfällige Möglichkeit bekämen, ihren Qualitäten entsprechend Zugang zum Arbeitsmarkt zu bekommen."[302] Damit werden Ausländer in Deutschland den Einheimischen beruflich faktisch gleichgestellt.

Wer übrigens wissen will, was von den allermeisten sich selbst als „christlich" bezeichnenden Politikern (nicht nur) unseres Landes zu halten ist, sollte sich folgende Schlagzeile zur an ein Volksfest erinnernden Eröffnung der größten deutschen Moschee in Duisburg am 26. Oktober 2008 zu Gemüte führen: **„Christdemokrat ruft nach mehr Moscheen"**! „Deutsche, türkische und europäische Fahnenwimpel überspannten die Holzbänke unter den weißen Partyzelten. So laut wie im Fußballstadion ging es beim Abspielen der deutschen und türkischen Nationalhymne zu, ähnlich viele Menschen drängelten sich um den prächtigen osmanischen Bau mit dem 34 Meter hohen Minarett und zahlreichen Kuppeln.

Die Gemeinde der Hafenstadt hat es geschafft, Tausende türkische und deutsche Duisburger, NRW-Ministerpräsident Jürgen Rüttgers (CDU), die obersten Geistlichen der evangelischen und [konzils-]katholischen Kirche für das muslimische Gotteshaus zu begeistern. **'Wir brauchen mehr Moscheen in unserem Land', sagte Rüttgers** sogar. Nicht in den Hinterhöfen, sondern sichtbar und erkennbar. Der bekennende Christ [Anm.: Wie bitte?!? Wir leben in einem Irrenhaus, denn wie kann ein wahrer Anhänger unseres Herrn und Erlösers sich für eine falsche Religion wie den Islam stark machen?!] forderte die Muslime auf, sich weiter in der Gesellschaft einzumischen. ... Oberbürgermeister Adolf Sauerland (CDU) führte Seniorengruppen, Kleingärtner und Gewerkschaftsgruppen über die Baustelle. Der füllige Vollbartträger kommt aus der katholischen [!] Jugendbewegung. An einem seiner ersten Arbeitstage als Oberbürgermeister im Frühling 2005 legte er den Grundstein für die Moschee. Damals sei er noch überrascht gewesen. 'Heute sage ich: dies ist unsere Moschee', so Sauerland.

Allein vierzig türkische Anwälte betreiben in Duisburg eine Kanzlei, ebenso viele Ärzte, Apotheker und unzählige Händler haben einen türkischen Namen. **'In Zukunft werden die Einwanderer eine noch sehr viel größere Rolle spielen'**, sagt Ursula Boos-Nünning,

Migrationsforscherin an der Uni Essen-Duisburg. **In westdeutschen Großstädten** hätte heute schon **die Hälfte aller Null- bis Dreijährigen einen Migrationshintergrund**. Diese Neugeborenen sind Deutsche – und werden künftig Wahlen entscheiden.“[303]

„Während im übrigen Arbeiter auch im neuen Bundestag quasi gar nicht repräsentiert werden, gehörten mit Ekin Deligöz, Memet Kilic (beide Grüne), Sevim Dagdelen (Linke), Aydan Özuguz (SPD) und Serkan Tören (FDP) immerhin fünf Bundestagsabgeordnete dem Parlament an, die auf einen sogenannten Migrationshintergrund verweisen und hier entsprechende Interessen vertreten werden.“[304]

Unsere Oberen wissen natürlich, daß, wenn sie mit ihrem Ziel der Errichtung eines neuzeitlichen Turmbaus zu Babel Erfolg haben wollen, sie die Kontrolle über die Jugend in ihren Händen halten und in deren Köpfen ihre antichristlichen Vorstellungen vom Multikulturalismus als Maß aller Dinge fest verankern müssen. „Die Erziehung der Jugend hin zu einem neuen Denken muß in der Bildungsanstalt beginnen: Lehrer müssen unterwiesen werden, die dann ihrerseits die Schüler unterrichten, die sich als Folge davon zu vorhersehbaren Produkten des Systems entwickeln“, so der Harvard-Professor Stanley Hoffman. Weiter schrieb er, es sei „die Überzeugung dieser Verfechter der [Neuen] Weltordnung, daß geschickte, beharrliche und allmähliche Veränderungen in der Erziehung die Gedanken der Jugend unserer demokratischen Nationen formen, und daß das dann den wahren Erfolg der Neuen Weltordnung hervorbringen wird“[305].

Während der Präsidentschaft Harry S. Trumans, der 33-Grad-Freimaurer und Mitglied des Ararat-Shrine-Temple war, wurde im Dezember 1947 der Bericht der vom Präsidenten eingesetzten Untersuchungskommission für das höhere Bildungswesen (*A Report of the President's Commission on Higher Education*) freigegeben. „Dieser Bericht stellte fest: **‘Es liegt die dringende Notwendigkeit für ein Erziehungsprogramm für die Weltbürgerschaft vor, das zum Bestandteil von jedermanns allgemeiner Erziehung gemacht werden kann** ... Es bedarf sozialer Wissenschaft und sozialer Manipulation, um die Probleme menschlicher Beziehungen zu lösen ... Das Prinzip des Wettstreits muß dem Prinzip der Zusammenarbeit Platz machen ... Ost und West kommen in einer Weltordnung zusammen. Wir können uns dieser Entwicklung nicht entgegenstemmen, selbst wenn wir es wollten.'"'[306]

Kein Wunder also, daß trotz des vergleichsweise guten Abschneidens Hessens bei der bundesweiten Integrationsstudie nach Ansicht des Landesausländerbeirats vor allem in der frühkindlichen Bildung noch viel getan werden muß. „'Wir müssen noch richtig reinklotzen', sagte der Vorsitzende des Gremiums, Corrado Di Benedetto, [am 26. Januar 2009] in Frankfurt.

Frühkindliche Bildung [Anm.: in Wahrheit handelt es sich hier um Indoktrination ganz im Sinne von Multi-Kulti!] **und der Zugang von Zuwanderern zum Arbeitsmarkt müßten verbessert** und Ausländern das Wahlrecht zugestanden **werden. 'Von den unter Siebenjährigen in Hessen haben im Durchschnitt über 50 Prozent einen Migrationshintergrund.'** Die Forderung der FDP nach einer Vorschule für Fünfjährige sei 'ein sehr vernünftiger Vorschlag'."[307]

Auch hinsichtlich des Talmudismus sollen deutsche Kinder zunehmend entsprechend indoktriniert werden: „Mit einiger Verspätung hat am 9. September die Kommission zur Bekämpfung des Antisemitismus [sic!] berufen. Zehn Experten hat der CDU-Politiker eingeladen. Darunter bekannte Historiker wie Peter Longerich von der Universität London, Julius H. Schoeps vom Moses Mendelssohn Zentrum an der Universität Potsdam, und Johannes Heil, Leiter der Hochschule für Jüdische Studien Heidelberg.

'So mahlen nun mal die Mühlen der Politik', sagt Juliane Wetzel vom Zentrum für Antisemitismusforschung der TZU Berlin, die auch der Kommission angehört. Wetzel hofft, daß das Gremium auch 'Einfluß auf die Politik ausüben kann'. Es sei logistisch mit verschiedenen Ministerien verknüpft, wie zum Beispiel mit dem Familienministerium. Sie wünscht sich mehr 'Unterstützung für Projekte und Organisationen, die sich mit dem Thema befassen'. **Die Auseinandersetzung mit dem Antisemitismus müsse bei Kindern und Jugendlichen ansetzen**, sie sei auch eine Frage von 'Erziehung und Bildung'."[308]

Wie man im Mai 2007 erfahren mußte, machen sich neben führenden CDU-Politikern eine ganze Reihe weiterer deutscher Konzilskatholiken für die Verbreitung des Islam in ihrer Heimatgemeinde stark: „Die katholische Gemeinde St. Theodor in Köln hat bereits 2000 Euro für den Bau einer Moschee gesammelt. In der Summe seien die Sonntagskollekte und größere Spenden enthalten, sagte eine Gemeindesprecherin. Mit dem Geld soll der Bau einer Zentralmoschee in Köln-Ehrenfeld unterstützt werden, die seit Monaten unter den Anwohnern heftig umstritten ist und nach Meinung der patriotischen ‚Bürgerbewegung pro Köln' Gegenstand einer Volksabstimmung werden soll."[309]

„Kollekte für die Moschee – Ungewöhnliche Sammelaktion eines Kölner Pfarrers" titelte die Presse hierzu am 13. März 2007: „Wenn der Kölner Pfarrer Franz Meurer (55) am Sonntag vor dem Altar steht, wird er der Gemeinde nach den Fürbitten verkünden: ‘Die heutige Kollekte ist für den Bau der großen neuen Moschee in Ehrenfeld bestimmt.' Proteste erwartet er nicht. Die Sammelaktion ist sowohl vom Pfarrgemeinderat als auch vom Kirchenvorstand einstimmig beschlossen worden. ‘Ist doch klar, daß wir denen helfen', sagt er.

Als die Sonderkollekte vorgestern angekündigt wurde, gab es durchaus ein paar Gemeindemitglieder, die fragten, ob das denn nun sein müsse. Wo doch zum Beispiel ein Familienvater an Weiberfastnacht von vier jungen Türken ins Koma geprügelt worden sei. ‘Da hab ich gesagt: «Mensch, Leute, überlegt doch mal. Dadurch stärken wir doch die Vernünftigen.» Das ist gar nicht so jeck.'

Die Idee zu der Sammelaktion entstand im Pfarrgemeinderat von St. Theodor. Der Vorsitzende erinnerte daran, daß die neue Kirche der Gemeinde vor fünf Jahren fertig wurde und es damals ein schönes Geschenk von der evangelischen Nachbarpfarrei gegeben hatte. ‘Und jetzt sollten wir umgekehrt auch mal jemandem was schenken. So kamen wir auf die Moschee, denn die wird vom selben Architekten gebaut, von dem unsere Kirche stammt.'

Die geplante Moschee am Hauptsitz der türkisch-islamischen Vereinigung Ditib in Köln-Ehrenfeld wird eine der größten Deutschlands - mit zwei 55 Meter hohen Minaretten, einer Kuppel und Platz für mehr als 3000 Gläubige. Die rechtspopulistische Partei ‘Pro

Köln' sammelt seit langem Unterschriften für ein Bürgerbegehren gegen den Bau. Aber auch Ehrenfelder, die damit nichts zu tun haben wollen, haben Bedenken gegen die Größe der Moschee."[310]

„Meurer veranstaltet auch multireligiöse Feiern, die kürzlich durch ein Verbot von Kardinal Joachim Meisner in die Schlagzeilen kamen: 'Mir geht es dabei allein um den Frieden im Viertel', erläutert Meurer. 'Wir beten da nicht gemeinsam, wir lernen uns kennen.'

An normalen Sonntagen ist der Klingelbeutel mit 350 Euro gefüllt, diesmal sind schon vorher mehr als 1000 Euro eingegangen. Bei der Ditib heißt es, auf die Höhe der Summe komme es nicht an. 'Das ist einfach eine schöne Geste von Herrn Meurer', sagt Rafet Öztürk, Koordinator für interreligiösen Dialog.

In Pfarrer Meurers Gemeinde wird schon spekuliert, was von dem Geld wohl angeschafft wird? Meurer: 'Die denken da bei uns vielleicht an ein Kniebänkchen, eine Schelle, ein Bild oder so was. Aber da hab ich schon gesagt: Freunde, daraus wird wohl nix. Die beten da in ihrer Moschee eins zu eins zu Gott - die haben nicht so'n liturgisches Gerät wie wir.'"[311]

„Bischof fordert [!] Moscheebauten" lautete die Überschrift zu einer Meldung vom 14. Februar 2008, aus der zu erfahren war, daß der aus katholischer Sicht äußerst zwielichtige Zollitsch den Dialog mit Muslimen sucht. „Muslime sollten nach Ansicht der katholischen [sic!] Kirche auch in westlichen Ländern das Recht haben, Moscheen zu bauen. Das sagte der neue Vorsitzende der Deutschen Bischofskonferenz, Zollitsch, dem 'Mannheimer Morgen'. **Man werde den Muslimen helfen, in Deutschland eine Heimat zu finden.**

Zollitsch äußerte zudem den Wunsch, daß islamische Länder der Kirche auch diese Freiheit geben. 'Ich werde aber nie sagen: Wir werden Euch so behandeln, wie die Christen bei euch zu Hause behandelt werden'."[312] Wie zuvorkommend von Herrn Zollitsch, den es überhaupt nicht zu interessieren scheint, daß den wahren Christen unseres Landes eines Tages das gleiche Schicksal blüht wie ihren Glaubensbrüdern in islamischen Ländern!

Jedenfalls muß man sich angesichts solcher „Wölfe im Schafspelz", die überhaupt nichts Katholisches in sich haben, nicht wundern, daß es unter anderem immer weniger Klöster in unserem Land gibt, wie am 20. August 2009 in der Presse zum Beispiel der Franziskaner zu lesen stand: „Der von Franz von Assisi gegründete Orden will die Zahl seiner Niederlassungen in Deutschland wegen des Rückgangs der Zahl der Brüder bis zum Jahr 2020 von heute 45 auf 20 reduzieren.“[313]

Selbst führende Vertreter der Kirche des Zweiten Vatikanischen Konzils, wie etwa **„Abtprimas“ Prof. Dr. Notker Wolf**, Leiter des konzilskirchlichen Benediktiner-Ordens, kommen nicht umhin zuzugeben, daß ihre Scheinkirche dem Niedergang entgegenschreitet: „Als es kürzlich in Köln um die endgültige Entscheidung über den Bau der Moschee ging, hatte sich die Stadtverwaltung ja noch mal nachhaltig dafür ausgesprochen. Ich freu mich schon, wenn sie in zehn Jahren jeden Morgen vom Muezzin geweckt werden und dann darüber klagen. **Die Frage, ob Kirchenglocken läuten dürfen, wird sich spätestens in 20 Jahren völlig erledigt haben, weil der Islam bei uns allein durch die hohe Geburtenrate bis dahin so sehr vorgedrungen sein wird.** Ich mache dem Islam keinesfalls einen Vorwurf. Was ich am Islam schätze, ist, daß die Menschen ihren Glauben zumindest ernstnehmen. Vielleicht hat ihn uns Gott ja auch deshalb geschickt – gewissermaßen als Provokation, um unseren verwalteten Glauben, der ja keine Katze hinterm Ofen vorlockt, wieder lebendig werden zu lassen.“[314] (Die Konzilssekte hat durch den Ökumenismus selbst maßgeblichen Anteil daran, daß sich der Islam in den Ländern des ehemaligen christlichen Abendlandes zunehmend verbreitet!)

Es kommt aber noch schlimmer, wie ein Fall aus Italien vom November 2007 zeigt: **„Eine Kirche in Norditalien verwandelt sich jeden Freitag in eine Moschee.** Die Idee dazu stammt von Pfarrer Don Aldo Danieli. Der Geistliche aus dem Ort Paderno di Ponzano Veneto entschied, daß immer freitags Teile des Gotteshauses den muslimischen Bürgern vorbehalten sind, die sich dann dort treffen und gemeinsam beten könnten. Das berichtete die Nachrichtenagentur Ansa. So solle die ‘Mauer des Unverständnisses und der Intoleranz niedergerissen werden’.“[315]

Gegenüber dem Hessischen Rundfunk (HR) erklärte Hessens Integrationsminister Jörg-Uwe Hahn (FDP) am 23. März 2009: „'Wir möchten erreichen, daß der Bevölkerung klar ist, **Migration ist eine Chance für unser Land.** Es ist keine Bedrohung.' Letzteres behauptete jüngst übrigens auch Bundesinnenminister Wolfgang Schäuble … über Muslime in Deutschland, offenbar in der Hoffnung, daß es sich bei den Deutschen um eine sehr vergeßliche Nation handelt und somit niemand den Widerspruch erkennt, wenn er demnächst wieder den islamischen Terror zum Vorwand für weitere Überwachungsgesetze nimmt.

Freilich dürften die Worte des hessischen Integrationsministers bei der Chefbeauftragten in Sachen Integration, Maria Böhmer, auf Wohlgefallen stoßen. Wobei Hahn offenläßt, inwiefern Einwanderung für Hessen eine Chance sein kann. Es muß ganz einfach reichen, wenn er kraft seines Amtes so etwas behauptet, er ist ja schließlich Integrationsminister. Das unterscheidet sich übrigens nicht wesentlich von dem inzwischen berühmten Böhmer-Zitat *'sie sind eine Bereicherung für uns alle'*.

Unterdessen glaubt der hessische Integrationsminister Hahn offenbar, einen Geistesblitz gehabt zu haben, und meint zu wissen, wie Integration erfolgreich funktioniert. Schwerpunkt Sprache: 'Jeder, der die deutsche Sprache nicht gut beherrscht, hat einen Chancennachteil.' Wieso, weshalb und warum … [viele] Ausländer nach mehreren Generationen immer noch schlecht oder gar nicht die deutsche Sprache beherrschen, wird natürlich nicht gefragt.

Dem Bundesinnenminister in seinen Bemühungen, an deutschen Schulen den Islamunterreicht zu etablieren, vorausgreifend, hat die Einführung desselben an Schulen für Jörg-Uwe Hahn übrigens oberste Priorität, garniert mit dem üblichen Wortschwulst deutscher Politiker: 'Wenn der Islamkundeunterricht in deutscher Sprache und von in Deutschland ausgebildeten Lehrern gelehrt werde, schaffe dies die nötige Transparenz.' Gegenleistungen von den Muslimen werden wie immer nicht gefordert, wozu auch?"[316]

Es versteht sich von selbst, daß gerade Migranten (bzw. Deutsche mit „Migrationshintergrund") für die fremdländische Kultur eintreten. So hatte der **Grünen-Vorsitzende Cem Özdemir** Ende November 2008 **mehr Türkisch-Unterricht an deutschen Schulen gefordert.** 'Warum soll an deutschen Schulen neben Englisch, Französisch, Spanisch und Russisch nicht auch mehr Türkisch angeboten werden?' fragte er. Die CDU kritisierte den Vorstoß"[317] in heuchlerischer Weise, denn wer offen von der Notwendigkeit weiterer Moscheen in unserem Lande spricht, kann wohl kaum gegen eine Verbreitung der türkischen Sprache sein!

Zudem ist wohl schon in Vergessenheit geraten, was der hessische Ministerpräsident mehr als drei Jahre zuvor forderte: **„Ministerpräsident Koch hat sich für Türkisch als Schulfach ausgesprochen.**

Die Sprache könne in einiger Zeit als 'normales Unterrichtsfach' angeboten werden, das man als zweite oder dritte Fremdsprache belegen könne, sagte Koch" am 8. September 2005 „in Frankfurt bei einem Kongreß zum Thema 'Sprachförderung für türkeistämmige Bürger in Europa'."[318]

Kenan Kolat, SPD-Mitglied (seine Frau sitzt für die SPD im Berliner Landesparlament) und Vorsitzender der „Türkischen Gemeinde in Deutschland" (TGD), „hat die türkischen Wähler mit deutschem Paß dazu aufgefordert, bei der Bundestagswahl [2009] primär türkischstämmige Kandidaten zu wählen und dabei deren Parteizugehörigkeit nicht zu beachten. Konkret nannte er Kandidaten wie Cem Özdemir (Grüne), Lale Akgün (SPD), Sevim Dagdelen (Linkspartei) und Serkan Tören (FDP). Zugleich wies er auf das Gewicht der türkischstämmigen Wähler in Deutschland hin: **'700 000 wahlberechtigte Türken sind nicht zu unterschätzen'.** Die staatlich finanzierte Bundeszentrale für politische Bildung hat übrigens eine Broschüre herausgebracht, die in türkischer Sprache (!) über die Modalitäten bei der Wahl informiert."[319]

Man darf sich nicht dem Trugschluß hingeben, daß unsere Regierenden aus den Ereignissen etwa im ehemaligen Jugoslawien (siehe Band 2) gelernt hätten. Vielmehr heißt es auch in den nächsten Jahren im Dienste der verlogenen „Integration": volle Fahrt voraus in den multikulturellen Schmelztiegel! So war am 5. Mai 2007 aus den Medien zu erfahren, daß **Bundeskanzlerin Merkel auf Integration**

setze und ein Umdenken in der Integrationspolitik fordere. „'Wenn wir ehrlich sind, haben wir das Thema Integration in unserem Land zu lange auf die lange Bank geschoben', sagte sie in einer Video-Botschaft. Das habe dazu geführt, daß wir die Fähigkeiten der Menschen, die auf Dauer bei uns leben, 'nicht ausreichend mit nutzen können'.

Bis zum Sommer wolle sie einen Integrationsplan vorlegen, mit dem die Situation von Migranten [Anm.: noch weiter] verbessert werden soll."[320]

Nach Agenturmeldungen vom 9. Mai 2009 hatte Bundeskanzlerin Angela Merkel (CDU) „wieder einmal die in der BRD lebenden Ausländer dazu aufgerufen, die BRD-Staatsbürgerschaft anzunehmen.

Es liege 'im Interesse der Bundesrepublik Deutschland, daß sich möglichst viele Migrantinnen und Migranten zu einer Einbürgerung entschlössen', sagte Merkel in ihrer wöchentlichen Vidcobotschaft. 'Wir wollen gerade jungen Menschen die Chance einräumen, ihre Entwicklung in unserem erfolgreichen Land genauso erfolgreich gehen zu können, wie dies diejenigen tun, die schon seit vielen Generationen in diesem Land leben', fügte Merkel hinzu [Anm.: Auf die Hunderttausende Deutschen, die allein in den letzten vier Jahren oftmals aus völliger Verzweiflung aus ihrer Heimtat geflohen sind, geht Merkel nicht ein!].

Gerade in Zeiten der Globalisierung seien diejenigen Gesellschaften am erfolgreichsten, 'die in dieser Frage offen sind und die die Chancen von Zuwanderung nutzen', sagte die Bundeskanzlerin. 'Die Bundesrepublik Deutschland will dies tun.' Voraussetzung sei, daß die Migranten 'unsere Rechtsordnung akzeptieren und in diesem Land auch mit uns gemeinsam leben wollen.'

Durch den Einbürgerungstest machten sich Einbürgerungswillige mit Kultur, Geschichte und rechtlicher Situation in Deutschland vertraut. Sie seien dadurch in die Lage versetzt, ihre Rechte und Pflichten als Neubürger auch wirklich wahrzunehmen. Dazu gehöre auch die Kenntnis der deutschen Sprache. Sie sei das 'eigentliche Tor, um die Möglichkeiten der Bundesrepublik Deutschland bei der beruflichen und privaten Entwicklung auch wirklich voll ausschöpfen zu können'."[321]

Wohin diese Entwicklung letzten Endes führen kann, zeigen die vielen Beispiele von Ausländerkriminalität, mit denen wir uns beschäftigt haben. Greifen wir dazu noch einige Meldungen der Monate Januar/Februar 2010 auf:

Am 7. Januar 2010 saßen vier Männer in Wiesbaden auf der Anklagebank. „Sie sollen zu einer Gruppe gehören, die bei einer Faschingsfeier wahllos auf Gäste eingeschlagen hat.

Bei der Faschingsfeier im Februar 2008 in Kloppenheim (Wiesbaden) wird schon aufgeräumt, als um 4.20 Uhr morgens **ein Pulk von mindestens zehn Männern** hereinstürmt. **Einer schreit: 'Wir bringen euch alle um.' Dann stechen und schlagen die Angreifer auf die geschockten Menschen ein.** Elf werden verletzt, einige von ihnen schwer. Nach wenigen Minuten ist der Spuk vorbei.

Das Quartett ist wegen gefährlicher Körperverletzung angeklagt. **Drei sind deutsch-türkische Brüder, die in Wiesbaden leben. Der älteste Mann stammt aus Bosnien und lebt in Kassel.** Zum Prozeßauftakt schweigen die Männer. Nach 30 Minuten ist der erste Verhandlungstag zu Ende. Bei der nächsten Verhandlung sollen Zeugen vernommen werden, die Licht ins Dunkel bringen sollen. Nach den Ermittlungen war ein Angeklagter Gast bei der Faschingsparty. Es gab aber Ärger, er wurde mit Hilfe der Polizei nach draußen eskortiert. Danach soll er seine Brüder sowie Bekannte und Verwandte für einen Racheakt zusammengetrommelt haben. Bereits im Vorraum kam ihnen ihr erstes Opfer entgegen. Ohne Vorwarnung schlugen sie mit mitgebrachten Waffen auf den bald wehrlosen Mann ein. Mindestens einer von ihnen rammte ihm eine unbekannte Waffe in die Lunge.

In der Halle war die Feier zu diesem Zeitpunkt eigentlich schon vorbei. **Die Angreifer schlugen wahllos mit Fäusten, Radschlüssel, Schlagstöcken, Stuhl- und Besenstielen auf die völlig überraschten Menschen ein.** Dann verschwanden die Täter so blitzartig, wie sie gekommen waren.

Die Polizei hatte viele Probleme bei den Ermittlungen. Die Opfer standen unter Schock, einige von ihnen hatten während der Nacht reichlich Alkohol getrunken. Angeklagt wurden bislang nur die vier

Männer. **Sie verließen das Gerichtsgebäude ebenso wie sie gekommen waren – als freie Männer.** Einen Haftbefehl gegen sie gibt es nicht.“[322]

Es ist immer wieder dasselbe zu beobachten, so etwa auch hinsichtlich des Urteils zu einem Verbrechen, mit dem wir uns bereits beschäftigt haben: **„Der Fahrer eines VW-Transporters, der am 2. September 2008 in Frankfurt bei einer Amokfahrt eine 27jährige Radfahrerin tödlich verletzt hat, gilt laut Staatsanwaltschaft als schuldunfähig.** Bei dem 28jährigen Dänen, der mit seinem Zwillingsbruder unterwegs war, wurde ein schizophrener Schub diagnostiziert, wie die Justizbehörde [am 13. Februar 2009] mitteilte. Die Staatsanwaltschaft beantragte, den psychisch Kranken dauerhaft in die Psychiatrie einzuweisen.

Die Dänen waren auf dem Weg nach Paris, um eine Frau unter dem Eiffelturm zu treffen. Der Fahrer habe geglaubt, der Weltuntergang stehe bevor, berichtete die Staatsanwaltschaft. In Frankfurt fuhr er eine Radfahrerin an, die auf dem Weg zum Dienst als Justizwachtmeisterin war. Sie wurde durch die Luft geschleudert und starb.“[323]

Am 12. Januar 2010 wurde eine ältere Frau im Schloßpark von Bad Homburg von einem 24jährigen auf brutalste Weise mit einem Messer ermordet. Eine Woche später lieferte die Presse nähere Informationen zu diesem Verbrechen: **„Mit mehr als 40 Stichen ist die 78 Jahre alte Bad Homburgerin** laut Obduktion … im Schloßpark der Kurstadt **getötet worden. Der Täter ist** ersten Erkenntnissen zufolge schizophren und **nicht schuldfähig.**“[324]

Fast auf den Tag genau einen Monat später kam es am Sonntag, den 14. Februar 2010 in Rostock zu einem beinahe identischen Verbrechen. Dort **erstach ein 51jähriger**, angeblich ebenfalls „psychisch gestörter Täter“ in einer Plattenbausiedlung **zwei Passanten: einen 67 Jahre alten Mann und eine 66 Jahre alte Bekannte des im Schnee verblutenden Opfers.** „‘Über das genaue Motiv läßt sich noch nichts sagen. Der Mann ist aber wohl ziemlich durchgeknallt’, sagte der Rostocker Oberstaatsanwalt Peter Lückemann am Montag. Im Laufe des Tages werde der 51jährige voraussichtlich in die geschlossene Psychiatrie eingewiesen … Zeugen hätten ausgesagt, daß der Mann 'Stimmen aus dem Kosmos' gehört habe, die ihm die tödlichen Angriffe befohlen hätten. … Anwohner alarmierten die Polizei. Als diese eintraf, sprang der 51jährige von seinem Balkon im Hochparterre und stach ebenfalls auf einen 49jährigen Polizeibeamten ein. Der Messerstecher konnte erst von einem weiteren Beamten durch einen Schuß in den Oberschenkel gestoppt werden. **Laut Staatsanwaltschaft ergeben sich durch das Verhalten des Täters und Zeugenaussagen Anhaltspunkte für eine Schuldunfähigkeit.**"[325]

Möglicherweise werden die Plätze in deutschen Haftanstalten für „Volksverhetzer" und sonstige „Staatsfeinde" freigehalten, weshalb Mörder und Totschläger eben in schöner Regelmäßigkeit unter den fadenscheinigsten Vorwänden als „schuldunfähig" hingestellt und anschließend freigesprochen werden. So kann bereits der Versand von Büchern im modernen Deutschland zu mehrmonatigem Einsitzen führen, wie das Beispiel des gelernten Anlage- und Maschinenbaukonstrukteurs Dirk Zimmermann zeigt. Weil er „ein revisionistisches Buch an zwei Pfarrer und einen Bürgermeister verschickt und sich daraufhin selbst angezeigt hatte, wurde der nicht vorbestrafte Familienvater am 23. Oktober 2009 vom Amtsgericht Heilbronn zu neun Monaten Haft ohne Bewährung verurteilt."[326]

Das „National Journal" klagte Anfang 2010 an, daß in der BRD für reine Meinungsäußerungen sogar bis zu lebenslange Kerkerstrafen verhängt werden. „Der Verfolgungsparagraph 130 StGB wurde nämlich Merkels DDR-Erfahrungen angepaßt. Früher belief sich die Höchststrafe nach diesem Strafgesetz-Artikel auf fünf Jahre, theoretisch ist das immer noch so. Aber Merkel hat ihren DDR-Erfahrungsschatz eingebracht und daraus lebenslange Haft gemacht. Neuerdings faßt man nicht mehr verschiedene Vergehen zu einer Straftat zusammen, sondern klagt sie menschenrechtswidrig als Einzelfälle an. Wenn früher beispielsweise eine Person angeklagt war, weil sie in zehn Artikeln die Existenz von Gaskammern in Auschwitz bestritt, dann war die Zusammenfassung der zehn Artikel zu einem Fall rein juristisch-technisch noch menschenrechtskonform. Heute werden aber für diese zehn Artikel oder für zehn Sätze in einem Artikel zehn Anklagen erhoben und zehn Einzelurteile gefällt. Es kommen dafür also 10 Mal fünf Jahre zusammen. 50 Jahre Haft für … die Meinung zu wissenschaftlicher Forschung. In Wien wurde beispielsweise der … Schriftsteller Gerd Honsik zu weiteren fünf Jahren Haft verurteilt, ausdrücklich auch für Publikationen, für die er bereits vor 19 Jahren vom Bezirksgericht angeklagt und freigesprochen wurde … Jetzt gab es genau dafür Knast. Derartiges ist in China nicht vorstellbar."[327] Jenes kommunistische Land also, dem von führenden bundesdeutschen Politikern gerne vorgeworfen wird, die „Menschenrechte" zu mißachten.

Nicht nur also, daß sich „Volksvertreter" wie Bundeskanzlerin Angela Merkel ganz offensichtlich einen Dreck darum scheren, was ihre Politik für Folgen hat bzw. ob und inwieweit die angestammte Bevölkerung unseres Landes mit ihren jeweiligen Entscheidungen einverstanden ist, gerade was das stetige Vorantreiben eines multiethnischen Staates auf deutschem Boden anbelangt, jetzt muß man sich auch noch von der Justiz im Stich gelassen fühlen, was das Wegsperren gefährlicher (meist ausländischer) Gewaltverbrecher anbelangt.

Dabei spricht einiges dafür, daß wir uns schon in wenigen Jahren auf bürgerkriegsähnliche Zustände in Deutschland gefaßt machen können, wie wir im nächsten Kapitel bzw. in Band 2 der vorliegenden Schrift mit Erschrecken feststellen müssen.

Auswahl der verwendeten Literatur

ANONYMUS, Die Zionistischen Protokolle. Das Programm der internationalen Geheim-Regierung, Leipzig 1932

Cherep-Spiridovich, Major General Count: The Secret World Government Or „The Hidden Hand", New York 1921

Epperson, A. Ralph: The Unseen Hand. An Introduction to the Conspiratorial View of History, 16. Aufl. Tucson 1995

Freyenwald, Dr. H. Jonak von: Jüdische Bekenntnisse, Bremen 1992 (Nachdruck der Ausgabe Nürnberg 1941)

Olschewski, Malte: Von den Karawanken bis zum Kosovo. Die geheime Geschichte der Kriege in Jugoslawien, Wien 2000

Robertson, Pat: The New World Order, Dallas 1991

Rothkranz, Johannes: Der Vertrag von Maastricht - Endlösung für Europa, Band I, Durach 1993

Rothkranz, Johannes: Der Vertrag von Maastricht - Endlösung für Europa, Band II, Durach 1993

Rothkranz, Johannes: Wußten Sie schon … ?, Durach 1991

Sichelschmidt, Gustav: Deutschland verblödet. Wem nutzt der dumme Deutsche?, Kiel 1995

Sichelschmidt, Gustav: Ein Volk im Wahn. Wer will die Deutschen krank?, Kiel 1998

Stein, Conrad C.: Die Geheime Weltmacht. Die schleichende Revolution gegen die Völker, Tübingen 2001

Still, William T.: New World Order: The Ancient Plan of Secret Societies, 10. Aufl. Lafayette 1990

Taylor, Ian T.: In The Minds Of Men. Darwin and the New World Order, 4. Aufl. Minneapolis 1991

Wichtl, Friedrich & Schneider, Robert: Weltfreimaurerei Weltrevolution Weltrepublik, Wobbenbüll 1981

Willrich, Kurt: Von der Unfreiheit eines multikulturellen Menschen, Tübingen 2000

Verwendete Zeitungen und Zeitschriften

Abendzeitung
Berliner Zeitung
Bild
Bild am Sonntag
Der Spiegel
Die Welt
Euro-Kurier
Focus
Frankfurter Rundschau
Fuldaer Zeitung
junge Welt
Kurier der Christlichen Mitte
Marktkorb – Fuldaer Bote, Das Wochenblatt für Osthessen
Media Bypass
Nation & Europa
National-Zeitung
Politische Hintergrundinformationen – Auslandsdienst
Politische Hintergrundinformationen / Deutschlanddienst
Stimme des Gewissens
Süddeutsche Zeitung
World In Review

Quellenangaben

1 Diagnosen, April 1985, S. 9
2 Rechtsextremismus: Jeder vierte Deutsche ist ausländerfeindlich, *WELT.de/afp*, Artikel erschienen am 08.11.2006, http://www.welt.de/data/2006/11/08/1103901.html; Herv. hinzugefügt
3 Rechtsextremismus – Dossier, http://www.bpb.de/themen/R2IRZM,0,0,Rechtsextremismus.html; Herv. hinzugefügt
4 ARD-Text, 17.4.08, S. 124; Herv. hinzugefügt
5 Fuldaer Zeitung, 10.5.08
6 SAT.1, 8.7.08, S. 122; Herv. hinzugefügt
7 Fuldaer Zeitung, 28.11.08; Herv. hinzugefügt
8 ebd. 15.8.09; Herv. hinzugefügt
9 SAT.1, 28.8.09, S. 123; Herv. hinzugefügt

[10] ProSieben, 22.11.09, S. 110
[11] ebd. S. 114
[12] SAT.1, 22.11.09, S. 100
[13] ebd. S. 120
[14] ebd. S. 122
[15] Fuldaer Zeitung, 18.12.09
[16] ARD-Text, 15.5.07, S. 120
[17] Nation & Europa, Mai 2007, S. 15; Herv. hinzugefügt
[18] Fuldaer Zeitung, 26.11.08
[19] ARD-Text, 20.12.08; Herv. hinzugefügt
[20] Kurier der Christlichen Mitte, August 2005; Herv. hinzugefügt
[21] ebd. April 2006
[22] hr-text, 7.8.05, S. 116
[23] ebd. 12.5.09, S. 129
[24] Süddeutsche Zeitung, Nr. 71/2005; zit. nach Nation & Europa, Mai 2005, S. 18; Herv. hinzugefügt
[25] Der Spiegel, Nr. 19/1999; zit. nach Nation & Europa, Juni 1999, S. 37; Herv. hinzugefügt
[26] zit. nach Nation & Europa, Juli/August 1998, S. 59; Herv. hinzugefügt
[27] zit. nach ebd. Mai 1995, S. 36
[28] Fuldaer Zeitung, 29.10.05
[29] Artikel vom 6. Januar 2006, http://www.stern.de/politik/deutschland/552745.html?nv=ct_mt; zit. nach Blutige Schießerei in Bremen « Deutschelobby's Weblog, 14. März 2008, http://deutschelobby.wordpress.com/2008/03/14/blutige-schieserei-in-bremen
[30] Fuldaer Zeitung, 20.2.06
[31] ARD-Text, 1.3.06, S. 156
[32] Fuldaer Zeitung, 9.3.06
[33] hr-text, 22.3.06, S. 127
[34] ebd. 11.4.06, S. 128
[35] ebd. 19.4.06, S. 124
[36] ebd. 1.5.06, S. 121
[37] ebd. 27.7.06, S. 126
[38] Fuldaer Zeitung, 6.10.06
[39] hr-text, 2.11.06, S. 124
[40] Fuldaer Zeitung, 25.11.06
[41] hr-text, 16.1.07, S. 129
[42] ebd. 18.1.07, S. 131
[43] ebd. 1.2.07, S. 128
[44] Frankfurt: Multikulti-Amts-Chefin überfallen – Politically Incorrect, http://www.pi-news.net/2009/04/frankfurt-multikulti-amts-chefin-ueberfallen; Herv. hinzugefügt
[45] hr-text, 5.2.07, S. 129
[46] Nation & Europa, März 2007, S. 42
[47] SAT.1, 20.2.07, S. 114

[48] hr-text, 9.3.07, S. 129
[49] ebd. 12.3.07, S. 131
[50] Abendzeitung, 26./27.4.08
[51] hr-text, 12.3.07, S. 128
[52] ebd. 13.3.07, S. 123
[53] ebd. S. 129
[54] ebd. 14.3.07, S. 127
[55] Skandal-Urteil! Richterin lässt Tot-Raser laufen – Bild.de, 29.3.07, http://www.bild.de/BTO/news/2007/03/30/skandal-urteil/raser-fussgaenger-zone.html
[56] Mildes Urteil für Todesfahrer Ali A. – Politically Incorrect, 29. März 2007, http://www.pi-news.net/2007/03/mildes-urteil-fuer-todesfahrer-ali-a
[57] ebd.
[58] hr-text, 14.4.07, S. 126
[59] ebd. 15.4.07, S. 127
[60] Fuldaer Zeitung, 19.4.07
[61] http:www.bild.t-online.de/BTO/news/2007/04/29
[62] Fuldaer Zeitung, 28.4.07
[63] hr-text, 4.5.07, S. 128
[64] Fuldaer Zeitung, 14.5.07
[65] ebd. 1.8.07
[66] hr-text, 13.8.07, S. 117
[67] ARD-Text, 13.9.07, S. 156
[68] hr-text, 19.9.07, S. 125
[69] Fuldaer Zeitung, 6.11.07
[70] hr-text, 20.11.07, S. 124
[71] ebd. 21.11.07, S. 128
[72] National-Zeitung, 30.11.07
[73] hr-text, 5.12.07, S. 129
[74] ebd. 7.12.07, S. 121
[75] RTLtext, 23.12.07, S. 123
[76] ebd. 30.12.07, S. 131
[77] Fuldaer Zeitung, 3.1.08
[78] hr-text, 3.1.08, S. 124
[79] Bild, 5.1.08
[80] SAT.1, 7.1.08, S. 118
[81] Fuldaer Zeitung, 8.1.08
[82] ARD-Text, 6.1.08, S. 158
[83] Fuldaer Zeitung, 10.1.08
[84] ebd. 11.1.08
[85] Bild, 22.1.08; Herv. hinzugefügt
[86] hr-text, 24.1.08, S. 123
[87] RTL II, 24.1.08, S. 146

[88] Frau niedergestochen – Essen – DerWesten, Essen, 25.01.2008, http://www.derwesten.de/nachrichten/staedte/essen/2008/1/25/news-18860331/detail
[89] Fuldaer Zeitung, 30.1.08
[90] ebd. 31.1.08
[91] hr-text, 1.2.08, S. 126
[92] Auge ausgeschlagen – „Ich weiß nicht, wie jetzt mein Leben weitergeht" – EXPRESS online, http://www.express.de/nachrichten?pagename=express/index&pageid=100636173696
[93] ebd.
[94] Ohne Bewährung – Velberter Schläger muß in den Knast – EXPRESS online, http://www.express.de/nachrichten?pagename=express/index&pageid=100636173696
[95] hr-text, 6.2.08, S. 128
[96] ebd. 8.2.08, S. 127
[97] ebd. 13.2.08, S. 125
[98] ebd. 1.3.08, S. 129
[99] ebd. 14.2.08, S. 129
[100] ebd. 14.2.08, S. 123
[101] ebd. 26.2.08
[102] Fuldaer Zeitung, 10.3.08
[103] Fuldaer Zeitung, 15.3.08
[104] Abendzeitung, 15./16.3.08
[105] ebd.
[106] ebd.
[107] http://www.bild.de/BILD/news/vermischtes/2008/03/17/rentner-ermordet/in-ihrer-wohnung,geo=4035546.html; zit. nach Doppelmord Berlin:Oma und Opa in eigener Wohnung abgeschlachtet « Deutschelobby's Weblog, 17. März 2008, http://deutschelobby.wordpress.com/2008/03/17/doppelmord-berlin-oma-und-opa-in-eigener-wohnung
[108] Erschienen im gedruckten Tagesspiegel vom 15.03.2008, http://www.tagesspiegel.de/berlin/Mord-Rudow;art270,2494907; zit. nach Doppelmord in Berlin „Ich rotte die ganze Familie aus." « Deutschelobby's Weblog, 15. März 2008, http://www.deutschelobby.wordpress.com/2008/03/15/doppelmord-in-berlin
[109] Hannover: Beging 21-jährige am Schaukelgerüst Selbstmord?, 2.4.08, Short-News, http://www.shortnews.de/feedback.cfm?fanz=1&fbid=3492829&rubrik=Brennpunkte
[110] „Ich muß Euch so viel erzählen, aber ich kann nicht" – Video-News und Nachrichten, RTLaktuell.de, http://www.rtl.de/rtlaktuell/rtl_aktuell_artikel.php?article=18616

[111] Freispruch Im Fall Nadine M: Angehörige Reagieren Entsetzt – Artikel – Lübecker, http://www.lnonline.de/artikel/2687588/Freispruch_im_Fall_Nadine_M:_Angeh%F6rige_reagieren_entsetzt.htm; Herv. hinzugefügt
[112] Nationale und sozialistische Kameradschaft Hamm – BRD-Realität: Freispruch für vergewaltigende Afrikaner, http://www.logr.org/kshamm/2009/07/17/brd-realitat-freispruch-fur-vergewaltigende-afrikaner
[113] Freispruch Im Fall Nadine M: Angehörige Reagieren Entsetzt – Artikel – Lübecker, http://www.ln-online.de/artikel/2687588/Freispruch_im_Fall_Nadine_M:_Angeh%F6rige_reagieren_entsetzt.htm
[114] Hassan fährt Motorrad-Fahrer tot und marschiert wieder in die Freiheit – Bild.de, http://www.bild.de/BILD/news/vermischtes/2008/04/22/hassan/faehrt-motorradfahrer
[115] Fuldaer Zeitung, 9.5.08
[116] Ehestreit: Schießerei in Hamburg war eine Beziehungstat – Nachrichten Vermischtes, 21. Mai 2008, http://www.welt.de/vermischtes/article2018566/Schiesserei_in_Hamburg_war_eine_Beziehungstat
[117] hr-text, 23.5.08, S. 124
[118] RTLtext, 30.5.08, S. 131
[119] hr-text, 12.6.08, S. 130
[120] hr-text, Dienstag, 17.6.08, S. 128
[121] SAT.1, 17.6.08, S. 115
[122] Bluttat: Schlachter ersticht Ex-Freundin und deren Mutter – Nachrichten Hamburg, WELT ONLINE HAMBURG, 17. Juni 2008, http://www.welt.de/hamburg/article2116334/Schlachter_ersticht_Ex-Freundin_und_deren_Mutter
[123] hr-text, 3.7.08, S. 131
[124] Berlin: zwei Frauen stechen Mann vor Disco nieder : News, 1.9.08, http://www.die-topnews.de/berlin-zwei-frauen-stechen-mann-vor-disco-nieder-317066
[125] Amokfahrt: Nackter Raser tötet Radfahrerin – Frankfurter Rundschau, Georg Leppert, http://www.fr-online.de/frankfurt_und_hessen/nachrichten/frankfurt/1588146_Nackter
[126] ebd.
[127] Fuldaer Zeitung, 7.10.08
[128] Prozess um Tod des verbrannten Jungen: Die Angeklagten schweigen – Hamburg, 23.10.08, http://www.bild.de/BILD/hamburg/aktuell/2008/10/23/prozess-um-tod-des-verbrannten
[129] Urteil: Mutter der Ex-Freundin verprügelt – Bewährung – Nachrichten Hamburg, 28. Oktober 2008, http://www.welt.de/hamburg/article2640390/Mutter-der-Ex-Freundin-verpruegelt-Bewaehrung
[130] Nation & Europa, November/Dezember 2008, S. 42

[131] Fuldaer Zeitung, 22.11.08
[132] Zum Abi Schädelbruch – Politically Incorrect, http://www.pi-news.net/2008/12/zum-abi-schaedelbruch
[133] Nation & Europa, Januar 2009, S. 48
[134] Fuldaer Zeitung, 19.1.09
[135] „Südländer" schlagen 80-Jährigen bewußtlos – Politically Incorrect, 3. März 2009, http://www.pi-news.net/2009/03/suedlaender-schlagen-80-jaehrigen-bewusstlos
[136] NonstopNews – Meldung, 29.3.09, http://www.nonstopnews.de/meldung/8773
[137] ebd.
[138] ebd.
[139] Fuldaer Zeitung, 31.3.09
[140] Nation & Europa, April 2009, S. 52
[141] Radio Freiheit»Ausländerkriminalität » Bremen: Türkenbande schlägt Radfahrer, 29. April 2009, http://www.radio-freiheit.info/archives/3066; Herv. hinzugefügt
[142] Radio Freiheit»Ausländerkriminalität » Berlin: Türkischer U-Bahn-Schläger Ugur T., 24. April 2009, http://www.radio-freiheit.info/archives/3024
[143] ebd.
[144] Radio Freiheit»Ausländerkriminalität » Brutaler Raubüberfall in Herne, 23. April 2009, http://www.radio-freiheit.info/archives/3012
[145] Radio Freiheit»Ausländerkriminalität » Bonn: Guinea-Neger schlachtete im Blutrausch, 22. April 2009, http://www.radio-freiheit.info/archives/2999
[146] Radio Freiheit»Ausländerkriminalität » Bad Buchau: 15-jähriger Kosovo-Albaner, 20. April 2009, http://www.radio-freiheit.info/archives/2953
[147] ebd.
[148] ebd.
[149] Schüler (18) nach Kneipenbesuch beide Kiefer gebrochen – Attendorn – DerWesten, 28.4.09, Hubertus Heuel, http://www.derwesten.de/nachrichten/staedte/attendorn/2009/4/28/news-118276150
[150] Radio Freiheit» Ausländerkriminalität » Salzburg: Vierzehnfach vorbestrafter Türke, 1. Mai 2009, http://www.radio-freiheit.info/archives/3085
[151] Radio Freiheit»Ausländerkriminalität » Gelsenkirchen: 19-Jähriger von Türken mit Gürtel krankenhausreif geschlagen, 10. Mai 2009, http://www.radio-freiheit.info/archives/3176
[152] Radio Freiheit»Ausländerkriminalität » Hagen: Türken schlagen 18-Jährigen an der Wohnungstür zusammen, 12. Mai 2009, http://www.radio-freiheit.info/archives/3212
[153] zit. nach ebd.
[154] Kurt Willrich, Von der Unfreiheit eines multikulturellen Menschen, S. 177
[155] Nation & Europa, Oktober 2009, S. 46; Herv. hinzugefügt
[156] zit. nach Radio Freiheit»Ausländerkriminalität » Hagen: Türken schlagen 18-Jährigen an der Wohnungstür zusammen, 12. Mai 2009, http://www.radio-freiheit.info/archives/3212

[157] ARD-Text, 19.5.08, S. 161
[158] hr-text, 9.6.08, S. 120
[159] Fuldaer Zeitung, 29.5.09
[160] RTLtext, 11.2.08, S. 127
[161] Ein Toter und zwei Schwerverletzte bei Familientragödie – Yahoo! Nachrichten, http://de.news.yahoo.com/l/20090525/twl-ein-toter-und-zwei-schwerverletzte-b-8b73
[162] Radio Freiheit»Ausländerkriminalität » Herten: 49-Jähriger nach Überfall durch „Südländer mit Zorro-Maske" schwer verletzt, 8. Juni 2009, http://www.radio-freiheit.info/archives/3405; Herv. hinzugefügt
[163] Fuldaer Zeitung, 27.5.09; Herv. hinzugefügt
[164] ebd.
[165] Radio Freiheit»Aktuell » Hilden: 97-Jährige nach Raubüberfall durch schwarzhaarige Kulturbereicherer gestorben, 9. Juni 2009, http://www.radio-freiheit.info/archives/3411; Herv. hinzugefügt
[166] ebd.
[167] Radio Freiheit»Ausländerkriminalität » Duisburg: Türke wollte geistig und körperlich Behinderte vergewaltigen, 15. Juni 2009, http://www.radio-freiheit.info/archives/3518
[168] hr-text, 11.6.09, S. 119; Herv. hinzugefügt
[169] Radio Freiheit»Ausländerkriminalität » Heidelberg: Mutmaßlicher Türke vergewaltigte 20-jährige Einheimische, 20. Juni 2009, http://www.radio-freiheit.info/archives/3551
[170] Fuldaer Zeitung, 18.6.09
[171] Radio Freiheit»Ausländerkriminalität » Hilden: „Südeuropäer mit dunklem Teint" vergewaltigte 50-Jährige, 7. Juli 2009, http://www.radio-freiheit.info/archives/3687
[172] Radio Freiheit» Ausländerkriminalität » Bielefeld: Türkenmob tritt 30-jährigen Deutschen krankenhausreif, 26. Juni 2009, http://radio-freiheit.info/archives/3610
[173] Radio Freiheit»Ausländerkriminalität » Stuttgart: Orientalischer Möchtegern-Totschläger sticht in Disco vier Deutsche nieder, 24. Juni 2009, http://www.radio-freiheit.info/archives/3580
[174] Nassauische Neue Presse – Limburg-Weilburg – Hessen: 24-Jähriger erstochen, 23.6.09, http://www.fnp.de/nnp/region/hessen/rmn01.c.6129753.de.htm
[175] Einbrecherbande auf frischer Tat ertappt – kurier.at, Meldung vom 30.6.09, http://kurier.at/nachrichten/niederoesterreich/1919470.php
[176] Angeklagter ersticht Zeugin im Gerichtssaal – Deutschland&Welt, 1.7.09, http://bgland24.de/nachrichten/deutschland/angeklagter-ersticht-zeugin-gerichtssaal; Herv. hinzugefügt
[177] ebd.

[178] „Amoklauf ohne Waffen“: Schülergruppe prügelt Passanten fast zu Tode, http://www.welt.de/vermischtes/article4043277/Schuelergruppe-pruegelt-Passanten-fast-zu-Tode; zit. nach München: Mann fast totgetreten – Politically Incorrect, 2. Juli 2009, http://www.pi-news.net/2009/07/muenchen-mann-fast-totgetreten

[179] ProSieben, 11.7.09, S. 133

[180] Radio Freiheit»Ausländerkriminalität » Düren: Zwölf Türken bzw. Araber schlagen 23-jährigen zusammen, 19. Juli 2009, http://www.radio-freiheit.info/archives/3775

[181] Drei Jahre Gefängnis für den Messerstecher – Drucken – Startseite, Artikel vom 3.7.09, http://www.landes-zeitung.de/portal/startseite_Drei-Jahre-Gefaengnis-fuer-den-Messerstecher-_arid,155366.html

[182] ebd. Herv. hinzugefügt

[183] ebd. Herv. hinzugefügt

[184] ebd.

[185] Radio Freiheit»Ausländerkriminalität » Raubüberfall in Gevelsberg: Türken halten Passanten Messer an den Hals, 19. Juli 2009, http://www.radio-freiheit.info/archives/3786

[186] Radio Freiheit»Ausländerkriminalität » Gewalt-Exzess in Regionalbahn: Türkenbande schlägt Einheimische brutal zusammen, 8. Juli 2009, http://www.radio-freiheit.info/archives/3699

[187] Radio Freiheit»Ausländerkriminalität » Jugendliche mit „türkischem Migrationshintergrund“ wegen mehrfacher Vergewaltigung einer Zwölfjährigen verurteilt, 19. Juli 2009, http://www.radio-freiheit.info/archives/3770

[188] Bremen: Verletzte nach Messerstecherei vor Krankenhaus – Nachrichten Vermischtes, 15. Juli 2009, http://www.welt.de/vermischtes/article4122650/Verletzte-nach-Messerstecherei-vor-Krankenhaus

[189] Fuldaer Zeitung, 7.7.09

[190] ebd.

[191] ebd. 5.5.07

[192] Kriminalität – Mann aus U-Bahn geworfen – Titelseite – Printarchiv – Berliner Morgenpost, Montag, 26. Januar 2009, http://www.morgenpost.de/printarchiv/titelseite/article1021886/Mann_aus_U_Bahn_geworfen

[193] Jihad Watch Deutschland: Und schon wieder Moers: Mann niedergestochen und beraubt, http://fredalanmedforth.blogspot.com/2009/04/und-schon-wieder-moers-mann.html

[194] hr-text, 23.5.09, S. 136

[195] ebd. S. 131

[196] ebd. 1.6.09, S. 131

[197] ebd. 17.6.09, S. 131

[198] ebd. 4.8.09, S. 140

[199] ebd. 9.8.09, S. 131

[200] Fuldaer Zeitung, 8.9.09

[201] Jugendgewalt: Hamburger Teenager töten Mann wegen 20 Cent – Nachrichten Hamburg, André Zand-Vakili, 23. September 2009, http://www.welt.de/hamburg/article4599200/Hamburger-Teenager-toeten-Mann-wegen-20-Cent.html; Herv. hinzugefügt
[202] ebd.
[203] ebd. Herv. hinzugefügt
[204] ebd.
[205] Fuldaer Zeitung, 15.9.09
[206] ebd. 23.9.09
[207] SAT.1, 27.9.09, S. 119
[208] suedkurier.de – Staatsanwalt weist Kritik zurück, 5.10.09, http://www.suedkurier.de/region/schwarzwald-baar-heuberg/villingen
[209] SAT.1, 12.10.09, S. 115
[210] hr-text, 10.11.09, S. 130
[211] ebd. 5.2.08, S. 127
[212] RTLtext, 6.2.08, S. 129
[213] Bild am Sonntag, 4.10.09; Herv. im Orig.
[214] ARD-Text, 7.10.09, S. 158
[215] Neues aus Multikultistan – Seite 1158 – wallstreet-online.de, Mittwoch, 7.10.09, http://www.wallstreet-online.de/diskussion/1087714-11571-11580/neues-aus-multikultistan
[216] ZDFtext, 8.5.07, S. 122
[217] Remer Depesche Nr. 3/1993, S. 3; zit. nach Johannes Rothkranz, Der Vertrag von Maastricht – Endlösung für Europa, Band II, S. 557; Herv. hinzugefügt
[218] Radio Freiheit»Ausländerkriminalität » Berlin: 22-Jähriger in Lichtenberg niedergestochen und schwer verletzt, 5. Januar 2009, http://www.radio-freiheit.info/archives/1423
[219] Fuldaer Zeitung, 10.8.09
[220] ebd. 6.7.09; Herv. hinzugefügt
[221] MfS : 17.000 Ex-Stasi-Mitarbeiter im öffentlichen Dienst – Deutschland, 9. Juli 2009, http://www.noows.de/17000-ex-stasi-mitarbeiter-im-offentlichen-dienst-9262
[222] ebd.
[223] zit. nach Nation & Europa, September 2009, S. 20
[224] SAT.1, 18.9.09, S. 123
[225] ebd. 18.12.07, S. 112; Herv. hinzugefügt
[226] Fuldaer Zeitung, 12.1.08; Herv. hinzugefügt
[227] ARD-Text, 12.6.09, S. 157; Herv. hinzugefügt
[228] ebd. 11.8.09, S. 159; Herv. hinzugefügt
[229] Nation & Europa, Februar 2008, S. 37; Herv. hinzugefügt
[230] RTLtext, 26.9.09, S. 112
[231] ebd. S. 131
[232] junge Welt, 26.8.09
[233] SAT.1, 6.6.07, S. 123
[234] Bild am Sonntag, 27.9.09

[235] ARD-Text, 9.10.09, S. 164
[236] Radio Freiheit»Kurz & knapp » Nach Grenzöffnung: In Görlitz explodiert das Verbrechen, Totila Veckenstedt, 2. April 2008, http://www.radio-freiheit.info/archives/244; Herv. hinzugefügt
[237] ebd.
[238] ARD-Text, 19.12.09, S. 125
[239] Fuldaer Zeitung, 15.7.09
[240] ebd. 18.9.09; Herv. hinzugefügt
[241] ebd. 21.10.09
[242] ebd. 26.9.09
[243] National Journal, P.O. Box 62, GB-Uckfield/East Sussex, TN22 1ZY, United Kingdom; (globalfire.tv), Die Ausländer-Lüge - Deutsche vor Vertreibung aus eigenem Land?, http://globalfire.tv/nj/05de/multikultur/auslaenderluege.htm
[244] ebd.
[245] national journal: Die „Sieben-Millionen-Lüge“, http://globalfire.tv/nj/04de/multikultur/bedrohung2.htm
[246] ARD-Text, 28.3.06, S. 158; Herv. hinzugefügt
[247] ebd. 19.12.07, S. 158
[248] Fuldaer Zeitung, 19.2.08; Herv. hinzugefügt
[249] SAT.1, 14.3.06, S. 117; Herv. hinzugefügt
[250] Fuldaer Zeitung, 4.8.09; Herv. hinzugefügt
[251] ebd. 30.7.09; Herv. hinzugefügt
[252] National-Zeitung, 2.10.09; Herv. hinzugefügt
[253] Fuldaer Zeitung, 16.9.09
[254] ARD-Text, 24.11.09, S. 157
[255] zit. nach Deutschland in Geschichte und Gegenwart, Nr. 1, Februar 1994, S. 42; hier zit. nach Informations- und Dokumentationsdienst, 1994 - Folge 3, S. 0279; Herv. im Orig.
[256] ARD-Text, 26.5.07, S. 161
[257] national journal: Volk, willst du an der Bereicherung sterben?, http://globalfire.tv/nj/09de/multikultur/moerderische_bereicherung.htm; Herv. im Orig.
[258] Radio Freiheit»Kurz & knapp » Umvolkung: In der BRD werden immer mehr Ausländerkinder geboren, Totila Veckenstedt, 12. Mai 2009, http://www.radio-freiheit.info/archives/3207
[259] National-Zeitung, 2.10.09
[260] Radio Freiheit»Kurz & knapp » Umvolkung: In der BRD werden immer mehr Ausländerkinder geboren, Totila Veckenstedt, 12. Mai 2009, http://www.radio-freiheit.info/archives/3207
[261] Gregor Gysi in einer Fernseh-Talkshow; zit. nach Kurier der Christlichen Mitte, Nr. 12/1992; zit. nach Johannes Rothkranz, Der Vertrag von Maastricht – Endlösung für Europa, Band II, S. 551; Herv. hinzugefügt
[262] RTLtext, 10.9.07, S. 124
[263] ZDFtext, 18.12.07, S. 123
[264] http://www.konservativ.de/zitate/home.htm

[265] ARD-Text, 27.7.09, S. 511; Herv. hinzugefügt
[266] hr-text, 16.11.09, S. 125
[267] ARD-Text, 19.4.07, S. 125
[268] Fuldaer Zeitung, 3.2.09; Herv. hinzugefügt
[269] SAT.1, Sonntag, 14.6.09, S. 115; Herv. hinzugefügt
[270] ARD-Text, 26.9.07, S. 163; Herv. hinzugefügt
[271] http://www.n-tv.de/682041.html; Herv. hinzugefügt
[272] RTLtext, 22.3.06, S. 125; Herv. hinzugefügt
[273] Fuldaer Zeitung, 22.1.10; Herv. hinzugefügt
[274] Fuldaer Zeitung, 10.7.09
[275] ebd. 4.12.08
[276] Politische Hintergrundinformationen – Auslandsdienst, Nr. A6-A8 / 2006, 14.3.06; Herv. hinzugefügt
[277] zit. nach Freimaurer, http://www.helvetischejugend.ch/Freimaurer.html
[278] ebd.
[279] Politische Hintergrundinformationen – Auslandsdienst, Nr. A6-A8 / 2006, 14.3.06; Herv. hinzugefügt
[280] ARD-Text, 25.9.07, S. 165; Herv. hinzugefügt
[281] Ratgeber – RTL.de, 4.2.10, http://www.rtl.de/cms/service/ratgeber.html?set_id=16619&startid=114402; Herv. hinzugefügt
[282] RTLtext, 26.5.09, S. 130; Herv. hinzugefügt
[283] Fuldaer Zeitung, 24.7.09; Herv. hinzugefügt
[284] Politische Hintergrundinformationen - Deutschlanddienst, Nr. 23-24 / 2005, S. 181; Herv. hinzugefügt
[285] Fuldaer Zeitung, 14.11.09
[286] National-Zeitung, 21.8.09; Herv. hinzugefügt
[287] Aufruf der „Süddeutschen Zeitung“ (München), Nr. 260/2000; zit. nach Nation & Europa, Januar 2001, S. 18
[288] RTLtext, 5.4.06, S. 132
[289] Fuldaer Zeitung, 29.7.06; Herv. hinzugefügt
[290] SAT.1, 8.4.06, S. 114; Herv. hinzugefügt
[291] hr-text, 28.4.09, S. 129; Herv. hinzugefügt
[292] National-Zeitung, 18.9.09; Herv. hinzugefügt
[293] ProSieben, 28.10.07, S. 116
[294] SAT.1, 1.5.09, S. 124
[295] Bundesregierung will mehr Migranten als Lehrer einsetzen, ShortNews, 21.3.09, http://www.shortnews.de/start.cfm?id=756730
[296] Fuldaer Zeitung, 21.7.09; Herv. hinzugefügt
[297] SAT.1, 14.1.10, S. 122
[298] ebd. 8.4.09
[299] ARD-Text, 22.8.09, S. 158; Herv. hinzugefügt
[300] Bild, 9.10.07; Herv. hinzugefügt
[301] hr-text, 3.8.09, S. 124; Herv. hinzugefügt
[302] Fuldaer Zeitung, 10.12.09; Herv. hinzugefügt

[303] Frankfurter Rundschau, 27.10.08; Herv. hinzugefügt
[304] National-Zeitung, 9.10.09
[305] Primacy or World Order; zit. nach Pat Robertson, The New World Order, S. 164
[306] Dr. James W. Wardner, Unholy Alliances, S. 74; Herv. hinzugefügt
[307] Fuldaer Zeitung, 27.1.09; Herv. hinzugefügt
[308] Jüdische Allgemeine, Berlin, 17.9.09; zit. nach National-Zeitung, 25.9.09; Herv. hinzugefügt
[309] Nation & Europa, Mai 2007, S. 42
[310] Fuldaer Zeitung, Christoph Driessen, 13.3.07; Herv. hinzugefügt
[311] ebd.
[312] SAT.1, 14.2.08, S. 124; Herv. hinzugefügt
[313] Fuldaer Zeitung, 20.8.09
[314] zit. nach Nation & Europa, November/Dezember 2008, S. 30
[315] ebd. 10.11.07; Herv. hinzugefügt
[316] Deutschland Altermedia.info, Hessens Integrationsminister möchte Islamunterricht an deutschen Schulen!, 23.3.09, http://de.altermedia.info/general/hessens-integrationsminister-mochte-islamunterricht; Herv. hinzugefügt
[317] Fuldaer Zeitung, 25.11.08; Herv. hinzugefügt
[318] Koch für Türkisch als Schulfach – Nachrichten, Stand: 09.09.2005, hr, http://www.hr-online.de/website/rubriken/nachrichten/index.jsp?key=hessen_vtx_meldungen; Herv. hinzugefügt
[319] National-Zeitung, 25.9.09; Herv. hinzugefügt
[320] SAT.1, 5.5.07, S. 121; Herv. hinzugefügt
[321] Radio Freiheit»Kurz & knapp » Verausländerung: Merkel ruft Ausländer in Deutschland, http://radio-freiheit.info/archives/3165
[322] Fuldaer Zeitung, 8.1.10; Herv. hinzugefügt
[323] ebd. 14.2.09; Herv. hinzugefügt
[324] ebd. 19.1.10; Herv. hinzugefügt
[325] Amoklauf in Rostock: Messerstecher kommt womöglich in Psychiatrie – SPIEGEL ONLINE, 15.2.10, http://www.spiegel.de/panorama/justiz/0,1518,677873,00.html#ref=rss
[326] Euro-Kurier, Januar 2010, S. 14
[327] national journal: Im schwarzen Loch der Menschenrechte, http://globalfire.tv/nj/10de/verfolgungen/schwarzes_loch.htm

Der Bericht von IRON MOUNTAIN – Geheimplan zur Bevölkerungskontrolle, *Frank Hills, 298 S., durchgeh. bebildert, 22,-- €*

In den USA, im Bundesstaat New York, traf sich im August 1963 zum ersten Mal eine kleine Gruppe von 15 mächtigen Männern in einem Atombunker tief unter der Erke namens IRON MOUNTAIN.
Dieser einmal im Monat zusammenkommende elitäre Kreis arbeitete an einer von der Regierung in Auftrag gegebenen Studie, die klären sollte, welche anderen wichtigen Funktionen, abgesehen von der Wahrung „nationaler Interessen", der Krieg in der modernen Gesellschaft hat und welche Institutionen diese Funktionen übernehmen könnten, falls es keinen Krieg mehr gäbe. Drei Jahre später legten sie ihren Schlußbericht vor: Ein teuflischer Plan, mit dessen Hilfe man die Massen auch weiterhin manipulieren und unter die Kontrolle einer Eine-Welt-Regierung bekommen könnte.
Lesen Sie, was vor mehr als 40 Jahren beschlossen wurde und heute konsequent in die Tat umgesetzt wird!

Die Liquidierung Deutschlands, *F. Hills, 233 S, bebildert, 20,90 €*

Dieses Buch beschreibt mit aller Deutlichkeit den gegenwärtigen finanziellen, gesundheitlichen moralischen und sittlichen Verfall des deutschen Volkes. In dieser aktuellen Bestandsaufnahme der Bundesrepublik, in der unter anderem die Folgen der EU-Osterweiterung und der angestrebten EU-Mitgliedschaft der Türkei zur Sprache kommen, wird auch der Beweis erbracht, daß bereits vor mehr als 60 Jahren in den USA diabolische Pläne ersonnen wurden, wie den Deutschen endgültig der Garaus bereitet werden könnte. Dabei handelte es sich um den jeweils sogenannten Nizer-, Kaufman-, Morgenthau- und Hooton-Plan, allesamt üble Machwerke, die von Haß auf Deutschland und von unerschütterlichem Rassismus gegenüber allen Deutschen nur so strotzten. Sie verschwanden nicht etwa vor langer Zeit tief in einer Schublade, sondern dienen gegenwärtig als Fahrplan zur systematischen Vernichtung Deutschlands. Lesen Sie in diesem Buch, was wirklich hinter der europäischen Vereinigung und der Errichtung des Brüsseler Superstaates steckt, warum die ehemals souveränen christlichen Nationalstaaten Europas von ihren eigenen (!) Politikern systematisch entmachtet und aufgelöst werden und welche Folgen das neue Zuwanderungsgesetz haben wird. Nicht unerwähnt bleiben dabei auch die weitreichenden Auswirkungen der bedingungslosen Kapitulation der Deutschen Wehrmacht am Ende des Zweiten Weltkrieges, aber auch des europäischen Haftbefehls, der klar macht, daß die Deutschen jetzt keine „unveräußerlichen Grundrechte" mehr haben. Durchschauen Sie die diabolischen Machenschaften geheimer Mächte im Hintergrund des Weltgeschehens, bevor es zu spät ist! Lesen Sie dieses Buch und helfen Sie mit, das Allerschlimmste zu verhindern!

Das globale Killernetzwerk,
Frank Hills, 345 Seiten, durchgehend, bebildert, 24,90 €

Existiert hinter den Kulissen des Weltgeschehens ein Netzwerk brutaler Auftragsmörder? Erfahren Sie, warum Jürgen Möllemann, Prinzessin Diana, der britische Biowaffenexperte David Kelley und die schwedische Außenministerin Anna Lindh Morden zum Opfer fielen. Welchen Hintergrund hatte die schwere Flugzeugkatastrophe am 28. August 1988 auf dem US-Luftwaffenstützpunkt in Ramstein? Über 45 Seiten mit mehr als 140 Fotos greifen unter anderem das Attentat auf US-Präsident John F. Kennedy (November 1963) und den Bombenanschlag auf Oklahoma City (April 1995) auf. Ein brisantes Buch, das in keiner Sammlung fehlen sollte.

Die Wahrheit über die Schöpfung des Lebens und das Alter der Erde - Evolutionslehre - Verschwörung gegen Gott
Frank Hills, 235 Seiten, durchgehend bebildert, 19,90 €

Satan weiß, daß die katholische Kirche am besten dadurch stranguliert werden kann, indem der Glaube an Jesus Christus unterminiert wird.
Zu diesem Zweck haben seine gerissenen irdischen Vasallen eine Lehre ins Leben gerufen, die den Menschen nicht nur zum antichristlichen Sozialismus bekehren soll, sondern auch die ideale Grundlage für den Atheismus liefert: „Jedes Kind, das an Gott glaubt, ist geistesgestört", lästerte etwa der führende US-amerikanische Kinderpsychologe Dr. Paul Brandwein schon vor Jahren.
Dabei beweist der heruntergekommene Zustand unserer Gesellschaft, daß wenn die übernatürliche Ordnung, die von Christus in Seiner Kirche stammt, von den Menschen zurückgewiesen wird, sie auf ihr eigenes gefallenes Wesen zugreifen. Getrennt von Gott und dem Gehorsam gegenüber Seinen Geboten, wird der Mensch von der Realität abgeschnitten sein. Mit einem Wort: Er wird geisteskrank.
Dieses wichtige Buch will dem entgegenwirken, indem vor allem die absolute Verläßlichkeit der Genesis aufgezeigt wird. Es gehört in die Hände jedes Katholiken, der die Gebote Christi befolgt: „Habt nichts gemein mit den unfruchtbaren Werken der Finsternis, bringt sie vielmehr ans Licht!" (Eph 5, 11).

Unchristliche Pseudo-Wissenschaft als Fundament der Neuen Weltordnung – Evolutionslehre - Verschwörung gegen Gott,
Frank Hills, 300 Seiten, durchgehend bebildert, 22,90 €

Warum erfuhr Charles Darwins (1809-1882) Evolutionstheorie gleich von Beginn an die Unterstützung der Oberen der Weltpolitik und warum sprach sich der britische Biologe Sir Julian Huxley (1887-1975) dafür aus, daß diese Lehre zum zentralen Kern jeglichen Erziehungssystems wird?
Dieses Buch beweist, daß die vom Christentum verkündete Sittenlehre mit der Sittenlehre der Evolution in keinster Weise vereinbar ist und daß die

Lehre von der „Entwicklung des Lebens“ maßgeblich dafür verantwortlich ist, daß Deutschland von einer christlichen in eine heidnische Nation verwandelt wurde. Ohne sie hätte keine der heute vorherrschenden antichristlichen Weltanschauungen noch ein Fundament!

Die Evolutionstheorie im Lichte der Endzeit und der Anbruch des Jüngsten Tages, Bd. von 3 Evolutionstheorie - Verschwörung gegen Gott, *Frank Hills, 222 Seiten, durchgehend bebildert 19,90 €*

In der Hl. Schrift wird über die letzten Tage geweissagt, daß manche vom Glauben abfallen werden und „Irrgeistern sich zuwenden und Lehren von Dämonen“ (1 Tim 4, 1), womit nicht zuletzt die Evolutionstheorie gemeint sein könnte.
Dieser zweite Band liefert brisante Informationen über die Eine-Welt-Bestrebungen der herrschenden Elite und das weltumspannende Reich des Bösen. Welche Rolle spielt der Vatikan im Endzeitgeschehen und warum ist von den „Geistlichen“ der Konzilskirche keine Hoffnung mehr zu erwarten?
Droht der Menschheit in absehbarer Zeit die Vernichtung durch einen Asteroiden oder einen anderen Himmelskörper und wenn ja, wann ist damit zu rechnen? Planen die Hintermänner der Weltpolitik die Freisetzung einer verheerenden, in Geheimlabors künstlich hergestellten Seuche? Warum starben in den letzten Jahren zahlreiche hochrangige Wissenschaftler und Biowaffen-Experten unter teils mysteriösen Umständen?
Erfahren Sie die Antworten auf all diese brennenden Fragen und vieles mehr im zweiten Band der sensationellen neuen Enthüllungsschrift von Frank Hills über den Ursprung des Lebens und den Anbruch des Jüngsten Tages!

Freimaurersignale in der Presse
- Wie man sie erkennt und was sie bedeuten
Johannes Rothkranz, Bildband, 247 Seiten, 18,80 €

Ungefähr neun Zehntel aller geheimen Nachrichten und Befehle der Synagoge Satans werden über Massenmedien, **hauptsächlich durch Signalphotos in der Presse**, weitergegeben. Dem ahnungslosen Zeitungsleser sagen diese Bilder nichts; den Logenbrüdern und anderen Eingeweihten sagen sie sehr viel ...
Um die Kunde von ihrer Logen-Mitgliedschaft, aber auch anderweitige geheime Botschaften nicht gar zu auffallend zu plazieren, haben sich die „Brüder“ eine ganze Palette von harmlos wirkenden Hand- und Blickgesten einfallen lassen. Nur wer diese Geheimsignale kennt und sorgfältig beachtet, wird aus der Zeitung erfahren, was in Politik, Wirtschaft, Kultur und sogar im Sport (!) **wirklich** gespielt wird. Das vorliegende Werk versetzt Sie in den Stand, die geheimen Botschaften der „Insider“ in den Zeitungen und Nachrichtenmagazinen mitzulesen!
Sie werden anhand zahlloser Originalbeispiele schrittweise - wie in einem

Lehrbuch - **in das sichere Erkennen und zuverlässige Entschlüsseln** freimaurerischer Signal-Photos eingeführt!
Sie werden künftig **auf den ersten Blick** erkennen, wer der Satanssynagoge angehört, welche politischen, wirtschaftlichen, religiösen Schachzüge ihr besonders wichtig sind, welche anscheinend bloß zufälligen „Ereignisse" in Wirklichkeit von ihr gesteuert werden, etc.!
Sogar beim Durchblättern älterer Jahrgänge Ihrer Zeitungen oder Nachrichtenmagazine wird es Ihnen mit einem Mal **wie Schuppen von den Augen fallen** ...
Erstmals liegt hier ein **sachkundiger „Leitfaden"** zum sofortigen Erkennen und leichten Entziffern aller Arten freimaurerischer Signalphotos vor!
Das übersichtlich gegliederte Buch ist mit **zahllosen aktuellen Beispielen** durchgehend illustriert. Lehrreich selbst für jene, die glauben, sich auf diesem Gebiet schon auszukennen! Eine Fundgrube für jeden „Laien"!

Was am 11. September 2001 wirklich geschah
Eine kriminalistische Rekonstruktion, Band 1

Johannes Rothkranz, 393 S. + 32 S. farb, Bildteil, 41,10 €
Subskriptionspreis 32,90 €

Die furchtbaren Terroranschläge von New York und Washington haben bekanntlich die Welt verändert – und dies kein bißchen zufälligerweise exakt im Sinne der Eine-Welt-Aspiranten. Von allem Anfang an wimmelte denn auch die offizielle Darstellung der 9/11-Ereignisse durch die US-Regierung und die Weltmedien von gravierenden Ungereimtheiten, Widersprüchen, Unwahrheiten und Vertuschungen.
Jahrelang haben ungezählte 9/11-Forscher rund um den Globus die amtliche Version der Terroranschläge kritisch analysiert, sich dabei jedoch zumeist auf das Stellen bohrender Fragen und die Lieferung einzelner Puzzle-Teile des wirklichen Geschehens beschränkt.
Demgegenüber verbindet das vorliegende Buch mit akribischem Spürsinn erstmals alle inzwischen bekanntgewordenen bzw. zuverlässig erschließbaren Einzelheiten zu einem in sich stimmigen, perfekt schlüssigen Gesamtbild. Der Leser wird in sauberer zeitlicher Reihenfolge Zeuge der jahrelangen Planung und Vorbereitung wie auch des konkreten Ablaufs der verbrecherischen Terroranschläge. Als tatsächliche Tätergruppe schält sich dabei allerdings nicht etwa «Al Qaida», sondern eine kleine, aber finanziell wie politisch außerordentlich mächtige Clique von jüdisch-freimaurerischen Eine-Welt-Beförderern heraus. Die wichtigsten davon werden auch – ebenso wie ihre boshaften Motive – ungescheut beim Namen genannt.
Spannend wie ein Krimi liest sich insbesondere die flüssige Darstellung der vierfachen Flugzeugentführung durch als Boeing-Piloten getarnte Mossad-Agenten. Dabei gelingt dem Autor der lückenlose Nachweis dafür, daß alle vier Flugzeuge – entgegen der offiziellen Darstellung – insgeheim nach Cleveland entführt wurden, von wo aus die letzte Boeing mit den Passagieren aller vier Maschinen an Bord wieder losflog, um über Shanksville in

Pennsylvania von US-Düsenjägern abgeschossen zu werden und – völlig unbeachtet von der Öffentlichkeit in einem unzugänglichen Waldgebiet bei dem Dörfchen New Baltimore zu zerschellen!
Auch ansonsten lief in Wahrheit nichts so wie es schien bzw. uns alle glauben gemacht wurde. Zwei mit Kerosin vollgepumpte, unbemannte Frachtmaschinen waren es in Wirklichkeit, die die WTC-Zwillingstürme so effektvoll in Brand setzten, ehe man sie durch vorher installierte Sprengladungen kontrolliert in sich zusammenfallen ließ. Am Pentagon ließ ein unbemanntes, raketenbestücktes Militärflugzeug genau jenen Flügel in Flammen aufgehen, wo Haushaltsexperten gerade intensiv an der Aufklärung des mit Abstand größten Finanzskandals der Weltgeschichte arbeiteten, beförderte die Unglücklichen gezielt in die Ewigkeit und vernichtete für immer sämtliche kompromittierenden Unterlagen. Viele weitere Enthüllungen!

JA zu Europa heißt NEIN zu Maastricht

Johannes Rothkranz, 32 Seiten, 2,70 €

Es ist und bleibt eine geschichtlich feststehende Tatsache, daß der Sanhedrin (Hohe Rat) den menschgewordenen, wahren Gott Jesus Christus zum Tode verurteilt hat und ihn durch die gehaßten Gojim (Römer) kreuzigen ließ.
Genau so ist es eine geschichtlich feststehende Tatsache, daß der heutige „Sanhedrin“ das vom Glauben an Jesus Christus geprägte freie Europa und das, was von seiner christlichen Substanz noch übrig ist, mit Hilfe zeitgenössischer politischer Gojim radikal vernichten will.
Ja, mehr noch! Schon 1945 hat der wissende amerikanische Jude Henry H. Klein in der aufsehenerregenden Schrift „The Sanhedrin produced World Destruction“ behauptet, daß der Sanhedrin dabei ist, die ganze Welt zu zerstören. Da aber dieses Ziel nicht auf einen Schlag, sondern nur schrittweise, in Etappen erreicht werden kann, muß die härteste Nuß zuerst geknackt werden, d. h. die Zerstörung Europas hat also Priorität.
Johannes Rothkranz hat in seinem großangelegten zweibändigen Werk über den „Vertrag von Maastricht - Endlösung für Europa“ mit unwiderlegbaren Argumenten aufgezeigt, daß das teuflische Machwerk von Maastricht die verruchten Ziele der antichristlichen „Feinde aller Menschen“ verfolgt. Ihr letzter Großangriff will die freien europäischen Nationalstaaten und das Christentum, auf das sie gegründet sind, vernichten, um nach der freimaurerischen Devise „Ordo ab Chao“ (Ordnung aus dem Chaos) die „Neue Weltordnung“ der Söhne Weishaupts im „Neuen Zeitalter“ (New Age) errichten zu können. Johannes Rothkranz hat uns darüber bereits in seiner Trilogie „Die kommende Diktatur der Humanität“ ausführlich und überzeugend informiert.
In dieser neuen und kleineren Schrift legt er noch einen beachtlichen Nachtrag vor. Mit zum Teil neuen Argumenten gibt er in fünf Thesen noch einmal der Überzeugung Ausdruck, daß der Vertrag von Maastricht das Ende

des freien und christlichen Europa bedeutet und deshalb entschieden abgelehnt werden muß.
Ob die Europäer, die durch einen geschichtlich einmaligen Bevölkerungszusammenbruch - vor allem in Deutschland - ihren eigenen Untergang längst beschlossen haben, dem zukünftigen Schicksal noch entrinnen können, ist fraglich.
Ohne radikale Umkehr zu Christus ist die kollektive Sklaverei im „Vereinten Europa" und in der kommenden „One World" unvermeidlich.

Der Vertrag von Maastricht - Endlösung für Europa

Johannes Rothkranz, Band 1: 352 Seiten, 32 Bildtafeln, 16,80 €
Band 2: 368 Seiten, 32 Bildtafeln, 16,80 €

Ob diese Schrift ein exzellenter Polit-Knüller oder ein hochbrisanter Polit-Krimi ist, mag der Leser entscheiden. Jedenfalls kommt sie geradezu fünf Minuten vor Zwölf, um den ahnungslosen Europäern mit überzeugenden Argumenten klarzumachen, was mit ihnen und dem Abendland geplant ist. Es ist ein verruchter Plan, der mit Hilfe des sog. Vertrags über die Europäische Union vom 7. Februar 1992 die europäischen Völker endgültig und total den finsteren, weltweit organisierten Mächten ausliefern soll, deren vorrangiges Ziel die „Zerstörung des Christentums, der Nationalität und der Freiheit in Europa" ist, wie ein erleuchteter ehemaliger Chefkorrespondent der „Times" bereits 1948 schrieb. Der Autor legt mit diesem Buch den schmutzigen Plan der Endlösung für Europa im Detail offen. Ob er damit die schlafenden Europäer noch motivieren kann, ihre regierenden Polit-Marionetten, die zum Teil mit pathologischer Hartnäckigkeit den geplanten epochalen Zerstörungsprozeß „unumkehrbar" machen wollen, rechtzeitig in die Wüste oder zum Teufel zu schicken? (Dies freilich nicht mit roher Gewalt, sondern nur mit legitimen „demokratischen" Mitteln, versteht sich.) Alles in allem gebührt dem Autor Anerkennung und Dank, hat er sich doch um die Völker Europas verdient gemacht. Bleibt nur zu wünschen, daß die Europäer auch seine Schrift mit gebotenem Ernst lesen und die notwendigen Konsequenzen ziehen.

Die „Protokolle der Weisen von Zion" – erfüllt

Johannes Rothkranz, Band I Teil 1, 425 Seiten, bebildert, 29,90 €
Johannes Rothkranz, Band I Teil II, 524 Seiten, bebildert, 29,90 €

Ende August/Anfang September 1997 fand in **Basel** eine Jubiläumsveranstaltung statt: Hochrangige Vertreter des Judentums aus aller Welt gedachten dort des **1. Zionistenkongresses,** der am selben Ort vor genau 100 Jahren abgehalten worden war. Nur gelegentlich und ganz am Rande erwähnten die Medien, die über das Ereignis berichteten, in diesem Zusammenhang auch die berühmten «Protokolle der Weisen von Zion».
Tatsächlich weisen nach wie vor viele gewichtige Indizien darauf hin, daß diese Protokolle während des 1. Zionistenkongresses entstanden sein könn-

ten. Denn bereits 1901 erschien in Rußland die erste gedruckte Ausgabe – als Übersetzung aus dem französischen Urtext. Da die Anfertigung einer Übersetzung und deren Drucklegung naturgemäß eine gewisse Zeit benötigen, rückt allein damit die Datierung des französischsprachigen Originals bereits ein bis zwei Jahre näher an das ominöse Jahr 1897 heran. Zwar ließ sich der *direkte, zwingende* Beweis dafür, daß das brisante Dokument auf den 1. Zionistenkongreß in Basel 1897 zurückgeht, nie erbringen. Doch sind umgekehrt auch ausnahmslos alle Versuche kläglich gescheitert, die Protokolle *glaubhaft* als eine Fälschung des russischen Geheimdienstes oder irgendwelcher anonymer «Antisemiten» zu erweisen.

Indessen spielt die immer noch kontrovers beantwortete Frage nach der zionistischen Herkunft der Protokolle angesichts des Verlaufs, den die Weltgeschichte in den letzten 100 Jahren genommen hat, eigentlich gar keine Rolle mehr. Ein ganz nüchterner **Vergleich** der in den Protokollen **vor rund 100 Jahren** dokumentierten politischen Zukunftsabsichten mit dem politischen Zustand der Welt **heute** wirkt wie ein Schock: die Übereinstimmung des damals Geplanten mit dem heute Erreichten ist nahezu perfekt!

Überzeugen Sie sich persönlich davon anhand dieses **neuen** Buches, in dem dieser ebenso frappierende wie erhellende Vergleich *minutiös* angestellt wird!

Satanismus - Die ideologische Grundlage der Neuen Weltordnung, *Frank Hills 319 Seiten, reich bebildert, 20,40 €*

Der private Schußwaffenbesitz – letztes Bollwerk gegen die Tyrannei, *Frank Hills, 183 Seiten reich bebildert, 14,90 €*

Das Zeitalter der Lügen - Wie der Kommunismus mittels der UNO die Weltherrschaft erlangt hat, *101 Seiten. bebildert, 10,20 €*

Die unheimliche Macht des Fernsehens – Segen oder Fluch der Massenmedien, *275 Seiten, bebildert, 19.90 €*

Chemische Kondensstreifen („Chemtrails“) über Deutschland – Weißer Tod aus der Luft? *180 S., davon 32 S. vierfarb., 17,90 €*

Die Weltordnung des Antichristen, *Frank Hills;75 Seiten; 7,20 €*

Die Existenz Gottes im Lichte der Naturwissenschaft
Frank Hills, 57 Seiten, bebildert, 6,95 €

Terror im „Heiligen Land“
Frank Hills, Teil 1, 172 Seiten, 14,90 €; Teil 2, 180 Seiten, 14,90 €

Rassismus und Antisemitismus im Nahen Osten
Frank Hills, 57 Seiten, 6,95 €